Reingard Zimmer

Die Umsetzung und Weiterentwicklung des LkSG

Rechtsfragen zum Schutz menschenrechtlicher und umweltbezogener Rechte in der betrieblichen Praxis

HSI
Hugo Sinzheimer Institut
für Arbeits- und Sozialrecht

Das HSI ist ein Institut
der Hans-Böckler-Stiftung

Band 56
HSI-Schriftenreihe

Die Umsetzung und Weiterentwicklung des LkSG

Rechtsfragen zum Schutz menschenrechtlicher und umweltbezogener Rechte in der betrieblichen Praxis

Reingard Zimmer

BUND
VERLAG

Bibliografische Information der Deutschen Nationalbibliothek
Die Deutsche Nationalbibliothek verzeichnet diese Publikation
in der Deutschen Nationalbibliografie; detaillierte bibliografische Daten
sind im Internet über http://dnb.d-nb.de abrufbar.

Umschlaggestaltung: A&B one Kommunikationsagentur GmbH, Berlin
Satz: Reemers Publishing Services GmbH, Krefeld
Druck: CPI books GmbH, Birkstraße 10, 25917 Leck

ISBN 978-3-7663-7582-7

kontakt@bund-verlag.de
www.bund-verlag.de

Vorwort

Auch über zwei Jahre nach seinem Inkrafttreten steht das Lieferkettengesetz noch immer im Rampenlicht der Öffentlichkeit. In der Politik werden Stimmen gegen das Gesetz laut, teilweise mit einer drastischen Wortwahl. Bisweilen drängt sich der Eindruck auf, dass diese Debatten wenig Bezug zur betrieblichen Realität haben.

Reingard Zimmer, Professorin an der Hochschule für Wirtschaft und Recht Berlin, hat sich auch nach der Fertigstellung ihrer ersten Studie, die zum Inkrafttreten des Gesetzes in der Schriftenreihe des HSI erschienen ist (Band 48), mit der Umsetzung des Lieferkettengesetzes in der Praxis befasst. Sie hat ihre Einsichten, Erfahrungen, Rückmeldungen verarbeitet und als Handlungsfelder insbesondere die Analyse der Wertschöpfungskette, die Risikoanalyse, die Berichtspflichten und das Beschwerdeverfahren identifiziert. Mit der vorliegenden Studie gibt sie Antworten auf rechtswissenschaftliche Fragen, die sich aus der Praxis von Mitbestimmungsakteuren mit dem Gesetz ergeben. Sie bezieht in die Untersuchung die Lieferketten-Richtlinie der EU und die Folgen für das deutsche Recht ein.

Eine erkenntnisreiche Lektüre wünscht

Frankfurt a. M. im Mai 2025 Ernesto Klengel

Inhaltsübersicht

Inhaltsverzeichnis

Abkürzungsverzeichnis

AG	Aktiengesellschaft
AGG	Allgemeines Gleichbehandlungsgesetz
AktG	Aktiengesetz
ArbRAktuell	Arbeitsrecht aktuell
ARSP	Archiv für Rechts- und Sozialphilosophie
AuR	Arbeit und Recht
BAFA	Bundesamt für Ausfuhrkontrolle
BAG	Bundesarbeitsgericht
BB	Betriebs-Berater
BetrVG	Betriebsverfassungsgesetz
BGB	Bürgerliches Gesetzbuch
BHRJ	Business and Human Rights Journal
BMEL	Bundesministerium für Ernährung und Landwirtschaft
BMIH	Bundesministerium des Innern und für Heimat
BMJ	Bundesministerium der Justiz
CB	Compliance Berater
CCZ	Corporate Compliance Zeitschrift
CEDAW	Convention on the Elimination of All Forms of Discrimination against Women
CHRLR	Columbia Human Rights Law Review
CSDDD	Corporate Sustainability Due Diligence Directive
CSR	Corporate Social Responsibility
CSRD	Corporate Sustainability Reporting Directive
DB	Der Betrieb
DGB	Deutscher Gewerkschaftsbund
DGCN	Geschäftsstelle Deutsches Global Compact Netzwerk
DIMR	Deutsches Institut für Menschenrechte
DJBZ	Zeitschrift des deutschen Juristinnenbundes
DK	Der Konzern
DStR	Deutsches Steuerrecht
EBR	Europäischer Betriebsrat
ECCHR	European Center for Constitutional and Human Rights
ECFLR	European Company and Financial Law Review
EFRAG	European Financial Reporting Advisory Group
EJIL	European Journal of International Law

EntgTranspG	Entgelttransparenzgesetz
ESAP	European Single Access Point (zentrales europäisches Zugangsportal)
ESG	Environmental Social Governance
ESGZ	Fachzeitschrift für Nachhaltigkeit und Recht
ESRS	European Sustainability Reporting Standards
EU	Europäische Union
EUDR	Deforestation Regulation of the European Union (EU-Entwaldungs-VO)
EU-GRC	Charta der Grundrechte der Europäischen Union (EU-Grundrechte-Charta)
FWF	Fair Wear Foundation
GBR	Gesamtbetriebsrat
GBV	Gesamtbetriebsvereinbarung
GCC	Global Commodity Chains
GFA	Global Framework Agreement
GmbH	Gesellschaft mit beschränkter Haftung
GSP	Global Social Policy
GUF	Global Union Federation
GVC	Global Value Chains
HGB	Handelsgesetzbuch
HICLR	Hastings International and Comparative Law Review
HinSchG	Hinweisgeberschutzgesetz
ICERD	International Convention on the Elimination of Racial Discrimination
IDW	Institut der Wirtschaftsprüfer
IFA	International Framework Agreement (Internationales Rahmenabkommen)
IGBCE	Industriegewerkschaft Bergbau, Chemie, Energie
ILO	International Labour Organization
ILR	International Labour Review
IndBez	Industrielle Beziehungen
IOLR	International Organizations Law Review
IRZ	Zeitschrift für Internationale Rechnungslegung
ISO	Internationale Organisation für Normung
ITUC	International Trade Union Confederation
JLS	Journal of Law and Society

KBR	Konzernbetriebsrat
KBV	Konzernbetriebsvereinbarung
KG	Kommanditgesellschaft
KGaA	Kommanditgesellschaft auf Aktien
KMU	Kleine und mittlere Unternehmen
LkSG	Lieferkettensorgfaltspflichtengesetz
LP	Leitprinzip
LSJ	Law Society of New South Wales Journal (Australia)
MJIL	Melbourne Journal of International Law
MSA-GB	Britischer Modern Slavery Act
MSA-AUS	Australischer Modern Slavery Act
MSI	Multi Stakeholder Initiatives
NGO	Nichtregierungsorganisation
NJW	Neue Juristische Wochenschrift
NuR	Natur und Recht
NZG	Neue Zeitschrift für Gesellschaftsrecht
OEM	Original Equipment Manufacturer
OHG	Offene Handelsgesellschaft
ÖZS	Österreichische Zeitschrift für Soziologie
RdA	Recht der Arbeit
REFA	Verband für Arbeitsstudien und Betriebsorganisation e. V. (vormals: Reichsausschuss für Arbeitszeitermittlung von 1924)
RIPE	Review of International Political Economy
RIW	Recht der Internationalen Wirtschaft
RL	Richtlinie
SGB	Sozialgesetzbuch
UK	United Kingdom
UN	United Nations (Vereinte Nationen)
UNCAC	United Nations Convention against Corruption
UNCTAD	United Nations Conference on Trade and Development
UNDRIP	United Nations Declaration on the Rights of Indigenous People
UNHRC	United Nations Human Rights Council
UNIDO	United Nations Industrial Development Organization

VO	Verordnung
WA	Wirtschaftsausschuss
Welt-KBR	Weltkonzernbetriebsrat
WBRL	Whistleblower-Richtlinie
WPg	Die Wirtschaftsprüfung
ZCG	Zeitschrift für Corporate Governance
ZESAR	Zeitschrift für Europäisches Arbeits- und Sozialrecht
ZfRM	Zeitschrift für Risikomanagement
ZIP	Zeitschrift für Wirtschaftsrecht
ZKM	Zeitschrift für Konfliktmanagement
ZUR	Zeitschrift für Umweltrecht
ZWH	Zeitschrift für Wirtschaftsstrafrecht und Haftung im Unternehmen

A. Einleitung

I. Einführung und Forschungsdesign

Das deutsche Lieferkettensorgfaltspflichtengesetz (LkSG) ist jetzt seit gut drei Jahren in Kraft, seit dem 1.1.2024 gilt es für Unternehmen mit mehr als 1000 Arbeitnehmer*innen.[1] Da immer wieder schwere Menschenrechtsverletzungen entlang der Lieferketten transnationaler Unternehmen dokumentiert wurden und eine Auswertung im Auftrag der Bundesregierung zwischen 2018 und 2020 gezeigt hat, dass die im Nationalen Aktionsplan formulierten Aufforderungen zu einem nachhaltigen Lieferkettenmanagement lediglich von 13 bis 17 Prozent der befragten Unternehmen erfüllt worden waren,[2] hatte sich der Gesetzgeber dazu entschlossen, tätig zu werden und mit dem LkSG verbindliche Regelungen zu unternehmerischen Sorgfaltspflichten zu schaffen.[3] Ziel des Gesetzgebers war, dass in Deutschland ansässige Unternehmen ihre Verantwortung in der Lieferkette stärker wahrnehmen und international anerkannte Menschen- und Arbeitsrechte einhalten, indem sie Kernelemente der menschenrechtlichen Sorgfaltspflichten („Due Diligence") in ihre Unternehmenstätigkeit implementieren.[4] Diese Maßnahmen sollen letztlich dazu dienen, die Abwärtsspirale von Standards zu stoppen.

Hat der Gesetzgeber sein Ziel erreicht? Eine repräsentative Betriebsrätebefragung der Hans-Böckler-Stiftung ergab, dass nach Angaben von 43 Prozent der befragten Betriebsräte in ihrem Unternehmen Maßnahmen vorgenommen wurden, um dem Schutz von Menschen- und Umweltrechten entlang der Lieferkette stärker gerecht zu werden. Da auch Unternehmen, die nicht in den Anwendungsbereich des Gesetzes fallen, Änderungen vornahmen (35 Prozent), wird deutlich, dass das LkSG über den formellen Anwendungsbereich hinaus Auswirkungen hat.[5] Eine erste exemplarische Auswertung der Webseiten deutscher Großunternehmen aus unterschiedlichen Branchen zeigt, dass Unternehmen, die in den Anwendungsbereich fallen, zwar mehrheitlich in Sachen LkSG tätig wurden, jedoch scheinen nicht alle Vorgaben durchgängig erfüllt zu sein (siehe unter D.II.4 sowie E.V). Auch zeigt sich die Gefahr, dass Sorgfaltspflichten lediglich pro forma erfüllt werden, denn in manchen Fällen

1 Zum Anwendungsbereich siehe *Zimmer*, Lieferkettensorgfaltspflichtengesetz (2023), 16 f.

2 Auswärtiges Amt, Monitoring zum Nationalen Aktionsplan Wirtschaft und Menschenrechte.

3 BT-Drs. 19/28649, 2.

4 BT-Drs. 19/28649, 2, 23.

5 *Blank/Bremer*, Das Lieferkettensorgfaltspflichtengesetz in der Praxis, Wirtschaftsdienst 12/2024, 849 (852).

wurde die Risikoanalyse nur oberflächlich ausgeführt und Berichte sind floskelhaft abgefasst. Insoweit braucht es Akteure, die von außen Druck auf die Unternehmen aufbauen oder innerhalb der Unternehmen in die Umsetzungsprozesse eingebunden sind und so dafür sorgen können, dass Risiken auch wirklich erfasst werden, Berichte sich nicht in inhaltslosen Hochglanzbroschüren ohne belastbare Aussage erschöpfen und tatsächlich effektive Beschwerdesysteme geschaffen werden, die auch für die Betroffenen zugänglich sind.

Es hat sich jedoch herausgestellt, dass für eine effektive Arbeit mit dem LkSG vertiefte Informationen zu einigen Themenbereichen benötigt werden. So ist die Konstruktion der Liefer- bzw. Wertschöpfungskette eines Unternehmens nicht immer einfach. Zum Teil werden in der Praxis als Lieferkette nur die direkten Zulieferer eingeordnet, während die Rohstoffgewinnung und der Transport, ggf. mit weiteren eigenständigen Akteuren, aber auch die gesamte Logistik Richtung Endabnehmer nicht im Bewusstsein der Akteure sind. Noch schwerer fällt die Rekonstruktion der Wertschöpfungskette eines Unternehmens im Dienstleistungssektor. Aus diesem Grund widmet sich Kapitel B dieser Untersuchung der Erarbeitung konkreter Anwendungsbeispiele für die Reichweite der Lieferkette nach dem LkSG und zeichnet zudem die Entwicklung der Debatten von globalen Liefer- zu Wertschöpfungsketten nach. Darüber hinaus sind bei vielen Akteuren nicht ausreichend Informationen zu den Instrumenten der Sorgfaltspflichten vorhanden, dies gilt insbesondere für die Risikoanalyse. Ging es vor Inkrafttreten des LkSG bei der Risikoanalyse um die Ermittlung wirtschaftlicher Risiken für das Unternehmen, so besteht nunmehr das Risiko in der Verletzung oder Gefährdung von Menschen- oder Umweltrechten. Die Anwendung des Instrumentes auf solche Gefährdungslagen ist nicht einfach, daher widmet sich Kapitel C den Anforderungen an eine effektive Risikoanalyse nach dem LkSG. Ziel ist zudem, zu analysieren, inwieweit die Risikoanalyse zur Durchsetzung zentraler Menschen- und Arbeitsrechte beitragen kann. Auch die Berichtspflicht nach dem LkSG bedarf weiterer Aufklärung, um zu verhindern, dass sie mittels nichtssagender Hochglanzbroschüren erfüllt wird. Um Kriterien für eine effektive Berichtspflicht zu erarbeiten, wird daher die Berichtspflicht nach dem LkSG umfassend analysiert und mit Berichtspflichten aus weiteren Rechtsakten der EU kontextualisiert, insbesondere mit der neuen EU-Richtlinie (EU-RL) zur Nachhaltigkeitsberichterstattung (CSRD) (siehe Kapitel D). Da ein effektives Beschwerdesystem die Voraussetzung für die Verbesserung der unternehmerischen Praxis ist, werden zudem die Vorgaben des LkSG für die Einrichtung eines Beschwerdesystems analysiert, erste Praxisergebnisse vorgestellt und Kriterien für ein effektives Beschwerdesystem erarbeitet (Kapitel E). Wird über eine Weiterentwicklung und Schärfung des LkSG diskutiert, so darf zudem die genaue Analyse der neuen

EU-Sorgfaltspflichtenrichtlinie (CSDDD)[6] nicht fehlen, ist doch die Richtlinie bis Mitte 2026 in nationales Recht umzusetzen. Die Analyse der CSDDD und die Anforderungen an die Umsetzung ins deutsche Recht finden sich daher in Kapitel F.

II. Erste Schritte in der (betrieblichen) Praxis

Die Einhaltung der unternehmerischen Sorgfaltspflichten nach dem LkSG obliegt der Unternehmensseite. Allerdings braucht es Akteure, die von außen Druck auf die Unternehmen aufbauen und/oder innerhalb der Unternehmen in die Umsetzungsprozesse des LkSG eingebunden sind und dafür sorgen, dass die Pflichten nicht nur floskelhaft erfüllt werden, sondern die unternehmerische Praxis sich tatsächlich ändert. Innerhalb der Unternehmen kommen neben Arbeitnehmervertreter*innen im Aufsichtsrat in erster Linie Betriebsräte als Akteure infrage, sind internationale Fragen in einer globalisierten Welt mittlerweile doch Kernbestandteil der kollektiven Interessenvertretung, um ein Gegeneinander-Ausspielen verschiedener Standorte und Länder zu verhindern. Ein explizites Mandat hat der Gesetzgeber mit § 106 Abs. 3 Nr. 5b Betriebsverfassungsgesetz (BetrVG) jedoch nur dem Wirtschaftsausschuss erteilt, um „Fragen der unternehmerischen Sorgfaltspflichten in Lieferketten gemäß dem LkSG" mit dem Arbeitgeber zu erörtern und Informationen zu der Thematik einzuholen. Aber auch der Betriebsrat kann sich bereits jetzt im Rahmen der allgemeinen Aufgaben nach § 80 Abs. 1 Nr. 1 BetrVG mit der Umsetzung der Pflichten des LkSG beschäftigen.[7] Diese Zuständigkeit ist in der EU-Sorgfaltspflichten-RL sogar explizit vorgesehen und wird im Zuge der RL-Umsetzung auch nach deutschem Recht zu kodifizieren sein (siehe Kapitel F.IV.6). Ohnehin ist der Betriebsrat in einigen Bereichen zwingend einzubinden, da etliche Themen der zwingenden Mitbestimmung nach § 87 Abs. 1 BetrVG unterliegen. Das ist bspw. bei der Einführung eines Beschwerdesystems der Fall (§ 87 Abs. 1 Nr. 1, Nr. 6 BetrVG).[8] Rechtliche Anknüpfungspunkte zu Lieferkettenfragen für Betriebsräte sind also vorhanden.

Doch nutzen Betriebsräte ihre Rechte auch, um zur Einhaltung des LkSG beizutragen? Der Befund ist gemischt. Weniger als 40 Prozent der Betriebsräte aus Unternehmen, die in den Anwendungsbereich des LkSG fallen, fühlen sich

6 RL (EU) 2024/1760 des Europäischen Parlaments und des Rates vom 13. Juni 2024 über die Sorgfaltspflichten von Unternehmen im Hinblick auf Nachhaltigkeit und zur Änderung der RL (EU) 2019/1937 und der Verordnung (EU) 2023/2859.

7 DKW-*Buschmann*, BetrVG § 80 Rn. 10; *Zimmer*, Lieferkettensorgfaltspflichtengesetz, 74 ff.

8 Näheres dazu in: *Zimmer*, Lieferkettensorgfaltspflichtengesetz, insb. S. 69 ff.

ausreichend über „Arbeitsbedingungen und Menschenrechte bei Zulieferern" informiert.[9] Während einige Betriebsratsgremien sich noch nicht mit der Thematik beschäftigt haben, sind andere bereits aktiv in die Umsetzung des LkSG eingebunden. Ähnlich wie andere Betriebsräte hat bspw. das Gremium bei Univer einen externen Berater beauftragt, um sich mit dem Thema vertraut zu machen und dann kompetente Fragen an den Arbeitgeber formulieren zu können. Der Europäische Betriebsrat (EBR) von Bosch bekommt die Nachhaltigkeitsberichte von der zentralen Leitung vorgelegt, bei der Firma Linde ist geplant, den EBR zu einem Weltkonzernbetriebsrat zu erweitern, der die Einhaltung des LkSG überwachen soll.[10] Über die Modalitäten des einzuführenden Beschwerdesystems wurde bei Linde zudem vom Mitbestimmungsrecht Gebrauch gemacht und eine Konzernbetriebsrats(KBR)-Vereinbarung abgeschlossen. Bei Daimler Trucks gibt es bereits einen Weltkonzernbetriebsrat, der mit dem Thema Lieferketten befasst ist. Andere Gremien sind noch einen Schritt weiter, so wurde bei der Erwin Hymer Group ein paritätisch besetztes Komitee gegründet, das mit der Umsetzung der Pflichten des LkSG befasst ist, um nur einige Beispiele zu nennen.

In einigen Fällen konnten globale Gewerkschaftsföderationen in die Umsetzung des LkSG eingebunden werden, die entsprechenden Inhalte wurden in Internationalen Rahmenabkommen (IFAs) mit den jeweiligen Unternehmen bzw. Konzernen vereinbart. So wurde bspw. das zwischen Solvay und IndustriALL abgeschlossene Internationale Rahmenabkommen erneuert und Lieferkettenfragen stärker thematisiert, eine neu geschaffene Arbeitsgruppe hat den Auftrag, zu untersuchen, ob zentrale Arbeitsrechte entlang der Lieferkette von Solvay eingehalten werden. Das zwischen Societé Génerale und UNI Global Union abgeschlossene IFA sieht vor, dass der nach dem französischen Loi de Vigilance erforderliche Sorgfaltspflichtenplan mit UNI abgestimmt wird. Auch enthalten einige IFAs bemerkenswerte Regelungen zum Aufbau von Beschwerdesystemen, so bspw. bei Alko, Daimler, ThyssenKrupp und TK Elevator, die in Kapitel E näher beleuchtet werden.

Aber auch Akteure der Zivilgesellschaft können eine wichtige Rolle bei der Umsetzung des LkSG spielen. Einerseits üben sie Druck auf die Unternehmensseite aus, wenn sie Menschen- und Umweltrechtsverstöße bekannt machen, darüber hinaus wurden bereits einige Beschwerden durch NGOs beim für die Überwachung des LkSG zuständigen Bundesamt für Wirtschaft und Ausfuhrkontrolle (BAFA) eingereicht. So reichten das European Center for

---

9 *Blank/Bremer*, Das Lieferkettensorgfaltspflichtengesetz in der Praxis, Wirtschaftsdienst 12/2024, 849 (854).

10 Zu Weltkonzernbetriebsräten siehe *Rüb*, Weltbetriebsräte, 9 ff.; Eurofound, Global Works Councils.

Constitutional and Human Rights (ECCHR) und Femnet e.V. in Kooperation mit der bangladeschischen Gewerkschaft NGWF im April 2023 Beschwerde gegen Amazon und IKEA wegen Arbeitsrechtsverletzungen in Bangladesch ein.[11] ECCHR legte zudem im Juni Beschwerde gegen VW, BMW und Mercedes Benz beim BAFA ein, unterstützt durch den Weltkongress der Uiguren und den Dachverband Kritische Aktionärinnen und Aktionäre. Die Beschwerde stützt sich darauf, dass die Unternehmen keine Belege dafür präsentiert hätten, inwieweit sie auf das Risiko von Zwangsarbeit in Zulieferbetrieben der Autonomen Uigurischen Region Xinjiang in angemessener Weise reagiert haben.[12] Im November 2023 reichten Oxfam und die ecuadorianische Gewerkschaft der Plantagenarbeiter*innen ASTAC Beschwerde gegen Edeka und Rewe ein, da auf Plantagen in Ecuador und Costa Rica keine Mindestlöhne gezahlt und Arbeitsschutzbestimmungen nicht eingehalten worden seien.[13]

11 ECCHR, Zehn Jahre nach Rana Plaza.

12 ECCHR, Deutscher Wirtschaftsmotor brummt dank Zwangsarbeit.

13 Oxfam Deutschland, Billige Bananen beruhen auf Ausbeutung. Für weitere Informationen (ohne Angaben der Firmen) siehe die Antwort der Bundesregierung auf die Kleine Anfrage der BT-Abgeordneten Cornelia Möhring, Ina Latendorf, Caren Lay, weiterer Abgeordneter und der Fraktion Die Linke, BT-Drs. 20/9703.

B. Reichweite und Aufbau der Liefer- bzw. Wertschöpfungsketten

Mit dem Outsourcing weiter Teile der Produktion vom globalen Norden in Niedriglohnländer des globalen Südens setzte eine globale Arbeitsteilung ein, die zu einer Fragmentierung der Produktion mit weltweit verteilten Akteuren führte. Dieser Prozess wird von transnationalen Konzernen, den sogenannten Leitfirmen („Lead Firms") gesteuert,[14] die eine Kette von Vertragspartnern und weiteren Subunternehmern überwiegend im globalen Süden haben. Da die Akteure entlang der Liefer- bzw. Wertschöpfungskette eigene Rechtspersonen und damit rechtlich selbstständig sind, können transnationale Unternehmen nur schwer für Verstöße gegen Arbeits- und Umweltrechte verantwortlich gemacht werden – die Risiken der Produktion wurden sozusagen mit outgesourct. Mit Inkrafttreten des LkSG sind Unternehmen nach § 3 Abs. 1 LkSG jedoch dazu verpflichtet, die in §§ 3 ff. LkSG aufgeführten unternehmerischen Sorgfaltspflichten in angemessener Weise zu beachten. Diese gelten je nach Grad der Einflussnahme für die verschiedenen Glieder der Lieferkette in unterschiedlich starker Weise.[15] Die Frage, wie die Lieferketten i.S.d. LkSG aufgebaut sind, ist somit von zentraler Bedeutung. Im Folgenden wird auf die Lieferketten deutscher Unternehmen eingegangen und die Reichweite der Lieferkette i.S.v. § 2 Abs. 5 LkSG erörtert. Zum besseren Verständnis werden zudem die Entstehung des Begriffes, seine Wandlung zur Terminologie Wertschöpfungskette und der Hintergrund der Debatte erläutert. Außerdem werden Beispiele für den Aufbau konkreter Lieferketten aufgezeigt, welche die Identifizierung der Wertschöpfungsketten des eigenen Unternehmens erleichtern.

I. Lieferketten deutscher Unternehmen

Transnationale Unternehmen mit Sitz in Deutschland sind stark mit globalen Absatz-und Beschaffungsmärkten verzahnt. Das betrifft insbesondere volkswirtschaftlich bedeutende Branchen wie Automobil, Maschinenbau, Metallindustrie, Chemie, Textilien, Nahrungs- und Genussmittel, Groß- und Einzelhandel, Elektronikindustrie und Energieversorger.[16] So nutzen über 95 Pro-

---

14 *Dünhaupt/Herr/Mehl/Teipen* in: Teipen et al. (Hrsg.), Economic and Social Upgrading, 1, 2; ILO (2017), ILO, Report IV, 5; weiterführend zudem: UNCTAD, World Investment Report 2013.

15 Zum Anwendungsbereich des Gesetzes siehe *Zimmer*, Lieferkettensorgfaltspflichtengesetz, 18 ff.

16 BT-Drs. 19/28649, 23.

zent des gesamten deutschen Handels für die eigene Produktion in Deutschland importierte Vorleistungen, diese stammen zu 60 Prozent aus Nicht-EU-Ländern.[17] Demzufolge weisen die Wertschöpfungsketten deutscher Dienstleistungsunternehmen eine hohe internationale Verzahnung auf.

Die steigende Komplexität und zunehmende Internationalisierung von Wertschöpfungsketten werden noch begünstigt durch Modularisierung. Modularisierung bedeutet, dass verschiedene Produkte aus den gleichen Bausteinen konstruiert werden können, Produktinnovationen und -differenzierungen lassen sich auf kundenrelevante Details reduzieren.[18] Dieser Prozess wird durch moderne Informations- und Transporttechnologien unterstützt, die es nicht nur möglich, sondern auch rentabel machen, dass transnationale Unternehmen ihre Produktionsprozesse in einzelne Segmente zerlegen, für die in z.T. weit voneinander entfernten Produktionsstätten gefertigt wird.[19] Die Produktion einer großen Zahl gleicher Module, kombiniert mit spezifischen Teilen zur Modelldifferenzierung, führt dazu, dass viele Modelle parallel produziert werden können.[20] Auf hoch kompetente Zulieferer kann so in den globalen Produktionsarrangements nach Bedarf zugegriffen werden, sie lassen sich aber auch leicht wieder abstoßen.[21] Da Zulieferer allerdings auch selbst zu Auftraggebern weiterer Subunternehmer werden können und an ihre Auftraggeber ein aus verschiedenen Modulen zusammengefügtes Produkt liefern, kommt es zu einer komplexeren Wertschöpfung.[22] Insoweit lassen sich lange und verzahnte Ketten in der Produktion identifizieren.

Auch im Dienstleistungssektor sind Netzwerkstrukturen zu identifizieren, die als stabiles Muster von Beziehungen zwischen rechtlich eigenständigen Akteuren charakterisiert werden können.[23] Aufgrund moderner Kommunikationstechnologien sind die Akteure auch in diesem Bereich weniger ortsgebunden, so sind Callcenter mittlerweile international tätig.[24] Mit Hilfe digitaler Übersetzungstools lassen sich jedoch auch weitere Dienstleistungen, die am PC erbracht werden, in andere Länder outsourcen, was sich am Beispiel Crowdwork verdeutlichen lässt.[25]

17 *Beile/Vitols*, Lieferkettensorgfaltspflichtengesetz, 9; *Flach* et al., Internationale Wertschöpfungsketten, VI.

18 Siehe vertiefend: *Bögemann*, Software-Modularisierung; *Fulda*, Die neue Komplexität von Wertschöpfungsketten, 6.

19 *Zimmer*, Soziale Mindeststandards, 37.

20 *Fulda*, Die neue Komplexität von Wertschöpfungsketten, 6; *Schwarz-Kocher/Krzywdzinski/Korflür*, Standortperspektiven in der Automobilzulieferindustrie, 33 f.

21 *Gereffi/Humphrey/Sturgeon*, RIPE 2005, 78, 83.

22 *Fulda*, Die neue Komplexität von Wertschöpfungsketten, 6.

23 Vgl. *Strassheim/Oppen*, Lernen in Städtenetzwerken, 18; *Windeler*, Unternehmungsnetzwerke, 200.

24 Worldwide Call Centers, Globale Standorte.

25 Vertiefend zu Crowdwork: *Waas et al.*, Crowdwork, 13 ff.

II. Reichweite der Lieferkette nach § 2 Abs. 5 LkSG

Das LkSG legt eine umfassende Betrachtungsweise der Lieferkette zugrunde. Das ist sinnvoll, auch wenn eine regelmäßige Risikoanalyse nach § 5 Abs. 1 S. 1 LkSG nur für den eigenen Geschäftsbereich und für direkte Zulieferer durchzuführen ist. Schließlich ist bei wesentlicher Änderung der Risikolage oder bei substantiierter Kenntnis von Risiken (i.S.v. § 9 Abs. 3 LkSG) auch in Bezug auf mittelbare Zulieferer eine anlassbezogene Risikoanalyse durchzuführen.[26] Ausweislich des Gesetzestextes in § 2 Abs. 5 S. 1 LkSG sind nicht nur alle Produkte der Lieferkette erfasst, sondern auch alle Dienstleistungen eines Unternehmens, d.h. „alle Schritte im In- und Ausland, die zur Herstellung der Produkte und zur Erbringung der Eigenleistungen erforderlich sind" (§ 2 Abs. 5 S. 2 Hs. 1 LkSG). Nach dem Willen des Gesetzgebers beginnt die Lieferkette mit „der Gewinnung der Rohstoffe" und endet mit „der Lieferung des Produktes an den Endkunden" (§ 2 Abs. 5 S. 2 Hs. 2 LkSG), sodass auch der Transport eingeschlossen ist.[27] Ausweislich des Gesetzeswortlautes ist folglich nicht nur der Upstream-, sondern auch der Downstream-Bereich der Lieferkette erfasst,[28] andere Auffassungen[29] sind angesichts des eindeutigen Wortlautes und der Gesetzesbegründung nicht haltbar. Unter Upstream fällt der vorgelagerte Bereich der Lieferkette, also die zur Fertigung des Endproduktes oder zur Erbringung der Dienstleistung notwendigen Rohstoffe, Produktionsmaterialien und Komponenten. Downstream hingegen bezieht sich auf die Kundenseite und umfasst somit alle Aktivitäten, die nach der Herstellung erfolgen, insbesondere den Vertrieb,[30] sei es mit Hilfe von Distributoren, Lagern, physischen Geschäften oder Online-Plattformen, was der Gesetzgeber ausweislich der Gesetzesbegründung ausdrücklich vom Anwendungsbereich des LkSG erfasst sehen wollte.[31]

Nicht erfasst hingegen ist der Endkunde, nach der Konzeption des Gesetzgebers soll die Auslieferung die letzte für die Pflichten des LkSG relevante Stufe der Lieferkette sein.[32] Folglich stellt sich die Frage, wer als Endkunde zu qualifizieren ist. Das Wörterbuch definiert als Endkunden denjenigen, „für den ein

26 Grabosch-*Grabosch*, LkSG § 5 Rn. 9 und 56; *Zimmer*, Lieferkettensorgfaltspflichtengesetz, 48.
27 BT-Drs. 19/28649, 40.
28 KKRS-*Mittwoch/Bremenkamp*, LkSG § 2 Rn. 808; *Nietsch/Wiedemann*, CCZ 2021, 101, 103; *Dohrmann*, CCZ 2021, 265, 267; *Hembach*, Praxisleitfaden LkSG, 115.
29 *Harings/Jürgens*, Das Lieferkettensorgfaltspflichtengesetz, 56 f.; *Krebs*, ZUR 2021, 394, 396; *Goßler/Palder*, BB 2022, 906.
30 KKRS-*Mittwoch/Bremenkamp*, LkSG § 2 Rn. 808.
31 BT-Drs. 19/28649, 40.
32 KKRS-*Mittwoch/Bremenkamp*, LkSG § 2 Rn. 811; *Nietsch/Wiedemann*, CCZ 2021, 101, 103.

Produkt oder eine Dienstleistung letztendlich bestimmt ist".[33] Das ist bei Verbraucher*innen i.S.v. § 13 BGB der Fall, die Produkte oder Dienstleistungen privat erwerben. Unternehmen sind als Endkunden zu qualifizieren, wenn sie ein Produkt oder eine Dienstleistung zur Weiterverarbeitung, zum Einbau in eigene Produkte, als Ersatzteil oder aber zum Verbrauch nutzen,[34] unabhängig davon, ob sie das Produkt direkt beim Hersteller oder über einen Vertragshändler beziehen.[35] Der Begriff wird auch dadurch bestimmt, auf welche Art von Produkt oder Dienstleistung abgestellt wird. So ist bspw. der Automobilhersteller Endkunde eines Unternehmens, das eine bestimmte Art von Airbag herstellt, welcher vom Automobilhersteller verbaut wird. Mit der Auslieferung an diesen endet folglich die Lieferkette für den Hersteller des Airbags.[36] Die Verantwortung für die Lieferkette des Automobils hingegen trägt der Automobilhersteller.[37] Hier würde als Endkunde nur der Verbraucher gelten, der das Automobil letztlich als Kunde erwirbt.

Abb. 1:

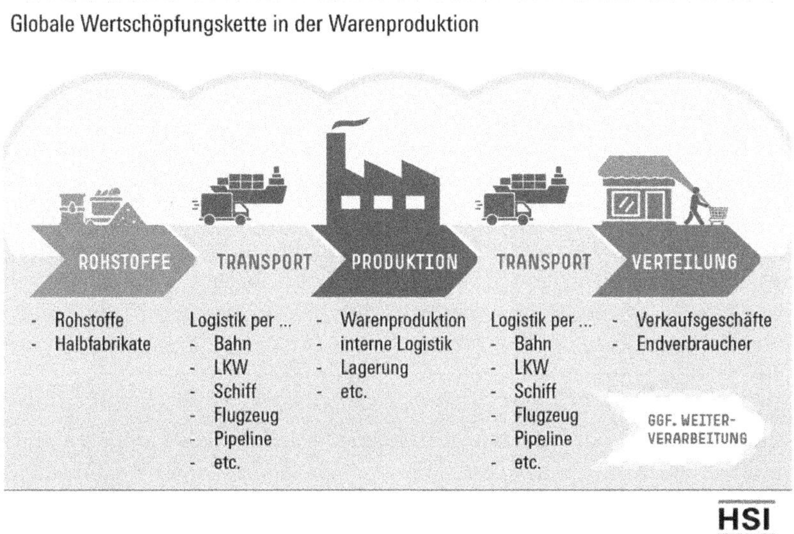

Quelle: Eigene Grafik.

33 Duden, Endkunde.
34 KKRS-*Mittwoch/Bremenkamp*, LkSG § 2 Rn. 812; ähnlich auch *Goßler/Palder*, BB 2022, 906, 908.
35 *Goßler/Palder*, BB 2022, 906, 908.
36 Zum Endkunden B2B vgl. *Goßler/Palder*, BB 2022, 906, 908.
37 KKRS-*Mittwoch/Bremenkamp*, LkSG § 2 Rn. 812.

Bei einem Dienstleister ist als Endkunde zu qualifizieren, wer die jeweilige Dienstleistung in Anspruch nimmt, bspw. bei wem die Reinigungsarbeiten eines Unternehmens durchgeführt werden. Das Reinigungsunternehmen ist dann für die Lieferkette in Bezug auf die Reinigungsmittel und eingesetzten Maschinen bzw. Gegenstände verantwortlich, aber auch für etwaige eingesetzte Subunternehmer. Anders sieht es hingegen im Finanzsektor aus, hier sollen ausweislich der Gesetzesbegründung zum LkSG „auch die Beziehung zum Endkunden und die nachgelagerten Stufen der Lieferkette erfasst" sein.[38] Kreditinstitute bieten Verbraucher*innen und Unternehmen Finanzprodukte sowie Finanzdienstleistungen in Form von Anlageberatung o.Ä. an.[39] Da das LkSG darauf abzielt, schwere Umwelt- und Arbeitsrechtsverletzungen in der Lieferkette von Unternehmen zu verhindern, sind Verbraucher*innen als Endkunden nicht relevant i.S.d. Gesetzes, maßgeblich sind vielmehr die Geschäftsbeziehungen zu Unternehmen. Nimmt bspw. „ein Zulieferer, der einen Hersteller beliefert, einen Kredit zur Finanzierung seiner Produktion auf", so sind auch der Kredit und die kreditgebende Bank von der Lieferkette des Herstellers umfasst".[40] Gleiches gilt, wenn ein Hersteller einen Kredit aufnimmt, das kreditgebende Institut ist dann als Teil der Wertschöpfungskette des Herstellers einzuordnen, da es zur Zulieferkette des Unternehmens gehört.[41] Dem Finanzinstitut selbst sollen bzgl. der Wahl seiner Kreditnehmer aber nur bei bedeutenden Transaktionen Sorgfaltspflichten obliegen. Da „mit den Sorgfaltspflichten gewisse Informations- und Einflussnahmemöglichkeiten einhergehen müssen", ist es nur bei bedeutenden „Krediten, Sicherheiten oder anderen Finanztransaktionen [...] gerechtfertigt, den Endkunden in die Lieferkette einzubeziehen".[42] Als entsprechenden Großkredit ordnet der Gesetzgeber einen Kredit ein, „wenn die Schwelle für Großkredite nach Art. 392 der EU-Verordnung Nr. 575/2013[43] [...] über Aufsichtsanforderungen an Kreditinstitute erreicht wird", was gem. Art. 392 der Fall ist, „wenn sein Wert 10 % der anrechenbaren Eigenmittel des Instituts erreicht oder überschreitet".

Zum Teil wird in der Literatur Kritik daran geäußert, dass Empfänger einer (großen) Finanzdienstleistung als unmittelbare Zulieferer des Kreditinstituts i.S.v. § 2 Abs. 7 LkSG eingeordnet werden. Die Inanspruchnahme des Kredites wird nicht als „notwendige Zulieferung" definiert, sondern „als Recht und Pflicht des Leistungsempfängers". Abgestellt wird auf die „Herstellung von

38 BT-Drs. 19/28649, 40.

39 KMFS-*Rothenhöfer*, Bankrecht und Kapitalmarktrecht, Rn. 13.3 ff.

40 BT-Drs. 19/28649, 40.

41 KKRS-*Mittwoch/Bremenkamp*, LkSG § 2 Rn. 813.

42 BT-Drs. 19/28649, 40.

43 Verordnung Nr. 575/2013 des Europäischen Parlaments und des Rates vom 26. Juni 2013 über Aufsichtsanforderungen an Kreditinstitute.

Produkten", was für ein Finanzinstitut nicht passe.[44] Wendet man den Gesetzeswortlaut aus § 2 Abs. 7 LkSG auf ein Dienstleistungsunternehmen an, so muss er jedoch umgedacht werden, da der Gesetzgeber sprachlich auf produzierende Unternehmen abstellt. Die Inanspruchnahme der Dienstleistung muss für das kreditnehmende Unternehmen notwendig sein („für die Herstellung des Produktes"). Bei einem Großkredit kann davon ausgegangen werden, dass dieser notwendig ist, um das Unternehmen am Laufen zu halten, mithin seine Produkte weiter herstellen oder seine Dienstleistungen weiter erbringen zu können.

Hier zeigt sich ein verkürztes Verständnis der Lieferkette, die Bezeichnung scheint begrifflich auch nicht so recht auf Dienstleistungen zu passen, obwohl der Gesetzgeber diese eindeutig erfasst wissen wollte. Das Gesetz verwendet in Bezug auf die Sorgfaltspflichten des LkSG durchgängig den Terminus „Lieferkette", der zwar nicht ungebräuchlich,[45] jedoch unglücklich gewählt ist, da er begrifflich auf die Lieferung von Produkten abstellt. Das gesetzgeberische Konzept basiert allerdings auf Debatten, die seit rund 30 Jahren in den Wirtschafts- und Sozialwissenschaften geführt werden. Hier wird seit geraumer Zeit überwiegend nicht mehr die Terminologie der Lieferkette („supply chain"), sondern die der Wertschöpfungskette („value chain") verwendet, die eine Anwendung auf den Dienstleistungssektor erleichtert. Im Folgenden wird daher die Entstehung der Debatte nachgezeichnet und erläutert.[46]

III. Von globalen Lieferketten zur Wertschöpfungskette und zur Produktion in Netzwerkstrukturen

Die Charakterisierung der globalen Warenproduktion als Kettenstruktur wurde erstmals von *Hopkins* und *Wallerstein* in den späten 1970er Jahren vorgenommen. Warenketten („commodity chains") definierten sie wie folgt:

„Man nehme einen ultimativen Verbrauchsgegenstand und verfolge die Menge der Inputs, die zu diesem Gegenstand geführt haben – die vorherigen Umwandlungen, die Rohstoffe, die Transportmechanismen, den Arbeitseinsatz, der in jeden der materiellen Prozesse einfließt, die Nahrungsmittel, die in die

44 KKRS-*Mittwoch/Bremenkamp*, LkSG § 2 Rn. 814; kritisch auch *Hembach*, Praxisleitfaden LkGS, 118.

45 Auch die ILO verwendet den Terminus Lieferkette („supply chain").

46 Zum Konzept siehe *Zimmer*, Soziale Mindeststandards, 39.

Arbeitsleistung einfließen. Diese verknüpfte Reihe von Prozessen nennen wir eine Warenkette. Wenn es sich bei den endgültigen Verbrauchsgütern bspw. um Kleidung handelt, würde die Kette die Herstellung des Stoffes, des Garns usw. umfassen, sowie den Anbau der Baumwolle und die Reproduktion der Arbeitskräfte, die an diesen produktiven Tätigkeiten beteiligt sind".[47]

Erfasst sind somit alle Aktivitäten, die notwendig sind, um vom Rohstoff zum Endprodukt zu gelangen. Der Begriff der „Global Commodity Chains", also der globalen Warenketten, wurde von Wissenschaftler*innen unterschiedlicher Disziplinen aufgegriffen, um die Entwicklung globaler Produktion zu analysieren.[48] Die Debatten intensivierten sich, als die negativen Auswirkungen der Globalisierung sich Mitte der 1990er Jahre stärker abzeichneten.[49] Analysiert wurden insbesondere die komplexen Beziehungen von Unternehmen zu ihren Zulieferern und Subunternehmen, um zu verstehen, wie die Ketten gesteuert werden und welche Machtverhältnisse zu identifizieren sind.[50] Es zeigte sich deutlich, dass die Koordination und Kontrolle globaler „Produktionssysteme", trotz ihrer Komplexität, auch ohne formelle Eigentumsstrukturen möglich ist.[51]

Bei globalen Waren- bzw. Lieferketten lassen sich verschiedene Typen unterscheiden, eine erste grobe Einordnung lässt sich danach vornehmen, ob intra- oder interunternehmerische Bezüge bestehen. Bei ersteren hat der Konzern direkten Zugriff auf das Tochterunternehmen im globalen Süden, im zweiten Fall wird bei Fremdfirmen beschafft. Die „Lead Firmen" haben kein Eigentum an den Firmen der Zulieferkette und direkte Vertragsbeziehungen nur zu Lieferanten ersten Ranges („first-tier suppliers") und Zwischenhändlern.[52] Des Weiteren wird zwischen „producer-driven" und „buyer-driven" Ketten unterschieden. Warenketten, in denen die Produzenten eine zentrale Stellung haben, werden als „producer-driven" bezeichnet. Typisches Beispiel hierfür ist der Automobilsektor mit weltweiten Tochterunternehmen und einem stabilen Netzwerk an Zulieferfirmen, von denen einige ebenfalls zum Konzern gehören.[53] In nachfrageorientierten Sektoren sind die Produzenten von den Entscheidungen großer Einzelhandelsunternehmen oder transnationaler Marken-

47 *Hopkins/Wallerstein*, Review 1977, 111, 123, eigene Übersetzung aus dem Englischen.

48 Vgl. *Gereffi/Korzeniewicz* (Hrsg.), Commodity Chains and Global Capitalism.

49 *Sproll*, ÖZS 2020, 385, 390.

50 *Fichter/Sydow*, IndBez 2002, 357, 364; *Gereffi* in: Gereffi/Korzeniewicz (Hrsg.), Commodity Chains and Global Development, 95, 95 ff.; *Hassler*, Global Networks 2003, 513, 518.

51 *Gereffi/Humphrey/Sturgeon*, RIPE 2005, 78, 81.

52 ILO, Report IV, 6.

53 ILO, Report IV, 7.

firmen abhängig; diese Warenketten werden als „buyer-driven" eingeordnet.[54] Bei diesen käufergetriebenen Warenketten, in denen neben großen Einzelhändlern auch Vermarkter und Händler eine zentrale Rolle einnehmen,[55] werden Aufträge für die Herstellung der überwiegend arbeitsintensiven Produkte durch das dominante Unternehmen an formal selbstständige Unternehmen weitergegeben, die ihrerseits bei Bedarf Unter- und Unterunterverträge weitervergeben.[56] Klassisches Beispiel hierfür ist die globale Textil- und Bekleidungsproduktion. Explizite Koordination ermöglicht den Aufbau einer gut funktionierenden „Nachschubbasis" („supply base"), auf der sowohl serielle globale Produktion als auch Vertriebssysteme auch ohne formelle Eigentumsstrukturen aufgebaut werden können.[57] In diesem Zusammenhang ist eine Machtverschiebung vom Produzenten zum Vertreiber der Ware zu beobachten, da der Profit im Wesentlichen in den Bereichen Design, Marketing und Vertrieb gemacht wird.[58] Die Produktion in produzentengetriebenen Warenketten hingegen findet vor allem in technologieintensiven Sektoren statt, hier ist das Machtungleichgewicht teilweise weniger stark ausgeprägt.[59] Mit der Zeit sind allerdings bei einigen „producer-driven" Warenketten Charakteristika klassischer „buyer-driven" Ketten zu beobachten.

Da nicht ausschließlich in größeren Betrieben, sondern in vielschichtigen Netzen von Zulieferern, Untervertragsnehmern und Heimarbeiter*innen produziert wird,[60] entstand aufgrund der Zulieferketten das Konzept des „Supply Chain Management",[61] welches ein global ausgerichtetes Beschaffungs- und Lieferantenmanagement umfasst. Darunter fallen neben Auswahl der Lieferanten auch Lieferantenbewertung und -entwicklung sowie ein Lieferantenbeziehungsmanagement.

54 *Gereffi* in: Gereffi/Korzeniewicz (Hrsg.), Commodity Chains and Global Development, 95, 95 ff.; *Gereffi/Humphrey/Sturgeon*, RIPE 2005, 78, 82; ILO, Report IV, 7.
55 *Gereffi/Humphrey/Sturgeon*, RIPE 2005, 78, 82.
56 *Fichter/Sydow*, IndBez 2002, 357, 362 f.; *Macdonald/Macdonald*, EJIL 2006, 89, 94.
57 *Gereffi/Humphrey/Sturgeon*, RIPE 2005, 78, 82.
58 *Hassler*, Global Networks 2003, 513, 515, 517; ILO, Eine faire Globalisierung, 37.
59 *Teipen/Mehl*, WSI-Mitteilungen 2021, 12, 13.
60 *Fichter/Sydow*, IndBez 2002, 357, 361 f.
61 Zum Konzept vgl. *Gereffi* in: Gereffi/Korzeniewicz (Hrsg.), Commodity Chains and Global Development, 95; *Fichter/Sydow*, IndBez 2002, 357, 364; *Henderson et al.*, RIPE 2002, 436, 439 ff.

Abb. 2

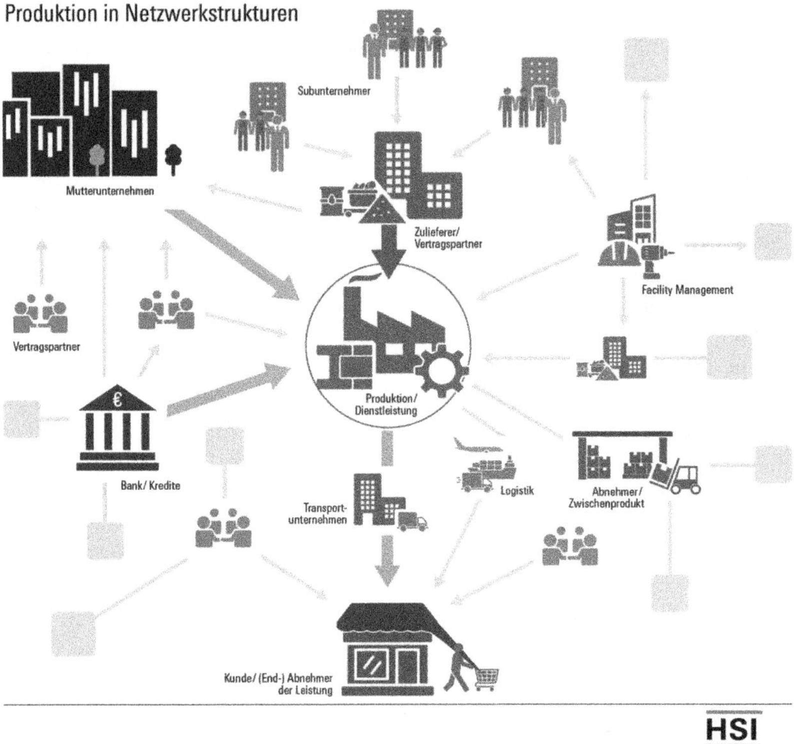

Quelle: Eigene Grafik.

Große Markenkonzerne wie Nike, Adidas und Reebok, aber auch mächtige Einzelhändler wie H&M, Marks and Spencer oder Otto, setzen für ihr Supply Chain Management z.T. andere Unternehmen ein (bspw. Li & Fung aus Hong Kong oder Mast Industries aus den USA), Unternehmen, die selbst als Multis zu charakterisieren sind. Diese Unternehmen übernehmen Beschaffung und Versendung der Ware für große transnationale Unternehmen.[62] Die Lieferantenbewertung dient als Grundlage für Einkaufsstrategien und Auswahlentscheidungen, sie orientiert sich an einem Faktorenbündel aus Kosten, Technologie, Qualität, Logistik etc. Lieferantenbewertungen finden typischerweise nicht nur zum Zeitpunkt der Aufnahme der Vertragsbeziehungen statt, sondern werden in regelmäßigen Abständen auch für etablierte Lieferantenbeziehungen durchgeführt. Ziel ist neben der Verbesserung der Lieferantenbezie-

62 *Miller*, GSP 2004, 215, 217 f.

hung auch das Aussondern von Lieferanten infolge anhaltend schlechter Bewertung. In diesem Rahmen ist eine Einflussnahme auf sozial und ökologisch verantwortliches Agieren der externen Zulieferer und Vertragspartner möglich. Je länger die Beschaffungskette, desto schwieriger wird es für ein transnationales Unternehmen, Einfluss auf die Produktionsbedingungen der Zulieferer zu nehmen, insbesondere, wenn diese mit Subunternehmern arbeiten.[63]

Mit der Zeit wurde die Terminologie der globalen Wertschöpfungsketten („Global Value Chains") entwickelt, da damit das zentrale Ziel globaler Aktivitäten transnationaler Konzerne, Profit zu generieren, besser abgebildet wird.[64] Der Begriff der Wertschöpfung entlang der Kette charakterisiert zudem den Gesamtprozess und seine Zielsetzung, beschreibt also nicht nur Teilaspekte des Prozesses. In diesen arbeitsteiligen Strukturen werden die finanziellen und rechtlichen Risiken auf die Glieder der Kette verteilt, während die Wertschöpfung mehr oder weniger durch das transnationale Unternehmen kontrolliert wird.[65]

Der Fokus in den Debatten wurde nach und nach stärker auf eine netzwerkbasierte Organisationsanalyse gelegt, mit der unterschiedliche Formen der Unternehmensführung beschrieben werden.[66] Wie das Machtungleichgewicht zwischen „Lead-Firmen" und Zulieferern genau ausgestaltet ist, hängt von der Produktkomplexität und der Kompetenz der Zulieferer ab.[67] Auch wenn das Machtungleichgewicht in einigen Sektoren, wie bspw. dem Automobilsektor, aufgrund langfristiger und intensiver Interaktion weniger stark ausgeprägt ist,[68] so wird der Produktionsprozess entlang der Wertschöpfungskette dennoch von den transnationalen Konzernen, den sogenannten „Lead-Firmen", gesteuert.[69] Diese weit verzweigte Arbeitsteilung wird als Produktion in Netzwerkstrukturen beschrieben, in der transnationale Konzerne die Achsnabe bilden, um die herum sich das Wirtschaftsgeschehen realisiert.[70] Die Fertigung in globalen Unternehmensnetzwerken führt dazu, dass nicht mehr ohne Weiteres transparent ist, welches Produkt wo und unter welchen Arbeitsbedingungen hergestellt wurde.[71]

---

63 *Zimmer*, Soziale Mindeststandards, 41.

64 *Gereffi/Humphrey/Sturgeon*, RIPE 2005, 78 ff.; *Hübner*, Globale Wertschöpfungsketten organisieren, 6.

65 *Hübner*, Globale Wertschöpfungsketten organisieren, 6.

66 *Bair*, Competition & Change 2005, 153, 158 ff.

67 Siehe vertiefend: *Gereffi/Humphrey/Sturgeon*, RIPE 2005, 78 ff, insb. 83 f.; *Teipen/Mehl*, WSI-Mitteilungen 2021, 12, 13.

68 *Teipen/Mehl*, WSI-Mitteilungen 2021, 12, 13.

69 *Dünhaupt/Herr/Mehl/Teipen* in: Teipen et al. (Hrsg.), Economic and Social Upgrading, 1, 2 ff.; ILO, INWORK Issue Brief Nr. 10/2017; ILO, Report IV. Decent Work in Global Supply Chains, 5.

70 *Dicken et al.*, Global Networks 2001, 89, 107; *Fichter/Sydow*, IndBez 2002, 357, 363 f.; *Henderson et al.*, RIPE 2002, 436, 442 ff.; *Zimmer*, Soziale Mindeststandards, 39.

71 *Zimmer*, Soziale Mindeststandards, 40.

IV. Gender-Dimension in der Wertschöpfungskette

Entlang der von transnationalen Unternehmen koordinierten globalen Wertschöpfungsketten sind Millionen Jobs im globalen Süden entstanden,[72] an denen Frauen einen bedeutenden Anteil haben.[73] Insgesamt sind viele der entstandenen Beschäftigungsverhältnisse niedrig entlohnt, da transnationale Unternehmen aufgrund der starken Konkurrenz versuchen, niedrigere Preise durchzusetzen, was z.T. zu einem enormen Druck auf Zulieferer führt,[74] die ihre Produktionskosten in erster Linie beim Faktor Arbeit reduzieren können.[75] Trotz des umfassenden Ansatzes der Forschung wurde die Bedeutung der Geschlechterverhältnisse und anderer Dimensionen sozialer Ungleichheit in dem „Global Commodity Chains"-Ansatz und den meisten folgenden Arbeiten zur Wertschöpfungskette lange nicht berücksichtigt.[76] Mittlerweile finden jedoch auch soziale Dimensionen der Unternehmensführung entlang der Wertschöpfungskette stärkere Berücksichtigung.[77] Das ist wichtig, da Frauen verstärkt und in anderer Weise als Männer von Ausbeutung entlang der Lieferkette betroffen sind: Sie sind strukturell benachteiligt und arbeiten häufig in Bereichen, die besonders von Prekarität gekennzeichnet sind,[78] mithin in unsicheren und schlechter bezahlten Bereichen.[79] Hierzu zählt nicht nur die informalisierte Ökonomie, sondern auch der niedrig entlohnte Dienstleistungsbereich, während Männer häufiger direkt in den exportierenden Unternehmen arbeiten, wo die Bezahlung höher und die Arbeitsbedingungen besser sind.[80] Zwar sind Frauen in einigen Sektoren auch direkt in der Fertigung für den globalen Markt tätig, bspw. stellen sie im Textil- und Bekleidungssektor sowie in der Lebensmittelindustrie vieler Länder sogar die Mehrheit der Beschäftigten.[81] Hierbei handelt es sich jedoch um vergleichsweise niedrig entlohnte Sektoren.[82] Hinzu kommt, dass höhere Positionen, wie Vorarbeiter*in etc., immer noch überwiegend von Männern besetzt sind. Das hat häufig einen sehr ausge-

72 Die ILO identifizierte 2013 die Zahl von 453 Mio. Beschäftigten entlang globaler Wertschöpfungsketten, siehe: ILO, Research Paper No. 16, 7.

73 Die ILO identifizierte 2013 die Zahl von 190 Mio. Frauen, die entlang globaler Wertschöpfungsketten tätig sind, siehe: ILO, Research Paper No. 16, 8.

74 ILO, INWORK Issue Brief Nr. 10/2017, 7 ff.

75 ILO, INWORK Issue Brief Nr. 10/2017, 11.

76 *Sproll*, ÖZS 2020, 385, 390.

77 *Barrientos/Bianchi/Berman*, ILR 2019, 729, 733.

78 *Seitz*, Streit 2022, 153; UNHRC, Gender Dimensions, 6.

79 *Barrientos/Bianchi/Berman*, ILR 2019, 729, 730; ILO, Report IV, 8.

80 *Sproll*, ÖZS 2020, 385, 392.

81 *Barrientos/Bianchi/Berman*, ILR 2019, 729, 729.

82 Bspw. im Vergleich zur Automobilindustrie.

prägten Gender-Pay-Gap zur Folge.[83] Insoweit ist eine geschlechtshierarchische Arbeitsteilung in fast allen Bereichen der globalen Produktion festzustellen.[84] Darüber hinaus sind Frauen aufgrund der immer noch als selbstverständlich angesehenen Zuständigkeit für die Reproduktion einer doppelten Belastung ausgesetzt, da sie neben den oft belastenden Tätigkeiten zu Hause zusätzlich noch die Care-Arbeit zu bewältigen haben.[85] Hinzu kommt nicht selten Diskriminierung, nicht zuletzt durch sexuelle Belästigung oder Gewalt gegen Frauen („gender-based violence").[86] Nach Angaben der globalen Gewerkschaftsföderation ITUC haben 35 Prozent aller über 15-jährigen Frauen weltweit, mithin 818 Millionen Frauen, sexualisierte bzw. körperliche Gewalt erfahren, entweder zu Hause, in ihren Communitys oder am Arbeitsplatz.[87]

In vielen Sektoren wie bspw. der Textil- und Bekleidungs- sowie der Agrar- und Lebensmittelindustrie wurden Frauen als billige Arbeitskräfte angeworben, häufig in Ländern, in denen ihre Erwerbsbeteiligung (im formellen Sektor) zuvor äußerst begrenzt war.[88] Die oftmals sehr jungen Frauen haben nicht gelernt, bessere Arbeitsbedingungen auszuhandeln, legen daher weniger häufig Beschwerde ein und sind seltener in Gewerkschaften organisiert.[89] Vielen Gewerkschaften fällt es zudem schwer, Zugang zu den jungen Arbeiterinnen zu finden, von den allgemeinen Problemen, als Gewerkschaftsorganisation in einem gewerkschaftsfeindlichen Umfeld zu bestehen, ganz abgesehen. So haben verschiedene Faktoren weltweit zu einem Absinken von Tarifverträgen geführt, nicht zuletzt durch Subcontracting und informalisierte Beschäftigung.[90]

Dieser Hintergrund muss unternehmensseitig bei der Risikoanalyse berücksichtigt werden, da durch das genannte Bündel an Faktoren das Risiko der Diskriminierung von Frauen in globalen Wertschöpfungsketten grundsätzlich sehr hoch ist. Unternehmen sind daher angehalten, die Gleichstellung von Frauen und Männern in der Produktion zu fördern und aktiv Maßnahmen gegen die Diskriminierung von Frauen zu ergreifen.[91]

---

83 ILO, Report IV, 8.
84 *Sproll*, ÖZS 2020, 385, 393.
85 *Barrientos/Bianchi/Berman*, ILR 2019, 729, 732.
86 *Barrientos/Bianchi/Berman*, ILR 2019, 729, 733; FWF, Breaking the Silence, 3 ff.
87 ITUC, Gender-based Violence at Work.
88 *Barrientos/Bianchi/Berman*, ILR 2019, 729, 732.
89 *Barrientos/Bianchi/Berman*, ILR 2019, 729, 730, 732; ähnlich auch UNHRC, Gender Dimensions, 6.
90 ILO, Report IV, 25.
91 UNHRC, Gender Dimensions, 20.

V. Aufbau von Liefer- bzw. Wertschöpfungsketten

1. Analyse der Liefer- bzw. Wertschöpfungsketten

Soll die eigene Liefer- bzw. Wertschöpfungskette analysiert werden, so sind sämtliche Akteure und Schritte zu berücksichtigen, durch die ein Produkt oder eine Dienstleistung entwickelt, produziert, verkauft, versandt und unterstützt wird. Zu berücksichtigen sind daher neben der eigentlichen Produktion bzw. Dienstleistung auch Entwicklung und Beschaffung von Rohmaterialien oder Vorprodukten bzw. –Leistungen sowie der Vertrieb bis hin zum Inkasso und nachlaufenden Serviceleistungen.[92] Ebenfalls erfasst sind die logistischen „Aktivitäten, die dafür sorgen, dass das Produkt seinen endgültigen Bestimmungsort erreicht, zum Beispiel mit Hilfe von Distributoren, Lagern, physischen Geschäften oder Online-Plattformen".[93] Lediglich der Endkunde ist ausgeschlossen, soweit es sich nicht um den Finanzsektor handelt, s.o. Die globale Liefer- oder Wertschöpfungskette ist insoweit nicht auf einen Sektor begrenzt, sondern umfasst neben den zu beschaffenden Rohstoffen sowohl die Weiterverarbeitung als auch Dienstleistungen für Vertrieb und Verkauf. „Die Bestandteile einer Lieferkette" unterscheiden sich „je nach Art des Produktes oder der Leistung",[94] insofern ist die Lieferkette je nach Sektor unterschiedlich aufgebaut, bspw. im Finanzsektor „findet ein wesentlicher Teil der Produktion zeitgleich mit der Erbringung der Dienstleistung gegenüber dem Kunden statt".[95] Die Wertschöpfungskette ist häufig, bei Großunternehmen so gut wie immer, grenzüberschreitend aufgebaut und verbindet globale und einheimische Produzenten.[96]

Es empfiehlt sich, die Wertschöpfungskette des Unternehmens abzubilden, um die wichtigsten Achsen nachzuzeichnen, „die vom Rohstoff bis zur Vermarktung an der Entstehung eines Produkts oder einer Dienstleistung beteiligt sind".[97] Bei größerer Komplexität der Wertschöpfungskette ist es sinnvoll, die Ketten für einzelne Produkt- oder Leistungsgruppen abzubilden. Zu Beginn sollte der Fokus auf den wichtigsten Produkt- und Leistungsgruppen liegen. Diese „lassen sich anhand der Einkaufsverträge, der Kosten für verkaufte

92 Angelehnt an die Definition der REFA, Wertschöpfungskette.
93 BT-Drs. 19/28649, 40.
94 Vgl. zudem BT-Drs. 19/28649, 40.
95 BT-Drs. 19/28649, 40.
96 ILO, Report IV, 10.
97 UN Global Compact Office, Nachhaltigkeit in der Lieferkette, 26.

Erzeugnisse oder anderer Informationen aus erster Hand ermitteln".[98] Danach ist der Materialfluss zu jeder Produktgruppe nachzuvollziehen, wobei nicht nur die erste Stufe der direkten Lieferanten maßgeblich ist, vielmehr muss die Herkunft der Rohmaterialien oder Vorprodukte bis zu den ursprünglichen Lieferanten zurückverfolgt werden – zum Teil spielen Makler oder Großhändler eine wichtige Rolle.[99]

Das Gleiche gilt für Dienstleistungen: Neben der Beschaffung der Gegenstände, mit deren Hilfe die Dienstleistung erbracht wird, bspw. Reinigungsmaschinen und Putzmittel oder PCs, ist auch das Zusammenspiel mit anderen Dienstleistungen nachzuvollziehen, die für die Erbringung der eigentlichen Dienstleistung des Unternehmens notwendig sind, bspw. IT-Leistungen oder -Systeme. Der*die Zuständige für das Supply-Chain-Management ist für ein solches Mapping verantwortlich, ggf. in Kooperation mit der Beschaffung, darüber hinaus muss der*die Menschenrechtsbeauftragte eines Unternehmens über genaue Informationen zur Liefer- bzw. Wertschöpfungskette eines Unternehmens verfügen, da sonst kein effektives Risikomanagement durchgeführt werden kann.[100]

2. Konkrete Beispiele zum Aufbau von Wertschöpfungsketten

Nachfolgend werden einige branchentypische Wertschöpfungsketten skizziert. Diese bilden die Grundlage für die Beurteilung in der Praxis, ob die Sorgfaltspflichten nach dem LkSG (Risikomanagement, Risikoanalyse etc.) im konkreten Unternehmen eingehalten werden.

Automobilindustrie

Die Wertschöpfungskette in der Automobilindustrie ist äußerst komplex, ein Pkw besteht aus einer Vielzahl unterschiedlicher Teile, Komponenten, Module und Subsysteme.[101] In der Kette erfasst sind alle Aktivitäten, die notwendig sind, um vom Rohstoff zum Endprodukt zu gelangen. Automobilhersteller, die als „Original Equipment Manufacturer" (OEM) bezeichnet werden, beziehen von zahlreichen Zulieferern die Teile, Module und Komponenten, aus denen das komplette Fahrzeug gefertigt wird, um es am Markt zu vertreiben. Der OEM koordiniert die Wertschöpfungskette und ist selbst lediglich für den letzten Schritt der Fertigung verantwortlich,[102] insoweit handelt es sich um ein ty-

98 UN Global Compact Office, Nachhaltigkeit in der Lieferkette, 26.
99 UN Global Compact Office, Nachhaltigkeit in der Lieferkette, 26.
100 Siehe BAFA, FAQ.
101 *Dölle*, Lieferantenmanagement in der Automobilindustrie, 18.
102 *Hoßfeld/Ackermann/Dietz* in: Proff (Hrsg.), Neue Dimensionen der Mobilität, 423, 428.

pisches Beispiel einer Kette, die als „producer-driven" einzuordnen ist. Die Zulieferer lassen sich in Stufen einteilen, die in absteigender Reihenfolge gezählt werden: Auf der ersten Stufe (Tier-1) stehen Modul- oder Systemlieferanten, sie versorgen die OEMs direkt mit komplexen Systemen und Modulen. Zulieferer der zweiten Stufe (Tier-2) liefern Komponenten, auf Stufe drei (Tier-3) befinden sich Teillieferanten, welche die OEMs oftmals nicht direkt beliefern, das Ende der Kette bilden dann die Rohstofflieferanten (Tier-n).[103] Die Wertschöpfungsketten sind jedoch nicht linear, sondern teilweise überlappend, so kann ein Tier-1-Zulieferer gleichzeitig Tier-2-Lieferant sein, darüber hinaus beliefern manche Tier-1-Zulieferer mehrere OEMs.[104] Zulieferer von jeder Stufe haben jeweils weitere Subunternehmer, dementsprechend lassen sich zwischen OEMs und Rohstofflieferanten lange Ketten von bis zu zehn Ebenen mit Tausenden von Zulieferern aufzeigen.[105] Das Gleiche gilt in ähnlicher Form für die Fertigung in anderen kapital- und technologieintensiven Industrien wie Flugzeug, Computer, Halbleiter und Schwermaschinen.

Nimmt ein OEM bei einem Kreditinstitut einen Kredit auf, so ist das kreditgebende Institut als Teil der Wertschöpfungskette des OEM einzuordnen.[106] Da nicht unwesentliche Tätigkeiten des OEM digital ablaufen oder am PC durchgeführt werden, gehören auch IT-Dienstleistungen oder die Beschaffung von Hardware zur Wertschöpfungskette des Automobilherstellers.

Textil- und Bekleidungsindustrie

Auch die Lieferkette im Textil- und Bekleidungssektor ist komplex, wenngleich anders aufgebaut als in technologieintensiven Sektoren. Erfasst sind alle Aktivitäten, die notwendig sind, um vom Rohstoff zum Endprodukt zu gelangen. Dementsprechend steht am Anfang der Wertschöpfungskette die Produktion des Rohmateriales, bspw. der Anbau von Baumwolle. Es schließt sich die Weiterverarbeitung in Spinnereien und Webereien an, und auch das Nähgarn, das einzunähende Logo bzw. Pflegeetiketten sowie Knöpfe oder Reißverschlüsse müssen produziert werden. Die Konfektion des Bekleidungsstückes erfolgt auf Basis des Designs, ggf. wird dieses je nach Design zusätzlich bedruckt und mit weiteren Details veredelt, hinzu kommen Transport- und Lagerlogistiker

103 Zum Teil wird auch Tier-3-Lieferanten die Rohstofflieferung zugeschrieben und auf die Kategorisierung in Tier-n verzichtet, vgl. *Dölle*, Lieferantenmanagement in der Automobilindustrie, 20; mit Tier-n: *Karl/Sucky/Klatt* in: Becker et al. (Hrsg.), Geschäftsmodelle in der digitalen Welt, 539, 542.

104 Anders bspw. in der Flugzeugindustrie, hier finden sich vollständig überlappende Wertschöpfungsketten, da bspw. Boeing und Airbus Motoren, Elektronik und weitere Komponenten weitgehend von denselben Lieferanten beziehen, vgl. *Dölle*, Lieferantenmanagement in der Automobilindustrie, 18 ff.

105 *Hoßfeld/Ackermann/Dietz* in: Proff (Hrsg.), Neue Dimensionen der Mobilität, 423, 428.

106 KKRS-*Mittwoch/Bremenkamp*, LkSG § 2 Rn. 813.

sowie Händler*innen.[107] An der Herstellung eines einfach weißen Herrenoberhemdes sind weltweit rund 140 Produzenten und Unternehmen beteiligt,[108] wobei der Vertrieb Richtung Endkunde noch nicht eingerechnet ist. Hierbei handelt es sich um ein typisches Beispiel einer Kette, die als „buyer-driven“ einzuordnen ist, da die Kette vom Markenunternehmen wie bspw. H&M, Adidas oder Zara gesteuert wird, welche die Ware von ihren Lieferanten beziehen, selbst aber gar nicht mehr produzieren. Große Einzelhändler, Vermarkter und Markenhersteller spielen in diesem Sektor eine zentrale Rolle im Aufbau dieser über viele exportorientierte Länder des globalen Südens verteilten Produktionsnetzwerke. Diese Form von „handelsgestützter Industrialisierung“ findet sich in arbeitsintensiven Konsumgüterindustrien wie Bekleidung, Schuhe, Spielzeug, Kunsthandwerk und Unterhaltungselektronik. Die Produktion erfolgt über mehrstufige Netze von Zulieferern aus dem globalen Süden, die Fertigwaren für ausländische Käufer herstellen. Die Einzelhändler oder Vermarkter bestellen die Waren lediglich und liefern die Anforderungsdetails.[109] Der Schwerpunkt bekannter Markenfirmen liegt auf der Weiterentwicklung ihres Markenimages durch Design und Marketing, während Produktion, Verpackung, Transport zu den Märkten etc. anderen Unternehmen überlassen wird.[110]

Auch hier lassen sich die Zulieferer in Stufen einteilen: Auf der ersten Stufe (Tier-1) stehen große Textilmanufakturen mit z.T. mit vielen Tausend Beschäftigten, die direkte Vertragspartner der transnationalen Markenunternehmen sind. Mitunter werden auch mächtige Einkäufer wie bspw. Li & Fung dazwischengeschaltet, dann stellen diese Tier-1 dar, während der Produzent zu Tier-2 wird. Dieser wiederum hat eine Serie an eigenen Zulieferern, die sich nicht nur auf Lieferanten der veredelten Rohmaterialien beschränkt, sondern ganze Ketten von kleineren Subunternehmern umfassen kann, die einzelne Aufträge abarbeiten, bis zum letzten Glied der Kette, das in Heimarbeit tätig ist. Hierbei handelt es sich im Unterschied zu Hochtechnologiebereichen um völlig unverbundene Wertschöpfungsketten, die in vertikal hoch integrierten Industrien wie der Bekleidungsindustrie zu finden sind.[111]

---

107 *Tornow et al.*, Business Case, 10.

108 Textil + Mode, Faktencheck: Lieferkette.

109 UNIDO, The Global Apparel Value Chain, 3.

110 *Zimmer*, Soziale Mindeststandards, 38.

111 *Salditt*, Netzwerkmanagement im Handel, 39 ff.

VI. Anspruch von Wirtschaftsausschuss und Betriebsrat auf Informationen zum Aufbau der Lieferkette

Es stellt sich die Frage, ob Akteure wie Wirtschaftsausschuss oder Betriebsrat[112] die Wertschöpfungskette ihres Unternehmens selbst rekonstruieren müssen oder ob sie gegenüber dem Unternehmen einen Anspruch auf Aushändigung der Wertschöpfungs-Matrix haben.

1. Anspruch des Wirtschaftsausschusses

Der Wirtschaftsausschuss hätte einen Anspruch auf Aushändigung der Matrix der Wertschöpfungskette des Unternehmens, sofern dies zu den von § 106 Abs. 2 BetrVG erfassten wirtschaftlichen Angelegenheiten gehört, über die der Unternehmer den Wirtschaftsausschuss rechtzeitig und umfassend zu unterrichten hat. Unter diese wirtschaftlichen Angelegenheiten fallen gem. § 106 Abs. 3 BetrVG seit dem 1.1.2023 nach der neu eingefügten Nr. 5b auch „Fragen der unternehmerischen Sorgfaltspflichten in Lieferketten gemäß dem Lieferkettensorgfaltspflichtengesetz". Gemäß § 3 Abs. 1 LkSG gehören zu den zu beachtenden Sorgfaltspflichten die Einrichtung eines Risikomanagements (Nr. 1), die Festlegung einer betriebsinternen Zuständigkeit (Nr. 2), die Durchführung regelmäßiger Risikoanalysen (Nr. 3), die Abgabe einer Grundsatzerklärung (Nr. 4), die Verankerung von Präventionsmaßnahmen im eigenen Geschäftsbereich und gegenüber unmittelbaren Zulieferern (Nr. 5), das Ergreifen von Abhilfemaßnahmen (Nr. 6), die Einrichtung eines Beschwerdeverfahrens (Nr. 8), die Umsetzung von Sorgfaltspflichten in Bezug auf Risiken bei mittelbaren Zulieferern (Nr. 9) sowie die Dokumentation und die Berichterstattung (Nr. 10). Zu allen diesen Fragen hat das Unternehmen den Wirtschaftsausschuss unter Vorlage der erforderlichen Unterlagen zu unterrichten, sofern dieser es verlangt. Hauptanwendungsbereich der unternehmerischen Sorgfaltspflichten nach dem LkSG ist das Risikomanagement. Wie an anderer Stelle ausgearbeitet,[113] hat der Wirtschaftsausschuss folglich Anspruch auf Übermittlung der Kriterien der Risikoanalyse sowie auf Vorlage des Entwurfs der Grundsatzerklärung nach § 6 Abs. 2 LkSG und der Menschenrechtsstrategie des eigenen Geschäftsbereiches. Auch die zu entwickelnden internen und externen Verhaltensvorschriften bzw. Richtlinien in den für das Risikomanage-

112 Zu den Beteiligungsrechten von Wirtschaftsausschuss und Betriebsrat siehe: *Zimmer*, Lieferkettensorgfaltspflichtengesetz, 61 ff.

113 *Zimmer*, Lieferkettensorgfaltspflichtengesetz, 62 f.

ment relevanten Bereichen sind bereits im Entwurfsstadium zu übermitteln, sofern noch nicht mit dem Betriebsrat verhandelt.[114]

Das gesamte Risikomanagement, vor allem aber die Risikoanalyse kann ohne Kenntnis der Liefer- bzw. Wertschöpfungsketten des Unternehmens nicht angemessen durchgeführt werden, diese Kenntnis stellt sozusagen die Basis dafür dar. Daher können weder das Risikomanagement noch die Risikoanalyse vom Wirtschaftsausschuss ohne Kenntnis der Liefer- bzw. Wertschöpfungsketten korrekt eingeordnet werden, Gleiches gilt für die weiteren unternehmerischen Pflichten nach dem LkSG. Folglich hat der Wirtschaftsausschuss Anspruch auf Aushändigung der Wertschöpfungs-Matrix[115] und muss diese nicht selbst erarbeiten. Die Herausgabe der Matrix an den Wirtschaftsausschuss sollte ohnehin dem Interesse des Unternehmens entsprechen, da das Gremium bei Nichtaushändigen der Matrix die jeweils zuständigen Stellen im Unternehmen einzeln befragen müsste, was auch unternehmensseitig einige Ressourcen binden würde.

Die angeforderten notwendigen Informationen sind so rechtzeitig an den Wirtschaftsausschuss zu übermitteln, dass Anregungen des Ausschusses noch berücksichtigt werden können.[116] Ein vollständiger Aufbau des gesamten Risikomanagements ohne jegliche Information des Wirtschaftsausschusses wäre daher mitbestimmungswidrig, mit der Folge, dass gem. § 109 S. 1 BetrVG die Einigungsstelle angerufen werden kann. Da der Wirtschaftsausschuss ein Hilfsorgan des Betriebsrates ist,[117] hat er diesem die erhaltenen Informationen zu übermitteln.[118]

2. Anspruch des Betriebsrates

Gemäß § 80 Abs. 1 Nr. 1 BetrVG gehört es zu den Aufgaben des Betriebsrates, darüber zu wachen, „dass die zugunsten der Arbeitnehmer geltenden Gesetze durchgeführt werden". Hierunter fällt auch die Umsetzung der Pflichten des LkSG, wie bereits an anderer Stelle herausgearbeitet.[119] Das LkSG dient auch dem Schutz der Interessen der im eigenen Geschäftsbereich tätigen Arbeitnehmer*innen,[120] was mit § 4 Abs. 4 LkSG korrespondiert, wonach das Unternehmen dazu verpflichtet ist, die Interessen seiner Beschäftigten beim Lieferkettenmanagement „angemessen zu berücksichtigen". Zur Durchfüh-

114 *Zimmer*, Lieferkettensorgfaltspflichtengesetz, 71 ff.

115 Allgemeiner, aber in die gleiche Richtung: *Kalbfus/Zimmer*, ArbRAktuell 2023, 165, 168.

116 LAG Berlin-Brandenburg, 30.3.2012 – 10 TaBV 2362/11 (juris); DKW-*Däubler*, BetrVG § 106 Rn. 43.

117 DKW-*Däubler*, BetrVG § 106 Rn. 2.

118 DKW-*Däubler*, BetrVG § 106 Rn. 2; ErfKo-*Kania*, § 106 Rn. 1.

119 *Zimmer*, Lieferkettensorgfaltspflichtengesetz, 69 ff.; zustimmend: DKW-*Buschmann*, BetrVG § 80 Rn. 10.

120 *Kalbfus/Zimmer*, ArbRAktuell 2023, 165, 168 f.; *Krause*, RdA 2022, 327, 340.

rung seiner Aufgaben ist der Betriebsrat gem. § 80 Abs. 2 S. 1 BetrVG „rechtzeitig und umfassend vom Arbeitgeber zu unterrichten“, hierunter fallen Informationen zur Einhaltung der Verpflichtungen aus dem LkSG. Ansprüche des Betriebsrates aus § 80 Abs. 2 BetrVG werden nicht durch die Zuständigkeit des Wirtschaftsausschusses verdrängt, sondern bleiben neben diesen bestehen.[121] Die zu erteilenden Informationen stimmen inhaltlich weitgehend mit denen überein, die dem Wirtschaftsausschuss zu erteilen sind, insofern kann auf die obigen Ausführungen verwiesen werden und es bleibt festzustellen, dass auch der Betriebsrat Anspruch auf Aushändigung der Wertschöpfungs-Matrix hat.[122] Da die Pflichten des LkSG unternehmensbezogen ausgestaltet sind, liegt die Zuständigkeit nach § 50 Abs. 1 BetrVG beim Gesamtbetriebsrat.[123]

121 ErfKo-*Kania*, Arbeitsrecht § 106 Rn. 1.
122 Allgemeiner, aber in die gleiche Richtung: *Kalbfus/Zimmer*, ArbRAktuell 2023, 165, 168.
123 Ausführlich zum zuständigen Gremium: *Zimmer*, Lieferkettensorgfaltspflichtengesetz, 66 ff.

C. Risikoanalyse als Instrument zur Durchsetzung von Arbeitsrechten

Im vorliegenden Abschnitt soll geklärt werden, inwieweit die Risikoanalyse nach § 5 LkSG dazu beitragen kann, zentrale Menschen- und Arbeitsrechte durchzusetzen, auf die das LkSG Bezug nimmt.[124] Die Risikoanalyse ist Bestandteil des Risikomanagements eines Unternehmens und entstammt betriebswirtschaftlichen Grundlagen der Unternehmensführung.[125] Operiert wird klassischerweise mit Zielen und Kennzahlen, anhand derer die Zielerreichung nachverfolgt werden kann.[126] Nach der Systematik der klassischen Risikomanagementsysteme wird die Analyse durchgeführt, indem zu erwartende Risiken nach Schwere und Eintrittswahrscheinlichkeit kategorisiert und bewertet werden. Nach der daraus ermittelten finanziellen Kennzahl soll sich dann das Risiko für das Unternehmen einordnen lassen.[127] Es ging also bislang bei der Risikoanalyse um die Ermittlung wirtschaftlicher Risiken für das jeweilige Unternehmen. Hier sind die Verpflichtungen des LkSG insoweit zu berücksichtigen, als die Nichtbefolgung der Sorgfaltspflichten zu Strafzahlungen und Reputationsverlust führen kann.

Bei der nach dem LkSG durchzuführenden Risikoanalyse (§ 4 Abs. 1 LkSG), sind allerdings keine externen Risiken für das Unternehmen zu ermitteln. Die Risikoanalyse dient vielmehr gem. § 3 Abs. 1 LkSG dem Ziel, das Risiko der Verletzung von Menschen- und Umweltrechten durch das Handeln des Unternehmens selbst zu erkennen und zu minimieren. Die Verursachung solcher Risiken kann jedoch nicht mit einer finanziellen Kennzahl abgebildet werden, wie sie in der traditionellen Risikoanalyse „für Risiken in der Outside-in-Perspektive ermittelt" werden, da es nicht um einen möglichen Schaden für das Unternehmen geht, sondern um einen möglichen Schaden für Menschen und Umwelt im Geschäftsbereich und entlang der Lieferkette des Unternehmens.[128] Insoweit sind die Parameter der bislang durchgeführten Risikoanalyse nicht dazu geeignet, die Risiken zu ermitteln, auf die das LkSG abstellt, die Risikoanalyse ist daher in veränderter Form durchzuführen.[129] Auch ist Compliance bislang nicht für die Identifizierung menschen- und umweltrechtlicher Risi-

124 Zu den geschützten Rechtspositionen siehe KKRS-*Kaltenborn*, LkSG § 2 Rn. 65 ff.; *Zimmer*, Lieferkettensorgfaltspflichtengesetz, 19 ff.

125 KKRS-*Lorenzen*, LkSG § 4 Rn. 18.

126 BMIH/Bundesverwaltungsamt, Organisationshandbuch.

127 *Beile/Vitols*, Lieferkettensorgfaltspflichtengesetz, 51; *Kirchner*, Risikomanagement, 39 f.; *Romeike/Hager*, Erfolgsfaktor Risiko-Management, 88 ff.

128 *Beile/Vitols*, Lieferkettensorgfaltspflichtengesetz, 51.

129 BAFA, Risiken ermitteln, gewichten und priorisieren, 8.

ken qualifiziert, sondern auf die Identifizierung von Risiken wie Korruption, Geldwäsche, Kartellprobleme etc. ausgelegt.[130] Risiken für Menschen- und Umweltrechte können nur dann identifiziert und abgebildet werden, wenn die Parameter der Analyse entsprechend ausgerichtet sind, was eine Voraussetzung dafür ist, die Einhaltung dieser Rechte entlang globaler Wertschöpfungsketten auch durchzusetzen. Während die Geschäftsleitung bislang weites Ermessen bei der Ausgestaltung ihres Compliance-Systems ausüben konnte,[131] hat der Gesetzgeber mit dem LkSG in §§ 3 ff. dezidierte Parameter für die Risikoanalyse nach dem LkSG festgelegt, die im Folgenden vorgestellt werden.

I. Durchführung einer wirksamen Risikoanalyse

Die regelmäßige Risikoanalyse ist gem. § 5 Abs. 1 S. 1 LkSG nur für den eigenen Geschäftsbereich und für direkte Zulieferer durchzuführen. Den ersten Schritt stellt die Risikoermittlung dar, einzubeziehen sind sowohl Risiken in Deutschland als auch Risiken in anderen Mitgliedstaaten der EU oder in Ländern des globalen Südens,[132] danach sind die ermittelten Risiken zu gewichten und zu priorisieren.[133] Als Risiko definiert § 2 Abs. 2, 3 LkSG einen Zustand, bei dem mit hinreichender Wahrscheinlichkeit ein Verstoß gegen eines der aufgeführten Rechtsgüter droht.

Zusätzlich zur regulären jährlichen Risikoanalyse ist bei wesentlichen Änderungen der Risikolage nach § 5 Abs. 4 S. 1 LkSG oder bei substantiierter Kenntnis von Risiken (i.S.v. § 9 Abs. 3 LkSG) eine anlassbezogene Risikoanalyse durchzuführen. Eine solche wesentliche Änderung liegt vor, wenn das Unternehmen mit einer veränderten oder erweiterten Risikolage in der Lieferkette rechnen muss, was vor Aufnahme einer neuen Geschäftsbeziehung oder einer neuen Geschäftstätigkeit, etwa durch Eintritt in einen neuen Markt oder durch Einführung eines neuen Produktes der Fall sein kann.[134] Die anlassbezogene Risikoanalyse aufgrund wesentlicher Änderungen der Risikolage oder bei substantiierter Kenntnis von Risiken (i.S.v. § 9 Abs. 3 LkSG) ist auch in Bezug auf mittelbare Zulieferer durchzuführen.[135]

---

130 *Gehling/Ott/Lüneborg*, CCZ 2021, 231, 234; zur Einordnung in das Compliance-Managementsystem: *Dutzi/Schneider/Hassenau*, DK 2021, 454 ff.

131 *Seibt/Vesper-Gräske*, CB 2021, 357, 362.

132 Grabosch-*Grabosch*, LkSG § 5 Rn. 63; *Zimmer*, Lieferkettensorgfaltspflichtengesetz, 34.

133 KKRS-*Lorenzen*, LkSG § 5 Rn. 1.

134 BT-Drs. 19/28649, 45.

135 Grabosch-*Grabosch*, LkSG § 5 Rn. 9 und 56; *Zimmer*, Lieferkettensorgfaltspflichtengesetz, 39, zum Risikomanagement bei mittelbaren Zulieferern siehe ebd., 49.

1. Risikoermittlung

Die Risikoermittlung setzt voraus, einen Überblick über die eigenen Beschaffungsprozesse zu gewinnen, d.h. die eigene Wertschöpfungskette detailliert nachzuzeichnen. Der Gesetzgeber stellt es in das Ermessen des Unternehmens, die „geeignete Methode der Informationsbeschaffung und Bewertung“ in Bezug auf Risiken entlang der Lieferkette zu wählen, abhängig von „Risiko, Branche und Produktionsregion“.[136] Ausgangspunkt der Analyse kann eine Risikoermittlung nach spezifischen Ländern, Branchen- und Transaktionen darstellen. So können sich für einzelne Länder Risiken ergeben, die aus dem Regierungs- oder Justizsystem resultieren. Zu berücksichtigen ist aber auch die wirtschaftliche Entwicklung und die Situation von Frauen sowie ethnischer oder religiöser Minderheiten.[137] Compliance-Management-Systeme, die bspw. an den Prüfstandards des Instituts der Wirtschaftsprüfer (IDW PS 980)[138] oder der ISO (ISO 37301)[139] orientiert sind, können ebenfalls als Ausgangspunkt für die Risikoanalyse dienen.[140] Diese Instrumente sind allerdings auf die Gefährdung von Menschen- und Umweltrechten zu beziehen und dementsprechend weiterzuentwickeln. Die Gesetzesbegründung gibt vor, dass ein Risikomapping „nach Geschäftsfeldern, Standorten, Produkten oder Herkunftsländern“ durchzuführen ist. Hierbei sind „kontextabhängige Faktoren in die Analyse einzubeziehen“, wie die politischen Rahmenbedingungen oder vulnerable Personengruppen“, die dem Risiko einer erhöhten Rechtsverletzung ausgesetzt sind, bspw. Frauen oder Angehörige ethnischer Minderheiten.[141] Neben einem Risikomapping werden üblicherweise Gespräche und Workshops mit Mitgliedern der Geschäftsleitung und Mitarbeiter*innen durchgeführt und weitere interne Quellen konsultiert. Hierzu können bspw. Rückmeldungen von Kunden und Geschäftspartner*innen sowie Informationen aus Lieferverträgen zählen,[142] sodass sich die Risiken auf Basis „eines kombinierten Top-Down/Bottom-Up-Ansatzes“ identifizieren lassen.[143]

Bei der Risikoanalyse sind nach § 5 Abs. 4 S. 2 LkSG zudem Erkenntnisse zu berücksichtigen, die durch die Bearbeitung von Beschwerden und die Umset-

---

136 BT-Drs. 19/28649, 45.

137 *Brunk*, Menschenrechtscompliance, 222; *Hembach*, Praxisleitfaden LkGS, 140; KKRS-*Lorenzen*, LkSG § 5 Rn. 25.

138 Grundsätze ordnungsmäßiger Prüfung von Compliance Management Systemen, weitere Informationen unter: IDW, IDW PS 980.

139 ISO, ISO 37301:2021, Compliance Management Systems – Requirements with Guidance for Use, online: *https://www.iso.org/standard/75080.html* (10.2.2025)

140 Grabosch-*Grabosch*, LkSG § 5 Rn. 23.

141 BT-Drs. 19/28649, 44; *Zimmer*, Streit 1/2025, 9 (11).

142 KKRS-*Lorenzen*, LkSG § 5 Rn. 33.

143 *Gehling/Ott/Lüneborg*, CCZ 2021, 231, 234; zum Bottom-Up- oder Top-Down-Ansatz vgl. *Zilles/Deutsch*, ZCG 2010, 180 ff.

zung von Präventions- oder Abhilfemaßnahmen gewonnen wurden. Durch die Bearbeitung von Beschwerden können Unternehmen Informationen zu Art und Umfang bestimmter Risiken, zur „Eintrittswahrscheinlichkeit eines Risikos, der Wirksamkeit bestehender Präventions- und Abhilfemaßnahmen oder dem eigenen Beitrag zur Verursachung und den eigenen Einflussmöglichkeiten erhalten".[144] Hinzu kommen externe Erkenntnisquellen, wie allgemeine, öffentlich zugängliche Informationen. Hierunter fallen neben Medienberichten auch solche aus staatlichen Quellen sowie Berichte internationaler Organisationen. So weist die ILO darauf hin, dass Risikoanalysen nach dem LkSG öffentlich zugängliche Informationen der Organisation etwa zum Ratifikationsstand von Übereinkommen sowie zur regelmäßigen Berichterstattung der Mitgliedstaaten zum Ratifikationsgeschehen oder zur Anwendung der Übereinkommen berücksichtigen sollten, gleiches gilt für ausstehende Anfragen und Beschwerdeverfahren von Gewerkschaften.[145] Auch Forschungsberichte sowie Berichte von NGOs kommen als externe Quellen infrage, es muss sich allerdings um seriöse und objektive Informationen handeln.[146]

Um mögliche Verletzungen von Frauenrechten zu identifizieren, sind Unternehmen nach den UN-Guiding Principles dazu aufgerufen, einen gendersensiblen Ansatz zu entwickeln und neben dem Einsatz von Gender-Expert*innen vor allem potenziell betroffene Frauen und Frauenorganisationen zu konsultieren.[147] Dies korrespondiert mit § 4 Abs. 4 LkSG, der die Beteiligung der eigenen Beschäftigten sowie der Beschäftigten entlang der Wertschöpfungskette und sonstiger unmittelbarer Betroffener verlangt. Letztere können bspw. auch Anwohner*innen sein, die unmittelbar von Umweltauswirkungen durch die Produktion in ihrem Umfeld betroffen sind.

Die Beschäftigten in Deutschland sollten über ihre Vertreter*innen in der Mitbestimmung angesprochen werden, wie bspw. den Wirtschaftsausschuss (WA), den Gesamt- bzw. Konzernbetriebsrat (GBR bzw. KBR), den europäischen Betriebsrat (EBR) oder den Weltkonzernbetriebsrat (Welt-KBR), soweit jeweils vorhanden. Auch (deutsche) Gewerkschaften und globale Gewerkschaftsföderationen sollten konsultiert werden,[148] können sie doch den Kontakt zu Gewerkschaften im globalen Süden herstellen. Zudem sehen internationale Rahmenabkommen (IFAs), die von globalen Gewerkschaftsföderationen (GUFs) mit transnationalen Unternehmen oder Konzernen abgeschlossen wurden,

---

144 BAFA, Beschwerdeverfahren, 4.

145 ILO in: Deutscher Bundestag (Hrsg.), Ausschussdrucksache 19(11)1136, 58, 61.

146 KKRS-*Lorenzen*, LkSG § 5 Rn. 35 f. mit weiterführenden Hinweisen auf mögliche weitere externe Quellen.

147 UNHRC, Gender Dimensions, 29, Empfehlung zu UN-Guiding Principle Nr. 18.

148 In diesem Sinne auch bereits die Gesetzesbegründung, BT-Drs. 19/28649, 45.

i.d.R. ein Monitoring-Komitee vor, das oftmals auch selbst Fabrikinspektionen durchführt und zudem über lokale Mitgliedsgewerkschaften von Rechtsverstößen erfährt. Die ILO betont in ihrer Stellungnahme zum LkSG, dass bei der unternehmerischen Sorgfaltspflicht die gesamte Lieferkette einbezogen werden muss, da ansonsten die Gefahr besteht, dass besonders gravierende Menschenrechtsverletzungen nicht genügend betrachtet werden.[149] Als gangbarer erster Schritt wird daher eingeordnet, dass mittelbare Zulieferer durch das LkSG Zugang zu Beschwerdeverfahren von Unternehmen haben sollen, die unter das LkSG fallen.[150]

Es stellt sich die Frage, inwieweit die Risikoanalyse externalisiert werden kann, bspw. durch den Einsatz von Auditgesellschaften oder anderen Dienstleistern. Das Gesetz adressiert die Pflichten aus §§ 3 ff. LkSG direkt an die Unternehmen, diese sind für die ordnungsgemäße Ausführung verantwortlich und werden von der zuständigen Behörde, dem Bundesamt für Wirtschaft und Ausfuhrkontrolle (BAFA) entsprechend überwacht und ggf. sanktioniert. Die Pflichten des LkSG gehören folglich zu den Leitungsaufgaben und fallen damit in die Verantwortung von Geschäftsleitung bzw. Gesamtvorstand.[151] Das LkSG gibt in § 3 Abs. 1 Nr. 2 vor, dass eine betriebsinterne Zuständigkeit festzulegen ist, ermöglicht also das Delegieren innerhalb des Unternehmens. Auch ist gesetzlich festgeschrieben, dass die Überwachung des Risikomanagements unternehmensintern zu erfolgen hat. Eine entsprechende Stelle ist festzulegen, bspw. in Form eines*einer Menschenrechtsbeauftragten (§ 4 Abs. 3 S. 1 LkSG), die Unternehmensleitung ist „regelmäßig, mindestens einmal jährlich, über die Arbeit der zuständigen Person/en zu informieren“ (§ 4 Abs. 3 S. 2 LkSG). Der Gesetzgeber empfiehlt, diese Position unmittelbar der Geschäftsleitung zu unterstellen,[152] gibt aber nicht verbindlich vor, wo die Stelle anzusiedeln ist. Zentrale Funktionen müssen also im Unternehmen verbleiben, allerdings ist der unterstützende Einsatz externer Expert*innen zulässig, wobei nach den unterschiedlichen Aufgaben bei der Risikoanalyse zu unterscheiden wäre.

Bei der Risikoermittlung lassen sich gut externe Dienstleister einsetzen, zumal diese einen unabhängigeren Blick und möglicherweise hohe Fachkompetenz haben.[153] Bei der Priorisierung der Risiken hingegen dürfte der Einsatz externer Dienstleister nicht zulässig sein, dies sollte von dem*der internen Men-

149 ILO in: Deutscher Bundestag (Hrsg.), Ausschussdrucksache 19(11)1136, 58, 61.

150 ILO in: Deutscher Bundestag (Hrsg.), Ausschussdrucksache 19(11)1136, 58, 62.

151 KKRS-*Lorenzen*, LkSG § 4 Rn. 123 f.

152 BT-Drs. 19/28649, 43.

153 Zu praktischen Beispielen eingesetzter externer Dienstleister und Brancheninitiativen siehe: *Beile/Vitols*, Lieferkettensorgfaltspflichtengesetz, 58 ff.

schenrechtsbeauftragten übernommen werden.[154] Die gesetzlich normierte Organisationspflicht verbleibt bei der Geschäftsleitung, diese ist verantwortlich für die Auswahl der geeigneten Person sowie für die Ausstattung mit hinreichenden Kompetenzen und finanziellen Mitteln.[155] Im Unterschied dazu stellt der Gesetzgeber es Unternehmen in Bezug auf die Einrichtung eines effektiven Beschwerdesystems frei, ob sie eine interne oder externe Lösung bevorzugen (vgl. § 8 Abs. 1 S. 1–6 LkSG; siehe im Folgenden E.II.1.c).

Es bleibt zusammenzufassen, dass sich eine effektive Risikoanalyse nicht allein vom Schreibtisch aus durchführen lässt,[156] die gewählten Methoden müssen gem. § 4 Abs. 1, 2 LkSG in jedem Fall „angemessen" und „wirksam" sein, also geeignet, die genannten Risiken zuverlässig zu ermitteln.

2. Gewichtung und Priorisierung der Risiken sowie weiteres Vorgehen

Im zweiten Schritt ist gem. § 5 Abs. 2 LkSG eine angemessene Gewichtung und Priorisierung der ermittelten Risiken durchzuführen.[157] Dabei sind anhand der erstellten Risikomatrix die durch Kernfragen identifizierten Risiken insoweit nach ihrem Gefährdungspotenzial zu bewerten und zu gewichten.[158] Kann das Unternehmen nicht allen ermittelten Risiken und Rechtsverletzungen unmittelbar mit Präventions- und Abhilfemaßnahmen begegnen, ist eine Priorisierung durchzuführen.[159] Kriterien für die Risikogewichtung und Priorisierung gibt der Gesetzgeber in § 3 Abs. 2 LkSG vor. Zu berücksichtigen sind demnach die Eintrittswahrscheinlichkeit und Schwere der möglichen Verletzungshandlung (Nr. 3), „Art und Umfang der Geschäftstätigkeit des Unternehmens" (Nr. 1), das „Einflussvermögen des Unternehmens auf den unmittelbaren Verursacher" (Nr. 2) sowie die „Art des Verursachungsbeitrages" (Nr. 4). Die Gesetzesbegründung nennt neben der Schwere des Verstoßes zudem „die Einflussmöglichkeit, die ein Unternehmen auf die Minderung des Risikos hat", die auch von der georderten Beschaffungsmenge oder der „Größe des Unternehmens" abhängig ist. Angesichts der Zielsetzung des Gesetzes, Menschen- und Umweltrechtsverletzungen entlang globaler Lieferketten zu minimieren, sollte die Schwere der drohenden Rechtsverletzung bei der Priorisierung an oberster Stelle stehen, sie ist ausweislich der Gesetzesbegründung „nach Grad,

154 KKRS-*Lorenzen*, LkSG § 5 Rn. 54.
155 *Grabosch/Schönfelder*, AuR 2021, 488, 492 f.; KKRS-*Lorenzen*, LkSG § 5 Rn. 53.
156 Zu weiteren Aspekten für eine effektive Durchführung der Risikoanalyse siehe *Zimmer*, Lieferkettensorgfaltspflichtengesetz, 38.
157 KKRS-*Lorenzen*, LkSG § 5 Rn. 1.
158 *Zimmer*, Lieferkettensorgfaltspflichtengesetz, 35.
159 BT-Drs. 19/28649, 45.

Reichweite und Unumkehrbarkeit der Verletzung“ zu bewerten.[160] Drohen schwere Risiken, kann ein Unternehmen sich folglich nicht auf die Vermeidung solcher Risiken beschränken, bei denen das Einflussvermögen besonders hoch ist, bspw. indem Schlüssellieferanten priorisiert werden, deren Lieferung für das Unternehmen einen Hauptteil des Geschäftsvolumens ausmacht.[161]

Gemäß § 5 Abs. 3 LkSG sind die Ergebnisse der Risikoanalyse an die maßgeblichen Entscheidungsträger*innen zu kommunizieren, diese haben die Ergebnisse in ihren Entscheidungen zu berücksichtigen.[162] Ausweislich des Gesetzeswortlautes sind „Vorstand“ oder „Einkaufsabteilung“ als maßgebliche Entscheidungsträger einzuordnen, diese Stellen werden allerdings nur beispielhaft aufgeführt. Aufgrund der sachlichen Nähe dürften auch Compliance-Abteilungen infrage kommen. Da dem Aufsichtsrat gem. § 111 Abs. 1 Aktiengesetz (AktG) die Kontrolle der Arbeit der Geschäftsführung obliegt und dieser folglich die Maßnahmen des Risikomanagements und der Compliance überwacht, zählen auch die Mitglieder des Aufsichtsrates bzw. des zuständigen Prüfungsausschusses zu den über die Ergebnisse der Risikoanalyse zu informierenden Entscheidungsträger*innen. Angesichts von § 4 Abs. 4 LkSG dürften außerdem die Gremien der betrieblichen Arbeitnehmervertreter*innen in Deutschland zum Kreis der nach § 5 Abs. 3 zu informierenden Entscheidungsträger*innen zählen.[163]

Auf Basis der Risikoanalyse werden dann die Folgemaßnahmen konzipiert: Präventionsmaßnahmen (§ 6 LkSG) sowie bei Bedarf auch Abhilfemaßnahmen (§ 7 LkSG). Bei diesen sind Unternehmen dazu aufgerufen, auch präventive Maßnahmen gegen verbale, körperliche oder sexualisierte Gewalt gegen Frauen oder andere vulnerable Gruppen zu ergreifen.[164]

In Bezug auf Risikomanagement und Risikoanalyse sind dem nationalen Gesetzgeber jedoch im Zuge der Umsetzung der EU-Sorgfaltspflichten-RL (CSDDD) gravierende Änderungen am LkSG aufgegeben, nicht zuletzt, da sich die Sorgfaltspflichten nach der CSDDD auf die gesamte Wertschöpfungskette beziehen (siehe unter F.III und IV). Dementsprechend wird auch die Handreichung des BAFA zur Durchführung der Risikoanalyse zu überarbeiten sein.[165]

160 BT-Drs. 19/28649, 45.
161 KKRS-*Lorenzen*, LkSG § 5 Rn. 51.
162 *Nietsch/Wiedmann*, CCZ 2021, 101, 107.
163 *Zimmer*, Lieferkettensorgfaltspflichtengesetz, 39 f., zur Rolle des Aufsichtsrates siehe ebd., 6 ff.
164 UNHRC, Gender Dimensions, 21, Empfehlung zu UN-Guiding Principle Nr. 11.
165 Vgl. BAFA, Risiken ermitteln, gewichten und priorisieren.

II. Die Risikoanalyse als Instrument zur Durchsetzung von Menschen- und Arbeitsrechten

Es stellt sich die Frage, inwieweit die Risikoanalyse dazu beitragen kann, zentrale Menschen- und Arbeitsrechte durchzusetzen. Könnte sie dazu beitragen, schwere Arbeitsrechtsverletzungen wie bspw. Union Busting zu unterbinden? Erst einmal muss die Risikoanalyse effektiv ausgeführt werden, um überhaupt Hinweise darauf aufzudecken, dass bspw. Union Busting bei einem Zulieferer stattfindet. Wenn keine entsprechende Beschwerde über den nach § 8 LkSG einzurichtenden Beschwerdekanal eingegangen ist, so wird die Information sicher nicht über interne Kanäle aufgedeckt. Sofern kein Whistleblower entsprechende Informationen weitergegeben hat, wird ein Zulieferer nicht von sich aus zugeben, dass Arbeiter*innen aufgrund der Kandidatur für den Betriebsrat oder aufgrund ihrer Mitgliedschaft in einer Gewerkschaft entlassen wurden. Insoweit kann ein solcher Sachverhalt nur mittels Risikoanalyse entdeckt werden, wenn genauer hingeschaut wird und entsprechende Befragungen vor Ort durchgeführt werden, bspw. indem lokale Gewerkschaften (oder Arbeitsrechts-NGOs) kontaktiert werden bzw. über die sektorale globale Gewerkschaftsföderation[166] ein solcher Kontakt hergestellt wird.[167] Auch die eigene Arbeitnehmervertretung (WA, GBR, KBR, EBR oder Welt-KBR) einzubinden,[168] erhöht die Wahrscheinlichkeit, dass schwere Arbeitsrechtsverletzungen wie Union Busting bekannt werden. Ähnlich gelagert ist der Fall bei sexueller Belästigung: Hier sollten i.R.d. Risikoanalyse auch Frauenrechts-NGOs kontaktiert werden. Die größte Chance, dass derartige Fälle entdeckt werden, dürfte über ein effektives Beschwerdemanagement gegeben sein, worauf unter Kapitel E eingegangen wird.

Werden Rechtsgefährdungen oder gar Rechtsverletzungen wie Union Busting bekannt, ist das Unternehmen dazu verpflichtet, für entsprechende Abhilfe sowie Präventionsmaßnahmen zu sorgen. Abhilfe würde bedeuten, den Einfluss des transnationalen Unternehmens beim Zulieferer geltend zu machen, um eine Wiedereinstellung der entlassenen Arbeiter*innen zu erreichen, bei präventiven Maßnahmen wäre zuerst an Schulungen zu denken, damit das Management lernt, Gewerkschaftsrechte zu respektieren. Aber auch Schulungen

166 Die globalen Gewerkschaftsföderationen sind im Netz auffindbar unter: *https://www.global-unions.org/?lang=en* (zuletzt abgerufen am 25.7.2024).

167 Für weitere Informationen siehe *Zimmer*, Lieferkettensorgfaltspflichtengesetz, 36 ff.

168 Für weitere Informationen siehe *Zimmer*, Lieferkettensorgfaltspflichtengesetz, 61 ff.

der Arbeiter*innen über ihre Rechte stellen eine wichtige präventive Maßnahme dar, diese haben in der Landessprache zu erfolgen.[169] Derartige Schulungen und Weiterbildungen hat der Gesetzgeber gem. § 6 Abs. 3 Nr. 3 LkSG nicht nur als Präventivmaßnahmen für die eigenen Beschäftigten, sondern auch für unmittelbare Zulieferer vorgesehen (§ 6 Abs. 4 Nr. 3 LkSG), um die nach § 6 Abs. 4 Nr. 2 LkSG notwendigen vertraglichen Zusicherungen über die im LkSG kodifizierten Menschen- und Umweltrechte durch den Zulieferer und entlang der Lieferkette zu untermauern.

Die Risikoanalyse selbst würde das Union Busting folglich nicht unterbinden; das würde durch die notwendigen Folgemaßnahmen geschehen, die auf den Informationen der Risikoanalyse basieren. Mindestens ebenso wichtig wie die Risikoanalyse, wenn nicht von noch größerer Bedeutung, ist jedoch ein effektiv ausgestaltetes Beschwerdesystem, da hierüber schwere Arbeitsrechtsverstöße leichter ans Tageslicht kommen können (siehe unter E). Die Informationen über Risiken oder Rechtsverletzungen die das Unternehmen i.R.d. Risikoanalyse identifiziert hat, sind gem. § 10 Abs. 2 Nr. 1 LkSG Bestandteil des Berichtes, der auf der Webseite vorzuhalten ist, wie im Folgenden aufgezeigt wird. Derartigen Maßnahmen der Nachhaltigkeitsberichterstattung kommt im Wirtschaftsleben immer größere Bedeutung zu, werden sie doch z.T. auch von Investor*innen zugrunde gelegt. Von daher kann die Risikoanalyse durchaus dazu beitragen, zentrale Menschen- und Arbeitsrechte durchzusetzen – allerdings nur im Zusammenspiel mit den anderen Maßnahmen des LkSG.

---

169 *Zimmer*, Das indonesische Freedom of Association Protocol, 40 f.; *Zimmer*, IOLR 2020, 178, 188.

D. Berichtspflichten

Unternehmen in Deutschland und in Europa werden zunehmend verpflichtet, der Öffentlichkeit sowie öffentlichen Stellen über ihr Handeln in Sachen Nachhaltigkeit und entlang der globalen Wertschöpfungsketten zu berichten. Berichtspflichten können sektorspezifisch ausgestaltet oder allgemeiner Natur sein.[170] Vorgaben für allgemeine Berichtspflichten, die in ein menschenrechtliches Sorgfaltspflichtensystem eingebunden sind, finden sich in internationalen Regularien wie den *Leitprinzipien für Wirtschaft und Menschenrechte* der UN von 2011,[171] worin Leitprinzip 21 Unternehmen dazu aufruft, nach außen zu kommunizieren, wie sie ihren menschenrechtlichen Sorgfaltspflichten nachkommen. Gleiches gilt für den auf den UN-Leitprinzipien basierenden *Nationalen Aktionsplan Wirtschaft und Menschenrechte* in Deutschland.[172] An beiden Dokumenten hat sich der deutsche Gesetzgeber bei der Konzipierung der Sorgfaltspflichten des LkSG sowie der darin enthaltenen Berichtspflicht orientiert.[173] Mit der Sorgfaltspflichten-RL 2024/1760/EU wurde zudem in Art. 16 eine Berichtspflicht zur menschen- und umweltrechtlichen Sorgfaltspflicht für in der Europäischen Union operierende Unternehmen geschaffen, die inhaltlich mit der nach dem deutschen LkSG korrespondiert (zur RL 2024/1760/EU siehe unter F).

Unternehmerische Berichtspflichten finden sich zudem in weiteren EU-Rechtsakten, nicht zuletzt in der Nachhaltigkeitsberichterstattung aus dem Gesellschaftsrecht, die mit der CSR-RL 2014/95/EU eingeführt und mit der Richtlinie zur unternehmerischen Nachhaltigkeitsberichterstattung 2022/2464/EU (Corporate Sustainability Reporting Directive, CSRD)[174] überarbeitet wurde. Berichtspflichten sind ferner in Gesetzen zu einzelnen menschenrechtlichen Sorgfaltspflichten in europäischen Nachbarländern zu finden, aber auch in Ländern über Europa hinaus, wie im Folgenden aufgezeigt wird. Nachhaltigkeitsberichte spielen auch für institutionelle Anleger eine immer größere Rolle, so werden seit einiger Zeit nachhaltige Kapitalanlagen zunehmend diskutiert,[175] zudem ist Diversität mittlerweile ein Thema für institutionelle In-

---

170 *Fleischer/Hahn*, RIW 2018, 397, 401.

171 DGCN, Leitprinzipien für Wirtschaft und Menschenrechte.

172 Auswärtiges Amt (Hrsg.), Nationaler Aktionsplan.

173 BT-Drs. 19/28649, 41.

174 Richtlinie 2022/2464 des Europäischen Parlaments und des Rates vom 14. Dezember 2022 zur Änderung der Verordnung (EU) Nr. 537/2014 und der Richtlinien 2004/109/EG, 2006/43/EG und 2013/34/EU hinsichtlich der Nachhaltigkeitsberichterstattung von Unternehmen.

175 Vgl. *Kambi*, Das Investment, 17.5.2023; *Schmidt/Strenger*, NZG 2019, 481 ff.; Sustainable Finance-Beirat der Bundesregierung, Abschlussbericht der Arbeitsgruppe „Engagement-Plattform", 20. Siehe zudem die entsprechenden Diskussionen i.R.d. Allianz Global Investors, Der ESG-Ansatz.

vestoren.[176] Auch für Mitglieder des Betriebsrates und des Wirtschaftsausschusses sowie für (Arbeitnehmer-)Vertreter*innen im Aufsichtsrat können Nachhaltigkeitsberichte für ihre Arbeit von Bedeutung sein.[177] Vorliegend wird die in § 10 LkSG normierte Berichterstattung über die Einhaltung der Pflichten des LkSG analysiert und mit weiteren menschenrechtlichen Berichtspflichten, insbesondere aus dem Gesellschafts- und dem Entgelttransparenzrecht kontextualisiert, um Kriterien für eine effektive Berichtspflicht zu erarbeiten, die zur Durchsetzung von Menschen- und Umweltrechten beiträgt.

I. Menschen- und umweltrechtliche Berichtspflichten in anderen Ländern und im Recht der EU

Die Pflicht zur Berichterstattung über den Umgang mit Risiken für zentrale Menschen- und Umweltrechte durch unternehmerische Betätigung und entlang ihrer Wertschöpfungsketten findet sich in zahlreichen neueren Gesetzen verschiedener Länder weltweit und auch in Regularien der EU. Aus den USA wäre der Dodd-Frank-Act von 2010 (Section 1502)[178] zu nennen, der Unternehmen, die sogenannte Konfliktmineralien verwenden, zur Erklärung verpflichtet, ob diese aus der Demokratischen Republik Kongo oder aus den Nachbarländern stammen und welche Sorgfaltsmaßnahmen in Bezug auf die Lieferkette ergriffen wurden. Die Angaben müssen durch eine unabhängige Stelle geprüft werden, der Bericht ist der Börsenaufsicht SEC zu übermitteln und im Internet zu publizieren. Die Rechtsfolgen einer Verletzung der Berichtspflicht ergeben sich aus dem Kapitalmarktrecht.[179]

Der kalifornische Transparency in Supply Chain Act (2012)[180] verpflichtet Unternehmen, die in Kalifornien tätig sind und deren jährliche Bruttoeinnahmen 100 Mio. USD übersteigen, zu einem Bericht darüber, wie das Unternehmen Risiken zu Sklaverei und Menschenhandel in seiner Lieferkette weltweit identifiziert und damit umgeht, einschließlich seines Lieferantenmanagements. Der Bericht ist auf der Webseite des Unternehmens zu veröffentlichen, ein

176 Vgl. *https://investors4diversity.org/#aktuell* (zuletzt abgerufen am 9.2.2025).

177 Vgl. *Zimmer*, Lieferkettensorgfaltspflichtengesetz, 56 ff.

178 US Dodd-Frank Wall Street Reform and Consumer Protection Act 2010, abgedruckt in: *Grabosch*, Companies and Human Rights, 15 f.

179 Umfassend: *Fleischer/Hahn*, RIW 2018, 397, 398 ff.

180 California Transparency in Supply Chains Act, Section 1714.43 Civil Code (der Act ist Bestandteil des Abschnittes über unerlaubte Handlungen des kalifornischen Zivilgesetzbuches), abgedruckt in: *Grabosch*, Companies and Human Rights, 21.

Link dazu muss sich auf der Startseite finden. Allerdings besteht lediglich eine Pflicht zur Berichterstattung, nicht aber dazu, tatsächlich ein derartiges Risikomanagement durchzuführen. Ein Unternehmen kann folglich auch einfach berichten, dass es keinerlei Maßnahmen gegen Sklaverei und Menschenhandel in seiner Lieferkette ergreift (Sec. 3c (1)-(4)); Produkte aus Zwangsarbeit dürfen somit weiter vertrieben werden.[181] Kommt ein Unternehmen der Berichtspflicht nicht nach, so kann diese richterlich angeordnet werden (Sec. 3d).[182]

Nach ähnlichem Muster ist auch der britische Modern Slavery Act (MSA-GB) von 2015[183] aufgebaut, der Unternehmen, die in Großbritannien tätig sind und mindestens 36 Mio. GBP umsetzen (Art. 54(2),(12) MSA-GB),[184] ebenfalls eine Berichtspflicht darüber auferlegt, welche Maßnahmen das Unternehmen im vergangenen Geschäftsjahr unternommen hat, um sicherzustellen, dass sich weder im Unternehmen noch in seiner Lieferkette Sklaverei oder Menschenhandel realisiert (Art. 54(4) (a), MSA-GB). Der Bericht muss auf der Webseite des Unternehmens veröffentlicht werden (Art. 54(7) (a) MSA-GB). Unternehmen können jedoch auch hier schlicht berichten, dass keinerlei Maßnahmen gegen Sklaverei und Menschenhandel in der Lieferkette durchführt wurden (Art. 54(4) (b) MSA-GB), genauere Vorgaben zum Inhalt der Berichtspflicht sind ebenfalls nicht vorhanden.[185] Kommt ein Unternehmen der Berichtspflicht nicht nach, so kann diese auch nach dem Modern Slavery Act richterlich angeordnet werden (Art. 54(11) MSA-GB); weitere Sanktionen sind nicht vorgesehen.[186]

Nach dem gleichen Muster aufgebaut ist der australische Modern Slavery Act (MSA-AUS),[187] der 2019 in Kraft trat und ebenfalls eine Meldepflicht zu moderner Sklaverei normiert. Der Anwendungsbereich umfasst Unternehmen auf dem australischen Markt mit einem konsolidierten Jahresumsatz von mindestens 100 Mio. AUD sowie NGOs, Universitäten und die australische Regierung (§ 5 Abs. 1 und 2 sowie § 6 MSA-AUS). Diese sind gem. § 3 MSA-AUS verpflichtet, Maßnahmen zu ergreifen, um die Risiken der modernen Sklaverei in ihren Unternehmen bzw. Einrichtungen und entlang der Lieferketten zu beseitigen. Zudem ist ein jährlicher Bericht zur modernen Sklaverei zu erstellen, in dem dargelegt wird, welche Maßnahmen ergriffen wurden.[188] Die Berichte

181 *Fleischer/Hahn*, RIW 2018, 397, 399; *Prokopets*, HICLR 2014, 351, 354.
182 *Fleischer/Hahn*, RIW 2018, 397, 399.
183 Government of the UK, Modern Slavery Act 2015 (c. 30).
184 Der Mindestumsatz wird geregelt in Government of the UK, Modern Slavery Act 2015 (Transparency in Supply Chains), Regulations 2015 reg 2.
185 *Doris/Zimmer*, BB 2016, 181; *Fleischer/Hahn*, RIW 2018, 397, 399.
186 *Doris/Zimmer*, BB 2016, 181, 182.
187 Australian Government, Modern Slavery Act 2018.
188 Vertiefend zum MSA-AUS: *Grabosch*, Companies and Human Rights, 41 f.

werden von der australischen Regierung im Modern Slavery Statements Register veröffentlicht, das öffentlich zugänglich ist.[189] Der australische MSA sieht allerdings keine Bußgelder oder andere Strafen vor, wenn die Verpflichtungen nicht eingehalten werden, sondern basiert auf einer öffentlichen Kontrolle durch Investoren- und Interessengruppen wie NGOs.[190] Nach dem niederländischen Gesetz gegen Kinderarbeit (2019)[191] wird eine Berichtspflicht in Bezug auf Sorgfaltsmaßnahmen zur Vermeidung von Kinderarbeit in der Lieferklette normiert, der Bericht ist gegenüber der zuständigen Behörde abzugeben (Art. 4 Abs. 1, 2). Im Unterschied zu den verschiedenen Berichtspflichten zum Thema Zwangsarbeit, ist Wet zorgplicht kinderarbeid sanktionsbewehrt. Wird kein Bericht erstattet, so kann eine Geldbuße verhängt werden, auch ist das Zuwiderhandeln strafbar (Art. 9).

Der Schutzumfang des französischen Sorgfaltspflichtengesetzes (2017)[192] ist größer, da dieses Gesetz wie auch das deutsche LkSG grundlegende Menschen- und Arbeitsrechte schützt. Das Loi de vigilance verpflichtet Unternehmen dazu, einen Sorgfaltspflichtenplan aufzustellen und die wirksame Umsetzung in einem Bericht zu veröffentlichen (Art. L. 225-102 Code de commerce). Allerdings deuten erste Untersuchungen an, dass die Berichte sehr unterschiedlich ausgestaltet sind und insbesondere Hinweise zu Abhilfemaßnahmen und Wirksamkeitsprüfungen häufig fehlen.[193] Auch die Pflichten nach dem französischen Sorgfaltspflichtengesetz sollten ursprünglich strafbewehrt sein. Art. L225-102-4 Code de commerce sah vor, dass Unternehmen sowohl für das Nichterstellen als auch das Nichteinhalten des Plans zu einer Geldstrafe von bis zu 10 Mio. EUR verurteilt werden können, abhängig von der Schwere des Verstoßes und den weiteren Umständen. Dies wurde jedoch vom Conseil Constitutionnel im März 2017 für verfassungswidrig erklärt.[194] Nach einem ähnlichen Muster ist das norwegische Transparenzgesetz (2021)[195] aufgebaut.[196] In der Schweiz ist seit dem 1.1.2022 die sogenannte „Verordnung über Sorgfaltspflichten und Transparenz bezüglich Mineralien und Metallen aus Konfliktgebieten und Kinderarbeit" (VSoTr) in Kraft.

---

189 Australian Government, Modern Slavery Statements Register.

190 *Sinclair*, LSJ 2019, 86 f.

191 Wet zorgplicht kinderarbeid, siehe: Ministerie van Buitenlandse Zaken, Staatsblad 2019, 401; vertiefend: *Stöbener de Mora/Noll*, NZG 2021, 1285, 1288.

192 Loi relative au devoir de vigilance des sociétés mères et entreprises donneuses d'ordre („Loi de vigilance"), loi n°2017-399, JORF n°0074 v. 28.3.2017, vertiefend: *Frappard*, AuR 2018, 277 ff.

193 Sherpa, Vigilance Plans Reference Guidance.

194 Décision du Conseil Constitutionnel n° 2017-750 DC vom 23. März 2018 Rn. 14.

195 Das Gesetz bezieht sich auf die Transparenz von Unternehmen bzgl. grundlegender Menschen- und Arbeitsrechte, LOV-2021-06-18-99: Norwegisches Ministerium für Kinder und Familien, Transparency Act.

196 Weitergehende Informationen: *Krajewski/Tonstat/Wohltmann*, BHRJ 2021, 550, 551 ff.

Auf EU-Ebene wurde bereits 2013 die Holz-Verordnung 995/2010[197] verabschiedet, in der Sorgfaltspflichten zur Vermeidung von illegalem Holzeinschlag weltweit verankert sind. Diese wird abgelöst[198] durch die Verordnung für entwaldungsfreie Produkte 2023/1115/EU (EUDR),[199] nach der die Produkte Rinder, Kaffee, Kakao, Soja, Kautschuk, Palmöl und Holz nur noch in der EU vertrieben werden dürfen, wenn dafür nach 2020 keine Wälder abgeholzt wurden (Art. 3 VO 2023/1115/EU). Unternehmen haben diesbezüglich gem. Art. 10 EUDR eine entsprechende Risikoanalyse durchzuführen und Maßnahmen zur Risikominderung zu ergreifen (Art. 11 EUDR). Hierüber haben Unternehmen jährlich öffentlich zu berichten, der Bericht muss im Internet zugänglich sein. Art. 12 Abs. 3 S. 1 EUDR gibt vor, dass Marktteilnehmer, die nach anderen Rechtsakten der EU über die Einhaltung bestimmter „Sorgfaltspflicht(en) in der Wertschöpfungskette" zu berichten haben, ihre Berichterstattungspflichten nach der EUDR erfüllen können, wenn sie diese Informationen in den allgemeinen Sorgfaltspflichtenbericht integrieren, bspw. in Berichte, die nach der Sorgfaltspflichten-RL 2024/1760/EU (bzw. dem entsprechenden nationalen Umsetzungsgesetz) zu verfassen sind. Die zentralen Pflichten der EUDR sind gem. Art. 38 Abs. 2 am 30.12.2024 in Kraft getreten.[200] 2017 wurde zudem die EU-Konfliktmineralien-Verordnung 2017/821 verabschiedet, die Sorgfaltspflichten in Bezug auf den Handel mit Konfliktmineralien normiert, um „Möglichkeiten für bewaffnete Gruppen und Sicherheitskräfte zum Handel mit Zinn, Tantal und Wolfram, deren Erzen und Gold einzuschränken" (Art. 1 Abs. 1).[201] Die Verordnung sieht in Art. 6 sogar eine Überprüfung durch unabhängige Dritte vor, hierüber sowie über die Erfüllung der entsprechenden Sorgfaltspflichten ist gegenüber der zuständigen Be-

197 Verordnung Nr. 995/2010 des Europäischen Parlaments und des Rates vom 20. Oktober 2010 über die Verpflichtungen von Marktteilnehmern, die Holz und Holzerzeugnisse in Verkehr bringen, OLJ 295, 12.11.2010, 23–34.

198 Gemäß Art. 37 Abs. 1 VO 2023/1115/EU wird die Verordnung 995/2010/EU zum 30. Dezember 2024 aufgehoben, sie „gilt jedoch bis zum 31. Dezember 2027 weiterhin für Holz und Holzerzeugnisse im Sinne von Artikel 2 Buchstabe a der Verordnung (EU) Nr. 995/2010, die vor dem 29. Juni 2023 erzeugt und ab dem 30. Dezember 2024 in Verkehr gebracht wurden (Art. 37 Abs. 2 VO 2023/1115/EU)".

199 Verordnung (EU) 2023/1115 des Europäischen Parlaments und des Rates vom 31. Mai 2023 über die Bereitstellung bestimmter Rohstoffe und Erzeugnisse, die mit Entwaldung und Waldschädigung in Verbindung stehen, auf dem Unionsmarkt und ihre Ausfuhr aus der Union sowie zur Aufhebung der Verordnung (EU) Nr. 995/2010.

200 Sofern dieses nicht aufgrund von politischem Druck verschoben wird. So forderte der ehemalige grüne deutsche Agrarminister den Start der Unternehmenspflichten zu verschieben: BMEL, Pressemitteilung Nr. 91/2024, 13.9.2024.

201 Verordnung 2017/821 des Europäischen Parlaments und des Rates vom 17. Mai 2017 zur Festlegung von Pflichten zur Erfüllung der Sorgfaltspflichten in der Lieferkette für Unionseinführer von Zinn, Tantal, Wolfram, deren Erzen und Gold aus Konflikt- und Hochrisikogebieten, OJL 130, 19.5.2017, 1 ff.

hörde zu berichten (Art. 7). Die Sanktionierung bei Nichteinhaltung überlässt die VO den Mitgliedstaaten (Art. 16), in Deutschland umgesetzt 2020.[202]

II. Berichtspflicht nach dem LkSG

Mit § 10 verpflichtet das LkSG Unternehmen zu einer umfassenden Berichterstattung, die sich unterteilen lässt in eine unternehmensinterne Dokumentationspflicht über das Erfüllen der menschen- und umweltrechtlichen Sorgfaltspflichten (§ 10 Abs. 1 LkSG) sowie in eine unternehmensexterne Berichtspflicht. Unternehmensextern verpflichtet § 10 Abs. 2 S. 1 LkSG Unternehmen im Anwendungsbereich des LkSG zu einer jährlichen Berichterstattung über die Implementierung der Sorgfaltspflichten im vergangenen Geschäftsjahr.

1. Inhalt der Berichtspflicht

Die Berichtspflicht nach dem LkSG umfasst gem. § 10 Abs. 2 S. 2 LkSG mindestens Informationen darüber, welche menschenrechtlichen oder umweltbezogenen Risiken oder Rechtsverletzungen das Unternehmen identifiziert hat (Nr. 1) und welche Maßnahmen das Unternehmen auf Basis der Ergebnisse der Risikoanalyse vorgenommen hat (Nr. 2). Hierzu zählen neben der Grundsatzerklärung nach § 6 Abs. 2 LkSG vor allem die getätigten Präventions- und Abhilfemaßnahmen, aber auch solche, die aufgrund von Beschwerden vorgenommen wurden. Das Unternehmen muss zudem berichten, wie es die Wirksamkeit der Maßnahmen bewertet (Nr. 3) und welche Schlussfolgerungen aus der Bewertung der Maßnahmen gezogen werden (Nr. 4). Insoweit sind nicht nur die einzelnen Schritte der Maßnahmen, sondern auch in Erwägung gezogene Handlungsalternativen zu benennen und zu erläutern.[203]

Hat ein Unternehmen bei der Risikoanalyse keinerlei Gefährdung von Menschen und Umweltrechten identifizieren können, so ist das gem. § 10 Abs. 3 LkSG in seinem Bericht plausibel darzulegen. Die Ergebnisse der Risikoanalyse müssen folglich überzeugend ausgeführt werden. § 10 Abs. 3 LkSG entspricht dem sogenannten Comply-or-explain-Ansatz,[204] wie er bspw. auch im Entgelttransparenzgesetz (EntgTranspG) gewählt wurde (siehe unter D.IV).

202 Gesetz zur Durchführung der Verordnung (EU) 2017/821 des Europäischen Parlaments und des Rates vom 17. Mai 2017 zur Festlegung von Pflichten zur Erfüllung der Sorgfaltspflichten in der Lieferkette für Unionseinführer von Zinn, Tantal, Wolfram, deren Erzen und Gold aus Konflikt- und Hochrisikogebieten (Mineralische-Rohstoffe-Sorgfaltspflichten-Gesetz – MinRohSorgG).

203 KKRS-*Rühmkorf*, LkSG § 10 Rn. 58.

204 KKRS-*Rühmkorf*, LkSG § 10 Rn. 54.

Die Berichtspflicht nach dem LkSG ist bis zum 26.7.2026 insoweit zu überarbeiten, als die Vorgaben der EU-Sorgfaltspflichten-RL (CSDDD)[205] bis dahin in nationales Recht umzusetzen sind. Da sich die Sorgfaltspflichten nach der CSDDD auf die gesamte Wertschöpfungskette beziehen (siehe unter F.III und IV),[206] wird diese Vorgabe auch Auswirkungen auf die Berichtspflicht haben. Bislang finden sich in den Unternehmensberichten zumeist nur Informationen über die reguläre Risikoanalyse, da bei mittelbaren Zulieferern nur nach wesentlichen Änderungen der Risikolage (§ 5 Abs. 4 S. 1 LkSG) oder bei substantiierter Kenntnis von Risiken (§ 9 Abs. 3 LkSG) eine Risikoanalyse durchzuführen ist (siehe oben unter C.I.1)

2. Form und Frist

Der Bericht ist spätestens 4 Monate nach Ende des Geschäftsjahres auf der Webseite zu veröffentlichen und für 7 Jahre kostenfrei vorzuhalten, zudem muss er in Formularform bei der zuständigen Behörde (BAFA) eingereicht werden (§ 12 Abs. 1 LkSG).[207] Der Bericht ist gem. § 12 Abs. 1 LkSG auf Deutsch zu verfassen, auch wenn die Unternehmenssprache nicht Deutsch ist. Zudem muss er „nachvollziehbar", mithin in verständlicher Sprache abgefasst sein, da er einer Vielzahl unterschiedlicher Leser*innen zur Informationsbeschaffung dienen soll.[208] Bei der Berichtspflicht ist allerdings gem. § 10 Abs. 4 LkSG den Betriebs- und Geschäftsgeheimnissen des Unternehmens „gebührend Rechnung zu tragen". Insoweit gibt es ein Spannungsfeld zwischen der Vorgabe, „nachvollziehbar" zu berichten, und derjenigen, sich „auf das rechtlich Zulässige und Gebotene" zu beschränken.[209] Diskutiert wird, § 6 Informationsfreiheitsgesetz als Maßstab zu nehmen,[210] in dem die Versagensgründe für ein Informationsherausgabeverlangen normiert sind. Betriebs- oder Geschäftsgeheimnisse müssen demnach einen Unternehmensbezug aufweisen, die Information darf nicht offenkundig sein, zudem muss neben dem Willen der Geheimhaltung auch ein berechtigtes Interesse daran vorliegen.[211] Diese Norm kann zwar eine Anregung zur systematischen Auslegung von § 10 Abs. 4 LkSG geben, darf aber nicht zu einer Ausweitung dessen führen, was unter Betriebs- und Geschäftsgeheimnisse fällt. Da die Berichterstattung nach § 10 LkSG einen integralen Bestandteil der Sorgfaltspflichten des LkSG darstellt, ist die Einordnung als geheimhaltungsbedürftig eng vorzunehmen.[212]

---

205 Die RL wird z.T. auch als EU-Lieferkettenrichtlinie bezeichnet.

206 *Zimmer*, ZESAR 2024, 461, 464 f.

207 Allerdings ist die Berichtspflicht bis Ende 2024 ausgesetzt, vgl. BAFA, Lieferketten – Berichtspflicht.

208 KKRS-*Rühmkorf*, LkSG § 10 Rn. 48.

209 So die Regierungsbegründung, BT-Drs. 19/28649, 52.

210 KKRS-*Rühmkorf*, LkSG § 10 Rn. 56; *Wagner/Ruttloff*, NJW 2021, 2145, 2148.

211 *Wagner/Ruttloff*, NJW 2021, 2145, 2148 unter Verweis auf BVerfG, NVwZ 2018, 51 Rn. 363.

212 KKRS-*Rühmkorf*, LkSG § 10 Rn. 57.

3. Überprüfung

Das Einreichen der Berichte über die vom BAFA dazu bereitgestellte Eingabemaske und die Einhaltung der Anforderungen nach § 10 Abs. 2 LkSG wird durch die Behörde geprüft. Ob diese Form der Einreichung der Berichte die einzige bleibt, ist noch nicht geklärt, da noch keine Rechtsverordnung nach § 13 Abs. 3 LkSG vorliegt,[213] die das Verfahren der Einreichung (Nr. 1) sowie das der behördlichen Berichtsprüfung (Nr. 2) näher regelt. Auch ist die Berichtspflicht im Zuge der Umsetzung der CSRD bis Ende 2025 ausgesetzt.[214]

Wird der Bericht nicht eingereicht oder werden die gesetzlichen Anforderungen nicht erfüllt, kann eine Anordnung zur Nachbesserung nach § 13 LkSG erfolgen. Die Nichteinhaltung dieser Vorschriften stellt nach § 24 Abs. 1 Nr. 9, 10 LkSG eine Ordnungswidrigkeit dar, die gem. § 24 Abs. 2 Nr. 3 LkSG mit einer Geldbuße von bis zu 100.000 EUR sanktioniert werden kann. Diese Überwachung unternehmerischer Berichtspflichten durch eine staatliche Stelle stellt ein Novum dar und kann als Paradigmenwechsel eingeordnet werden.

4. Stichprobe Praxis

Eine stichprobenartige Überprüfung deutscher Großunternehmen[215] ergab, dass diese mehrheitlich einen Bericht nach dem LkSG auf ihrer Webseite bereitstellen, obwohl die Berichtspflicht durch das BAFA aktuell ausgesetzt ist. Es lässt sich somit schlussfolgern, dass das Gesetz von der Wirtschaft durchaus angenommen wurde. Hierauf deuten auch die Ergebnisse einer repräsentativen Betriebsrätebefragung der Hans-Böckler-Stiftung hin, wonach 43 Prozent der befragten Betriebsräte angaben, dass in ihrem Unternehmen „Lieferkettenmaßnahmen“ durchgeführt wurden.[216] Vor allem wurde die Zulieferkette analysiert und die Risikoanalyse angepasst.[217] Die auf den Webseiten einsehbaren Unternehmensberichte sind mehrheitlich nach dem gleichen Schema aufgebaut, da die Unternehmen offenbar den in die BAFA-Maske eingegebenen Text als PDF-Datei herunterladen. Ein eigenständiger Bericht für die Unternehmenswebseite wird von vielen Unternehmen nicht erstellt.[218] Einige Unternehmen sind zwar der Verpflichtung nachgekommen, eine Grundsatzerklä-

---

213 So der Stand von Ende September 2024.

214 Vgl. BAFA, Lieferketten – Berichtspflicht; seitens der Regierung gibt es zudem Überlegungen, die Berichtspflicht bis zur Umsetzung der CSDDD ganz auszusetzen, vgl. *Falck*, Riffreporter, 19.6.2024.

215 Die Auswahl der Unternehmen erfolgte nach der Random-Methode.

216 *Blank/Bremer*, Das Lieferkettensorgfaltspflichtengesetz in der Praxis, Wirtschaftsdienst 12/2024, 849 (852).

217 *Blank/Bremer*, Das Lieferkettensorgfaltspflichtengesetz in der Praxis, Wirtschaftsdienst 12/2024, 849 (853).

218 Siehe Anhang I.1.

rung zu verfassen und online bereitzustellen, oder berichten in ihren Unternehmensberichten zu Nachhaltigkeitsaspekten, stellen aber keinen LkSG-Bericht bereit.[219] Ungünstig an der Abfrage durch die BAFA-Maske ist, dass bei Verneinung der Frage, ob prioritäre Risiken vorliegen, sich keine Frage nach Präventionsmaßnahmen anzuschließen scheint,[220] was die Berichte dann sehr oberflächlich macht.

Die Anwendung der in § 3 Abs. 2 LkSG aufgeführten sieben Kriterien für die Gewichtung und Priorisierung der Risiken scheint den Unternehmen zudem schwerzufallen. Zum Teil wurden die im klassischen Risikomanagement üblichen Kriterien Umfang, Schwere und Wahrscheinlichkeit und ggf. auch Umkehrbarkeit deutlich stärker bewertet als die in § 3 Abs. 2 LkSG aufgeführten Kriterien Art und Umfang der Geschäftstätigkeit (Nr. 1), Einflussvermögen (Nr. 2) und Verursachungsbeitrag (Nr. 4). Die Unternehmen scheinen zudem Schwierigkeiten mit der Einbeziehung der Interessen der potenziell Betroffenen (Stakeholder) zu haben.[221] Zwar gibt es Berichte, in denen deutlich und differenziert Risiken aufgeführt werden, auf die dann mit dezidierten Präventionsmaßnahmen reagiert wird, bspw. in Form von Schulungen oder der Implementierung von Beschwerdemechanismen.[222] In vielen Berichten sind die Informationen in Bezug auf die nach den ermittelten Risiken ergriffenen Maßnahmen jedoch eher oberflächlicher Natur.[223] Teilweise wurden in Berichten keinerlei Risiken ermittelt, weshalb auch keine Maßnahmen ergriffen wurden.[224]

III. Nachhaltigkeitsberichterstattung im Gesellschaftsrecht (CSRD)[225]

Gesellschaftsrechtlich haben Unternehmen seit vielen Jahren einen Lagebericht nach § 289 Handelsgesetzbuch (HGB) zu erstellen. Seit 2017 sind rund 500 große, kapitalmarktorientierte Unternehmen sowie Banken und Versiche-

219 Siehe Anhang I.2.

220 *Rothermel*, ZWH 2024, 126, 127.

221 *Rothermel*, ZWH 2024, 126, 127.

222 Vgl. LkSG-Bericht der Adidas AG; Deutsche Bahn AG; Aldi Süd KG; E.ON SE; Heidelberg Materials AG; Lekkerland AG; Robert Bosch GmbH; RWE AG; TUI AG; Volkswagen AG.

223 Vgl. LkSG-Bericht der Aurubis AG; Bayer AG; Deutsche Shell Holding GmbH; Otto GmbH & Co. KG; Porsche AG; Salzgitter AG; SAP Deutschland SE & Co. KG; Vattenfall GmbH; ZF Friedrichshafen AG.

224 Vgl. LkSg-Bericht der Siemens AG.

225 Ich danke Dr. Sebastian Sick von der Hans-Böckler-Stiftung für seine konstruktiven Anmerkungen zu diesem Kapitel.

rungen durch das deutsche Umsetzungsgesetz (CSR-RUG)[226] der CSR-Richtlinie 2014/95/EU[227] zur Berichterstattung über nichtfinanzielle Risiken verpflichtet. Diese Risiken beziehen sich auf Umwelt- und Menschenrechte sowie die Bekämpfung von Korruption und verpflichten die Unternehmen dazu, eine sogenannte „nichtfinanzielle Erklärung“ zu erstellen, die auf dem ESG-Konzept basiert. Das ESG-Konzept geht zurück auf die „Global Compact Initiative“ der Vereinten Nationen von 2004 und umfasst die nichtfinanziellen Faktoren „Environmental“ (Umwelt), „Social“ (Soziales) und „Governance“ (Unternehmensführung), die im Rahmen nachhaltiger Investmentstrategien zusätzlich zu finanziellen Kriterien Berücksichtigung finden sollen. Dabei bezieht sich „Environmental“ auf die Umweltbilanz eines Unternehmens, es wird bspw. darüber informiert, ob Energie eingespart oder Schadstoffemissionen reduziert werden konnten. Bei „Social“ geht es um Arbeitsbedingungen, Kunden- und Lieferantenbeziehungen sowie Personalmanagement, etc. „Governance“ bezieht sich auf eine verantwortungsvolle Unternehmensführung. Analysiert wird, ob diese transparent und unabhängig ist, wie das Prozedere der Ernennung von Führungskräften funktioniert und inwieweit die Interessen von Aktionär*innen berücksichtigt werden.[228]

Unternehmen haben demzufolge die von ihnen verfolgten Konzepte, Risiken und Leistungsindikatoren in Bezug auf Umwelt, Arbeitnehmerbelange, soziale Belange, Menschenrechte und Korruption darzulegen, sofern diese als wesentlich für den Unternehmenserfolg erachtet werden.[229] Diese Berichterstattung erfolgt aus Unternehmenssicht und zielt darauf ab, Informationen für Märkte bereitzustellen.[230] Im Unterschied zum LkSG beziehen sich die evaluierten Risiken nach der CSR-Richtlinie 2014/95/EU auf solche für das Unternehmen selbst, bspw. in Form von Reputationsschäden durch Verletzung von Arbeits- oder Umweltrechten. Im Unterschied dazu stellt das LkSG auf die Erfassung von Risiken für Arbeits-, Menschen- und Umweltrechte ab. Kritik an der bisherigen nichtfinanziellen Berichterstattung bezieht sich zudem darauf, dass es Unternehmen nicht nur freistand, nach welchen genauen Standards sie berichten, sondern sie auch frei darüber bestimmen konnten, welche sozialen und

---

226 Gesetz zur Stärkung der nichtfinanziellen Berichterstattung der Unternehmen in ihren Lage- und Konzernlageberichten (CSR-Richtlinie-Umsetzungsgesetz) vom 11. April 2017, BGBl. 2017 I Nr. 20, S. 802 ff.

227 Richtlinie 2014/95/EU des Europäischen Parlaments und des Rates vom 22. Oktober 2014 über die Angabe nichtfinanzieller und die Diversität betreffender Informationen durch bestimmte große Unternehmen und Gruppen; auf Englisch: „Non-financial Reporting Directive“. Vertiefend zur RL: *Ahern*, ECFLR 2016, 599 ff.

228 Siehe vertiefend: *https://www.esgvolution.com/de/esg/* (zuletzt abgerufen am 30.4.2025).

229 Siehe vertiefend: *Prangenberg et al.*, Nichtfinanzielle Berichterstattung.

230 *Hensel*, DJBZ 2023, 116, 117.

ökologischen Themen aus Geschäftssicht als relevant eingeordnet wurden. Eine Vergleichbarkeit der Berichte war daher nicht gegeben.[231]

Die CSR-Richtlinie aus 2014 wurde mittlerweile ersetzt durch die EU-Richtlinie zur unternehmerischen Nachhaltigkeitsberichterstattung 2022/2464/EU (Corporate Sustainability Reporting Directive, CSRD),[232] die am 14.12.2022 in Kraft trat[233] und umfangreiche Änderungen an bestehenden Rechtsakten der EU vornimmt.[234] Ziel der Richtlinie ist es, Informationen über die Nachhaltigkeitsberichterstattung von Unternehmen, die inhaltlich vergleichbar sind, öffentlich zugänglich zu machen. Zentrales Element der CSRD ist daher eine Vereinheitlichung der Standards für die Nachhaltigkeitsberichterstattung, zu diesem Zweck hat die Europäische Kommission die EFRAG (European Financial Reporting Advisory Group)[235] damit beauftragt, entsprechende Standards zu entwickeln, die auf den Vorgaben der CSRD basieren. Die von der EFRAG entwickelten „European Sustainability Reporting Standards“ (ESRS) wurden in den Anhang eines von der Europäischen Kommission verabschiedeten[236] delegierten Rechtsaktes (Delegierte VO 2023/2772)[237] aufgenommen und damit rechtlich verbindlich. Mit der CSRD wurde der Anwendungsbereich der Nachhaltigkeitsberichterstattung deutlich erweitert, verpflichtet sind nunmehr alle kapitalmarktorientierten Unternehmen sowie große Versicherungen und Banken. Mit der CSRD wurden auch der Anwendungsbereich sowie der Umfang der Berichtspflicht deutlich ausgeweitet,[238] wie im Folgenden ausgeführt wird.

---

231 *Feisel/Malakowka*, DB 2024, 65.

232 Richtlinie 2022/2464 des Europäischen Parlaments und des Rates vom 14. Dezember 2022 zur Änderung der Verordnung (EU) Nr. 537/2014 und der Richtlinien 2004/109/EG, 2006/43/EG und 2013/34/EU hinsichtlich der Nachhaltigkeitsberichterstattung von Unternehmen.

233 Siehe vertiefend: *Lanfermann* in: Gröbel/Jacquemin/Winkeljohann (Hrsg.), Corporate Responsibility, 28, 34 ff.

234 Hierbei handelt es sich um Änderungen an der Verordnung Nr. 537/2014 und den Richtlinien 2004/109/EG sowie 2006/43/EG.

235 Die EFRAG ist eine private Organisation aus der Wirtschaft, die 2001 gegründet wurde und sich mit Fragen nachhaltiger Berichterstattung beschäftigt, vgl. *https://www.efrag.org/en* (zuletzt abgerufen am 30.4.2025).

236 Delegierte Verordnung (EU) 2023/2772 der Kommission vom 31. Juli 2023 zur Ergänzung der Richtlinie 2013/34/EU des Europäischen Parlaments und des Rates durch Standards für die Nachhaltigkeitsberichterstattung.

237 Delegierte Rechtsakte werden von der Kommission in eigener Befugnis erlassen, nachdem Rat und Parlament ihre Gesetzgebungskompetenz in einer Rahmenverordnung teilweise an die Kommission delegiert haben, vorliegend in dem in Art. 1 Abs. 8 CSRD eingeführten Art. 29b Abs. 1 RL 2013/34/EU.

238 *Lanfermann* in: Gröbel/Jacquemin/Winkeljohann (Hrsg.), Corporate Responsibility, 28, 34 ff.; *Prangenberg et al.*, Nichtfinanzielle Berichterstattung, 14 ff.

1. Inhalt der Berichtspflicht

Die bisherige nichtfinanzielle Erklärung wird durch die Vorgaben der CSRD zu einer komplexen Nachhaltigkeitsberichtserstattung, die nach wie vor auf dem ESG-Konzept basiert. Mit Art. 1 Abs. 4 der CSRD wird die Bilanz-RL 2013/34/EU[239] um einen Art. 19a erweitert, der lageberichtspflichtigen Unternehmen in Abs. 1 UAbs. 1 vorgibt, in den Lagebericht nicht nur Informationen zu den tatsächlichen und potenziellen „Auswirkungen von Nachhaltigkeitsaspekten auf Geschäftsverlauf, Geschäftsergebnis und Lage des Unternehmens" aufzunehmen (Outside-In), sondern auch dazu, wie sich die Unternehmenstätigkeit auf Nachhaltigkeitsaspekte auswirkt (Inside-Out). Art. 19a Abs. 2 lit. f i verpflichtet insoweit dazu, in den Nachhaltigkeitsbericht Informationen zur Erfüllung der unternehmerischen Sorgfaltspflichten aufzunehmen, ggf. nach den Vorschriften anderer Rechtsakte der EU. Dies dürfte sich insbesondere auf die Verpflichtungen nach der EU-Sorgfaltspflichten-RL (CSDDD) beziehen. In dem Bericht müssen gem. Art. 19a Abs. 2 b lit. f ii insoweit die „wichtigsten tatsächlichen oder potenziellen negativen Auswirkungen aufgeführt sein, die mit der eigenen Geschäftstätigkeit des Unternehmens und mit seiner Wertschöpfungskette" einhergehen und die daher als „wesentlich" eingeordnet wurden. Dabei umfasst die eigene Geschäftstätigkeit nicht nur „Produkte und Dienstleistungen", sondern auch „Geschäftsbeziehungen" einschließlich der „Lieferkette". Somit ist nunmehr sowohl die Outside-In-, als auch die Inside-Out-Betrachtung zu berücksichtigen. Gemäß Art. 19a Abs. 2 b lit. f ii sind auch „Maßnahmen zur Ermittlung und Überwachung dieser Auswirkungen" in dem Bericht aufzuführen, Gleiches gilt für Maßnahmen „zur Verhinderung, Minderung, Behebung oder Beendigung tatsächlicher oder potenzieller negativer Auswirkungen". Darzulegen ist ferner, inwieweit diese Maßnahmen zum Erfolg führen (Art. 19a Abs. 2 b lit. f iii). Hier deutet sich bereits eine große Überschneidung mit den Verpflichtungen des LkSG und der EU-Sorgfaltspflichten-RL (CSDDD) an.

Ebenso wie in der CSDDD (siehe unter F), finden auch nach der CSRD die Interessen der Stakeholder Berücksichtigung, so hat das Unternehmen „den Belangen seiner Interessenträger" Rechnung zu tragen (Art. 19a Abs. 2 a iv). Art. 19a Abs. 5 S. 1 verpflichtet zudem dezidiert dazu, „Arbeitnehmervertreter auf geeigneter Ebene" in Bezug auf „die Mittel zur Einholung und Überprüfung von Nachhaltigkeitsinformationen" zu informieren und anzuhören. Hierunter fallen neben Arbeitnehmervertreter*innen im Aufsichtsrat (bzw. im

239 Richtlinie 2013/34/EU des Europäischen Parlaments und des Rates vom 26. Juni 2013 über den Jahresabschluss, den konsolidierten Abschluss und damit verbundene Berichte von Unternehmen bestimmter Rechtsformen und zur Änderung der Richtlinie 2006/43/EG des Europäischen Parlaments und des Rates und zur Aufhebung der Richtlinien 78/660/EWG und 83/349/EWG des Rates.

Prüfungsausschuss des Aufsichtsrates) und weiteren Gewerkschaftsvertreter*innen auch Mitglieder von Wirtschaftsausschuss und Betriebsrat.[240] Ausweislich Erwägungsgrund 52 CSRD ist ein Dialog zwischen Arbeitnehmer*innenvertretungen und Management zu führen, ähnlich auch Erwägungsgrund 14. Sofern es zu einer Stellungnahme der Arbeitnehmervertreter*innen kommt, ist diese „den zuständigen Verwaltungs-, Leitungs- oder Aufsichtsorganen" mitzuteilen (Art. 19a Abs. 5 S. 2). Eine solche Verpflichtung findet sich im LkSG nicht, lediglich der Wirtschaftsausschuss ist gem. § 106 Abs. 2, 3 Nr. 5 b BetrVG in Bezug auf „Fragen der unternehmerischen Sorgfaltspflichten in Lieferketten gemäß dem Lieferkettensorgfaltspflichtengesetz" zu informieren und mit ihm ist zu beraten.[241] Die Vorschriften der CSDDD sind jedoch noch weitgehender, da gem. Art. 13 CSDDD die Interessenträger auf allen Ebenen in die Erfüllung der Sorgfaltspflichten einzubinden sind, wie weiter unten aufgezeigt wird (siehe unter F.IV.6).

Die genauen inhaltlichen Kriterien für die Nachhaltigkeitsberichterstattung sind in den ESRS definiert, für die der in Art. 1 Abs. 7 der CSRD definierte neue Art. 29b RL 2013/34/EU einige Vorgaben enthält. Die ESRS sind mit 282 Seiten sehr umfassend und in zwölf Standards unterteilt, zwei Querschnittstandards sowie zehn themenspezifische Standards. Der Querschnittstandard ESRS 1 beschreibt den Aufbau der Standards und gibt in Abschnitt 3.3 die Theorie der doppelten Wesentlichkeit als Grundlage für die Nachhaltigkeitsberichterstattung der themenspezifischen Standards vor. Nicht nur der finanzielle Aspekt, mithin der Einfluss von Sozial- und Umweltfaktoren auf das Unternehmen (Outside-In-Perspektive), sondern auch die Auswirkungen der unternehmerischen Tätigkeit auf Mensch und Umwelt (Inside-Out-Perspektive) sind wesentlich für die Berichterstattung (Nr. 37).[242] Der Nachhaltigkeitsbericht soll insoweit solche Informationen beinhalten, die für das Verständnis der Stakeholder wichtig sind, um wesentliche Auswirkungen der Geschäftstätigkeit des Unternehmens richtig einordnen zu können.[243] Bislang war nur dann über Sachverhalte zu berichteten, wenn auch finanzielle Auswirkungen gegeben waren, das ist jetzt nicht mehr der Fall.[244]

Allerdings ist nur die Berichterstattung über die sektorübergreifenden Querschnittstandards ESRS 1 (allgemeine Anforderungen) und ESRS 2 (allgemeine Aufgaben) verpflichtend. Über Aspekte der anderen drei Säulen Umwelt, Soziales und Unternehmensführung (Governance) ist nach der Theorie der doppel-

---

240 DGB, Stellungnahme, 7.10.2024, 2 f.

241 *Zimmer*, Lieferkettensorgfaltspflichtengesetz, 61 ff.

242 *Feisel/Makowka*, DB 2024, 65, 66; *Lanfermann/Baumüller/Scheid*, ZfRM 2022, 36 f.

243 *Velte*, DStR 2023, 2358, 2362.

244 *Lanfermann/Baumüller/Scheid*, ZfRM 2022, 36, 37 f.

ten Wesentlichkeitsanalyse nur zu berichten, wenn diese als wesentlich eingeordnet werden.[245] Die Belange der eigenen Belegschaft und der Beschäftigten entlang der Wertschöpfungskette sind jedoch in jedem Fall als wesentlich anzusehen. Die Berichterstattung zu den Standards ESRS S1 (Standard für die eigene Belegschaft) und ESRS S2 (Standard für Arbeitskräfte in der Wertschöpfungskette) sollte daher zu den zwingenden Bestandteilen der Berichtspflicht gehören.[246]

Die erste Säule (Umwelt) enthält fünf Untergliederungen: ESRS E1 (Klimawandel), ESRS E2 (Umweltverschmutzung), ESRS E3 (Wasser & Meeresressourcen), ESRS E4 (Biologische Vielfalt & Ökosysteme) sowie ESRS E5 (Ressourcenverschmutzung & Kreislaufwirtschaft), die in sich weiter untergliedert sind.[247] Bereits hier gibt es einige Überschneidungen mit dem LkSG sowie der CSDDD, noch stärker ist das bei der zweiten Säule (Soziales) der Fall. In der zweiten Säule verpflichtet ESRS S1 zur Berichterstattung über die eigene Belegschaft: Als Erstes sind die Arbeitsbedingungen zu thematisieren (sichere Beschäftigung; Arbeitszeit; angemessene Entlohnung; sozialer Dialog; Vereinigungsfreiheit; Existenz von Betriebsräten und Rechte der Arbeitnehmer*innen auf Information, Anhörung und Mitbestimmung; Tarifverhandlungen, einschließlich der Quote der durch Tarifverträge abgedeckten Arbeitskräfte; Vereinbarkeit von Berufs- und Privatleben; Gesundheitsschutz und Sicherheit). In dem Bericht ist ferner anzugeben, über welchen Kanal Beschäftigte über Missstände informieren können.[248] Auf 34 Seiten finden sich weitere Erläuterungen zur Berichterstattung über die eigenen Beschäftigten. Zu berichten ist nach ESRS S1 außerdem über Gleichbehandlung und Chancengleichheit für alle (Gleichstellung der Geschlechter und gleicher Lohn für gleiche Arbeit; Schulungen und Kompetenzentwicklung; Beschäftigung und Inklusion von Menschen mit Behinderungen; Maßnahmen gegen Gewalt und Belästigung am Arbeitsplatz; Vielfalt). Der Bericht über sonstige arbeitsbezogene Rechte bezieht sich darüber hinaus auf Kinderarbeit, Zwangsarbeit, angemessene Unterbringung und Datenschutz. Allerdings geht mit der Berichterstattung keine Verpflichtung einher, die Arbeitsbedingungen auch zu ändern, so kann bspw. unter dem Aspekt „sichere Beschäftigung" berichtet werden, wie hoch der Anteil der befristet Beschäftigten im Unternehmen ist und ob beabsichtigt ist, diesen zu senken, verpflichtet ist das Unternehmen dazu nicht. Gleiches gilt für die

245 Eine Ausnahme bildet lediglich der Klimawandel (ESRS E1). Erachtet ein Unternehmen diesen nicht als wesentlich, sodass auf eine Berichterstattung verzichtet wird, so ist nach dem Comply-or-explain-Prinzip zu begründen, warum die Angaben zum Klimawandel entbehrlich sein sollen, siehe *Feisel/ Makowka*, DB 2024, 65, 67.

246 DGB, Stellungnahme, 7.10.2024, 3.

247 So ist zu ESRS 1 Klimawandel bspw. zu berichten über die Vorkehrungen zur Anpassung an den Klimawandel, zum Klimaschutz sowie zu Energiefragen.

248 Angabepflicht S 1-3 Rn. 30 ff.

Tarifbindung: Ist das Unternehmen nicht tarifgebunden, wird dieser Umstand berichtet, weitere Verpflichtungen bestehen nicht.

Eine starke inhaltliche Überschneidung mit der Berichterstattung nach dem LkSG und der CSDDD gibt es zudem bei ESRS S2, die sich auf Arbeitskräfte in der Wertschöpfungskette bezieht. Hier ist über die Arbeitsbedingungen der Beschäftigten in der Wertschöpfungskette zu berichten, die Kriterien sind mit denen für die eigenen Beschäftigten identisch. Lediglich sind unter sonstigen Rechten zusätzlich Informationen zu Wasser- und Sanitäreinrichtungen zu liefern. Auf 14 Seiten liefern die ESRS im Anhang weitere Erläuterungen zum Abfassen dieses Teils des Nachhaltigkeitsberichtes, im Unterschied zum LkSG und zur CSDDD wird jedoch in der CSRD gerade nicht auf die Einhaltung von durch UN-Organisationen wie der ILO entwickelten Standards abgestellt. Dadurch bleiben die menschen- und umweltrechtlichen Standards trotz der Fülle an Material inhaltlich schwammig. ESRS S3 bezieht sich auf betroffene Gemeinschaften (mit weiteren Unterpunkten), bei ESRS S4 geht es um Verbraucher*innen und Endnutzer*innen (ebenfalls mit weiteren Unterpunkten).

Die dritte Säule mit der Thematik Governance beschäftigt sich mit Unternehmenspolitik (ESRS G1), die Berichtspflicht bezieht sich auf die Unternehmenskultur, den Schutz von Hinweisgeber*innen (Whistleblower), Tierschutz, politisches Engagement und Lobbytätigkeiten sowie das Lieferantenmanagement einschließlich Zahlungspraktiken. ESRS G1 gibt zudem vor, dass Organmitglieder unabhängig sein müssen, die Norm sollte dahingehend zu interpretieren sein, dass Arbeitnehmervertreter*innen im Aufsichtsrat als unabhängig gelten. Ein weiterer Unterblock von ESRS G1 bezieht sich auf Korruption und Bestechung, hier ist auszuführen, inwieweit bzw. welche Maßnahmen zur Vermeidung und Aufdeckung getätigt wurden, auch ist in Bezug auf diese Thematik auf Schulungen und etwaige Vorkommnisse einzugehen. Die Schutzgüter der CSRD-Berichterstattung gehen folglich über die nach dem LkSG hinaus.[249] Die Europäische Kommission hat zudem den Auftrag, zusätzliche sektorspezifische Standards für einzelne Wirtschaftsbereiche zu entwickeln. Diese sollten ursprünglich bis zum 30.6.2024 vorliegen, was nun bis zum 30.6.2026 verlängert wurde.[250] Die Kommission hat auch mit der Entwicklung dieser spezifischen ESRS die EFRAG beauftragt.[251]

---

249 *Rothermel*, ZWH 2024, 126, 130.

250 Art. 29b Abs. 1 n.F. RL 2013/34/EU, gem. Art. 1 Abs. 1, 2 Änderungs-RL 2024/1306.

251 Siehe EFRAG, Sector-specific ESRS.

2. Form und Frist

Der in Art. 1 Abs. 4 der CSRD formulierte neue Art. 19a der Bilanz-RL 2013/34/EU gibt lageberichtspflichtigen Unternehmen in Abs. 1 UAbs. 1 vor, dass der Nachhaltigkeitsbericht nach der CSRD Bestandteil des Lageberichtes zu sein hat. Dabei muss der Lagebericht einen dafür vorgesehenen Abschnitt enthalten, sodass die Nachhaltigkeitsberichterstattung im Lagebericht klar erkennbar ist (Art. 19a Abs. 1 UAbs. 2). Art. 3 der Delegierten Verordnung 2019/815/EU normiert zudem, dass der Lagebericht in einem einheitlichen elektronischen Berichtsformat zu erstellen ist. In den Anlagen der Delegierten Verordnung 2023/2772/EU finden sich Hilfestellungen für das Abfassen des Nachhaltigkeitsberichtes, so informiert Anlage D über den Aufbau der ESRS-Nachhaltigkeitserklärung, während Anlage F ein Beispiel für den Aufbau der Erklärung gibt.

Die CSRD gewährt den Unternehmen eine großzügige Übergangsfrist. Der erste Bericht nach den ESRS-Standards wäre gem. Art. 7 Abs. 2 CSRD ab 1.1.2025 für das Berichtsjahr 2024 zu erstellen gewesen, dies gilt aber nur für Unternehmen, die ohnehin bereits nach der CSR-RL zur nichtfinanziellen Erklärung verpflichtet waren. Die Verpflichtung ist in Deutschland durch ein innerstaatliches Umsetzungsgesetz umzusetzen, was jedoch zum 1.1.2025 noch nicht der Fall war.[252] Von 2026 an haben Unternehmen in der EU (für das Geschäftsjahr 2025) einen Nachhaltigkeitsbericht nach der CSRD zu verfassen, wenn mindestens zwei der folgenden drei Kriterien erfüllt sind: Die Bilanzsumme beträgt mehr als 25 Mio. EUR, der Nettoumsatzerlös liegt bei mehr als 50 Mio. EUR und sie haben mehr als 250 Beschäftigte. Ab 2027 haben dann auch börsennotierte kleine und mittlere Unternehmen (KMUs),[253] kleinere Kreditinstitute sowie firmeneigene Versicherungsunternehmen (über das Geschäftsjahr 2026) zu berichten, ausgenommen sind nur Kleinstunternehmen.[254] Den kapitalmarktorientierten KMUs steht allerdings noch für zwei Jahre die Möglichkeit eines Opt-Out offen, sodass sie den Start ihrer Berichtspflicht auf

252 Vgl. BMJ, Gesetz zur Umsetzung der Richtlinie (EU) 2022/2464.

253 Nach allgemeiner Definition werden hierunter kleine und mittlere Unternehmen verstanden. Als kleines Unternehmen gelten nach Art. 3 Abs. 2 Bilanz-RL Unternehmen, bei denen zwei der drei folgenden Merkmale zutreffen: a) die Bilanzsumme überschreitet nicht 4 Mio. EUR; b) die Nettoumsatzerlöse liegen nicht über 8 Mio. EUR und c) die durchschnittliche Zahl der während des Geschäftsjahres Beschäftigten ist nicht höher als 50. Nach Art. 3 Abs. 3 Bilanz-RL sind mittlere Unternehmen solche, bei denen zwei der drei folgenden Merkmale zutreffen: a) die Bilanzsumme überschreitet nicht 20 Mio. EUR, b) die Nettoumsatzerlöse sind nicht höher als 40 Mio. EUR und c) die durchschnittliche Zahl der während des Geschäftsjahres Beschäftigten überschreitet nicht 250.

254 Unter Kleinstunternehmen fallen gem. Art. 3 Abs. 1 Bilanz-RL Unternehmen, die am Bilanzstichtag mindestens zwei der folgenden drei Kriterien erfüllen: a) die Bilanzsumme ist nicht höher als 350.000 EUR, b) die Nettoumsatzerlöse überschreiten nicht 700.000 EUR, und c) die durchschnittliche Zahl der während des Geschäftsjahres Beschäftigten liegt nicht über 10.

2029 (für das Berichtsjahr 2028) verschieben können. Ab 2029 sind auch Unternehmen mit Mutterunternehmen aus Drittstaaten zur CSRD-Berichterstattung verpflichtet, die einen Gesamtumsatz von mehr als 150 Mio. EUR an zwei aufeinanderfolgenden Jahren erzielen.

Für die ersten drei Jahre der Anwendung, also bis 31.12.2027, formuliert allerdings der in Art. 1 Abs. 4 der CSRD formulierte neue Art. 19a RL 2013/34/EU in Abs. 3 UAbs. 2 eine mögliche Einschränkung der Berichtspflicht und spiegelt insoweit die politischen Kompromisslinien bei der Schaffung der CSRD wider. So ist es für diesen Zeitraum möglich, die Wertschöpfungskette nicht in den Bericht einzubeziehen, sofern „nicht alle erforderlichen Informationen über (die) Wertschöpfungskette verfügbar sind". Das Unternehmen hat in diesem Fall zu erläutern, „welche Anstrengungen unternommen wurden, um die erforderlichen Informationen über seine Wertschöpfungskette zu erhalten" und zu begründen, „warum nicht alle erforderlichen Informationen eingeholt werden konnten". Ferner ist unternehmensseitig darzulegen, wie es künftig gelingen soll, die erforderlichen Informationen einzuholen. Der in Art. 1 Abs. 7 der CSRD formulierte neue Art. 29b RL 2013/34/EU erläutert insoweit, dass „es für Unternehmen nicht immer problemlos möglich ist, Informationen bei Akteuren entlang ihrer gesamten Wertschöpfungskette einzuholen", dies gilt insbesondere für Akteure, die nicht der CSRD-Berichterstattung unterliegen, sowie bei Vertragspartnern „aus Schwellenländern und aufstrebenden Märkten".

Die CSRD wurde am 16.12.2022 im Amtsblatt der EU veröffentlicht und war von den Mitgliedstaaten innerhalb von 18 Monaten, mithin bis zum 6.7.2024 in nationales Recht umzusetzen. Am 22.3.2024 lag der Referentenentwurf des CSRD-RUG (Richtlinienumsetzungsgesetz) vor, am 24.7.2024 der Regierungsentwurf.[255] Das Gesetz selbst wurde allerdings bislang noch nicht verabschiedet,[256] sodass Deutschland die CSRD nicht fristgerecht umgesetzt hat.

3. Überprüfung

Da der Nachhaltigkeitsbericht nach der CSRD zu den Pflichtbestandteilen des Lageberichtes gehört, ist er mit einer inhaltlichen Prüfungspflicht ausgestattet.[257] Ebenso wie der Jahresabschluss unterliegt auch der Lagebericht in Deutschland bereits nach geltendem Recht der gesetzlichen Prüfungspflicht durch eine*n Abschlussprüfer*in (§ 316 Abs. 1 HGB). Hierbei wird allerdings nur überprüft, ob die gesetzlichen Vorgaben eingehalten werden, was dem Ab-

255 Der RegE ist hier einsehbar: BMJ, GE Nachhaltigkeitsberichterstattung von Unternehmen.

256 Soweit ersichtlich, wurde das Gesetzgebungsverfahren noch nicht beendet, siehe BMJ, Gesetz zur Umsetzung der Richtlinie (EU) 2022/2464.

257 *Rothermel*, ZWH 2024, 126, 131; *Velte*, WPg 2023, 1289 ff.

haken einer Checkliste entspricht. Eine inhaltliche Überprüfung, ob auch die adäquaten Maßnahmen getroffen wurden, um die ermittelten Risiken tatsächlich zu reduzieren, wird dabei nicht vorgenommen.[258]

Nach der CSRD ist die Prüfung durch eine*n Wirtschaftsprüfer*in bzw. eine entsprechende Gesellschaft auszuführen, dieses muss aber nicht zwingend der*die Abschlussprüfer*in des Jahresabschlusses sein. Die Mitgliedstaaten haben insoweit einen Spielraum, ob sie neben dem*der Abschluss- und Wirtschaftsprüfer*in noch weitere Erbringer*innen von Bestätigungsleistungen zulassen. Diese müssten allerdings unabhängig sein und gleichwertigen Regularien wie Wirtschaftsprüfer*innen unterliegen. Es bleibt auch mit der CSRD dabei, dass im Wesentlichen nur geprüft wird, ob die gesetzlichen Vorgaben eingehalten werden. Die Prüfung ist zunächst mit „begrenzter Sicherheit" („limited assurance") durchzuführen und umfasst einen Vergleich der Berichtsangaben mit den Vorschriften der CSRD sowie den Berichterstattungsstandards (ESRS), den Abgleich, dass vom Unternehmen ein entsprechender Prozess zur Ermittlung der berichteten Informationen durchgeführt wurde, und die Kennzeichnung nach den Anforderungen des elektronischen Reporting Formats. Darüber hinaus ist zu überprüfen, ob die Berichtspflichten nach Artikel 8 der EU-Taxonomie-Verordnung eingehalten wurden.[259] Die Europäische Kommission legt bis zum 1.10.2026 genauere Prüfungsstandards zu den Anforderungen der „limited assurance" vor. Perspektivisch soll die Prüfungstiefe der Nachhaltigkeitsberichterstattung erhöht und mit „hinreichender Sicherheit" („reasonable assurance") durchgeführt werden, was der Prüfungstiefe im Rahmen der Finanzberichterstattung entspricht.[260] Der genaue Zeitpunkt für die Erhöhung des Prüfstandards steht noch nicht fest, es ist vorgesehen, dass bis zum 1.10.2028 Standards für die Prüfung mit hinreichender Sicherheit vorliegen sollen.

Inhaltlich wird der Lagebericht, neben dem Jahresabschluss und dem Vorschlag für die Verwendung des Bilanzgewinns, in Deutschland gem. § 171 Abs. 1 AktG bereits jetzt durch den Aufsichtsrat bzw. den Prüfungsausschuss des Aufsichtsrates geprüft. Die Vorschriften der CSRD bekommen zwar durch die Aufnahme in den Lagebericht mehr Gewicht, allerdings ist eine nicht erfolgte Offenlegung des Lageberichtes oder eine unrichtige Darstellung auch bereits nach geltendem Recht strafbewehrt. Inhaltlich von Bedeutung ist vor allem, dass mit der CSRD eine zusätzliche Überprüfung durch die zuständige

---

258 Zur Qualität überprüfter Berichte siehe *Velte*, WPg 2023, 1289, 1293, m.w.N.
259 Vgl. Wirtschaftsprüferkammer, CSRD.
260 Vgl. CSR Deutschland, CSRD.

Behörde durchgeführt wird, die als staatliche Instanz vollständig unabhängig vom Unternehmen ist.

4. Zusammenlegung und Verringerung der Berichtspflichten

Ein Zusammenlegen der Berichtspflichten nach dem LkSG und der CSRD ist vorgesehen. Der Gesetzentwurf der ehemaligen Ampelregierung zur Umsetzung der CSRD sieht insoweit Änderungen im LkSG vor, als nach dem CSRD-RUG einem im LkSG neu einzufügenden § 10 Abs. 5 S. 1 die Berichtspflichten nach dem LkSG durch den CSRD-Nachhaltigkeitsbericht erfüllt werden können, der gem. § 289b HGB Bestandteil des Lageberichtes sein wird. Dieser Bericht soll spätestens ein Jahr nach dem Abschluss des jeweiligen Geschäftsjahres für einen Zeitraum von 7 Jahren kostenfrei auf der Webseite des Unternehmens öffentlich zugänglich sein,[261] wobei handelsrechtliche Bestimmungen die Vorhaltezeit verkürzen können (§ 10 Abs. 5 S. 2 LkSG-E). Eine Privilegierung von Großunternehmen durch eine solche Verkürzung der regulären Vorhaltezeit aus § 10 Abs. 1 LkSG leuchtet jedoch nicht ein, eine inhaltliche Begründung dafür gibt es jedenfalls nicht.

Der Gesetzentwurf sieht zudem eine Befreiung von Tochterunternehmen von der Berichtspflicht nach dem LkSG vor, die in den Konzernnachhaltigkeitsbericht oder den konsolidierten Nachhaltigkeitsbericht des Mutterunternehmens einbezogen sind.[262] In diesem Fall hat das Mutterunternehmen den Nachhaltigkeitsbericht auf seiner Webseite 7 Jahre vorzuhalten (§ 10 Abs. 5 S. 3 LkSG-E). Die Befreiung der Tochterunternehmen von der Pflicht zur Nachhaltigkeitsberichterstattung ist jedoch aus mehreren Gründen nicht sinnvoll, zum einen, da die Risiken und dementsprechend die Präventions- und ggf. Abhilfemaßnahmen von Unternehmen zu Unternehmen unterschiedlich sein können und der Konzernbericht i.d.R. eine aggregierte Zusammenfassung der Risiken präsentiert, sodass der Bericht des Mutterkonzerns für das einzelne Unternehmen weniger kompakt ausfallen dürfte.[263] Zum anderen erteilt die CSRD dem Konzernprivileg gerade eine Absage, wenn das einbezogene Tochterunternehmen selbst als groß und kapitalmarktorientiert einzuordnen ist.[264]

261 Hierbei handelt es sich um die nach § 10 Abs. 1 LkSG vorgesehene Zeit der Veröffentlichung auf der Webseite.

262 Diese Unternehmen sind bereits jetzt gem. § 289b Abs. 2–4 HGB von einem eigenen Bericht befreit.

263 Zu diesem Aspekt: *Zimmer*, Lieferkettensorgfaltspflichtengesetz, 58.

264 Dieses ergibt sich aus dem Zusammenspiel von Art. 19a Abs. 10 mit Art 29a Abs. 7 Bilanz-RL (i.d.F. CSRD). Vertiefend: *Lanfermann/Baumüller*, IRZ 2023, 89, 91, insb. Fn 20.

Insgesamt ergibt die Vereinheitlichung der Berichtspflichten natürlich Sinn, die vorliegende Lösung verhindert jedoch gerade eine einheitliche Berichterstattung. Auch aus Unternehmenssicht wird der Ersatz des Berichtes nach dem LkSG durch die CSRD-Berichterstattung deutlich kritisiert. Abgestellt wird bei der Kritik auf die Unübersichtlichkeit der unendlich vielen ESRS-Anforderungen, die auf Berichte mit mehr als 1.000 Datenpunkten ausgerichtet sind. Im Gegensatz dazu konzentriere sich die LkSG-Berichterstattung auf eine überschaubare Zahl wirklich bedeutsamer Fakten.[265] Dem kann nur zugestimmt werden.

Nach dem CSRD-RUG soll das BAFA die Kompetenz erhalten, auch für die Berichte nach den Vorgaben der CSRD als zuständige Behörde zu überprüfen, ob der Bericht nach dem neuen § 10 Abs. 5 oder 6 LkSG vorliegt (§ 13 Abs. 1 LkSG-E). Damit soll die Behörde für die Berichte nach der CSRD allerdings nicht die Kompetenz haben, die Unternehmen zur Nachbesserung aufzufordern, falls die Berichte die inhaltlichen Vorgaben nicht erfüllen (§ 13 Abs. 2 LkSG-E).[266] Eine solche Fragmentierung der Kompetenzen des BAFA ist jedoch nicht sinnvoll, da ohne die Kompetenz zum Tätigwerden keine wirkliche Überprüfung stattfindet.

Es ist allerdings fraglich, ob das CSRD-RUG in dieser Form Rechtskraft erlangen wird. So hat der Europäische Rat am 8.11.2024 eine Zwölf-Punkte-Erklärung (Budapester Erklärung) zur Stärkung der europäischen Wettbewerbsfähigkeit verabschiedet, in der Punkt 4 der Erklärung vorsieht, die gegenwärtigen CSRD-Berichtspflichten deutlich zu vereinfachen. Der Europäischen Kommission wurde aufgegeben, noch im ersten Halbjahr 2025 Vorschläge zu erarbeiten, um die Pflichten zur Nachhaltigkeitsberichterstattung um mindestens 25 Prozent zu senken.[267] In einem „Omnibus-Verfahren“ sollen die ESG-Berichtspflichten konsolidiert werden.[268] Da die CSRD-Vorschriften in der Tat überkomplex sind, ist eine Vereinfachung zu begrüßen. Am 26.2.2025 hat die Europäische Kommission erste Vorschläge zur „Omnibus Initiative“ veröffentlicht.[269] Allerdings soll in dem Verfahren nicht nur die CSRD „entschlackt“ werden, auch die CSDDD und die Taxonomie-Verordnung 2020/852/EU[270]

265 *Hommelhoff*, NZG 2024, 705.

266 Für alle anderen Berichte nach den Vorgaben des LkSG soll das BAFA die Überprüfungspflicht aus § 13 Abs. 2 LkSG behalten.

267 Europäischer Rat, Pressemitteilung, 8.11.2024.

268 Vgl. Tagesspiegel-Background vom 21.11.2024.

269 Vgl. *https://commission.europa.eu/publications/omnibus-i_en* (7.3.2025).

270 Verordnung 2020/852 des Europäischen Parlaments und des Rates vom 18. Juni 2020 über die Einrichtung eines Rahmens zur Erleichterung nachhaltiger Investitionen und zur Änderung der Verordnung (EU) 2019/2088. Die VO legt ein System von Kriterien zur Einstufung wirtschaftlicher Tätigkeiten hinsichtlich ihrer Nachhaltigkeit fest.

sollen in das „Omnibus-Verfahren" mit hineingenommen werden. Im Rahmen des „Omnibuspaketes I" sollen der Anwendungsbereich der zur Nachhaltigkeitsberichterstattung verpflichteten Unternehmen sowie die Vorgaben bzgl. des Inhaltes verringert werden, zudem soll die Berichtspflicht erst später starten.[271] Hier steht im Namen des Bürokratieabbaus ein Abbau bereits vereinbarter Standards zu befürchten.[272]

IV. Exkurs: Berichtspflichten zur Entgelttransparenz

In diesem Exkurs sollen mit Berichtspflichten zur Entgelttransparenz weitere Berichtspflichten aus jüngerer Zeit vorgestellt werden, um Kriterien für eine aussagekräftige Berichterstattung zu entwickeln, die tatsächlich zur Sicherung von Mindeststandards beitragen.

1. Negativbeispiel: EntgTranspG

Als Negativbeispiel mag die Berichtspflicht nach dem deutschen Gesetz zur Förderung der Entgelttransparenz zwischen Männern und Frauen, kurz Entgelttransparenzgesetz (EntgTranspG) dienen. Nach § 21 Abs. 1 Nr. 1, 2 EntgTranspG haben Kapitalgesellschaften der Privatwirtschaft, die mehr als 500 Beschäftigte haben und nach §§ 264, 289 HGB zur Erstellung eines Lageberichtes verpflichtet sind, einen Gleichstellungs- und Entgeltgleichheitsbericht zu erstellen.[273] Dieser Schwellenwert ist sehr hoch angesetzt. Für Unternehmen, die den Schwellenwert nicht erreichen, besteht keine Verpflichtung zur Berichterstattung. Auch staatliche Stellen müssen unabhängig von ihrer Größe keinen entsprechenden Bericht verfassen, was inhaltlich nicht begründbar ist. Ausweislich der aktuellen Zahlen von Destatis sind somit lediglich knapp 10.900 Unternehmen zur Berichtserstellung verpflichtet.[274] Der hohe Schwellenwert wird daher deutlich kritisiert, die Kritik bezieht sich zudem darauf, dass lediglich die Verpflichtung zur Berichterstattung normiert ist, aber keine Gleichstellungsmaßnahmen ergriffen werden müssen. Die Berichtspflicht kann sogar durch die Mitteilung erfüllt werden, dass keine derartigen Maßnahmen für erforderlich gehalten werden. Nach dem sogenannten Comply-or-explain-Prin-

---

271 Vgl. zudem das Q&A-Dokument der Europäischen Kommission, online: *https://ec.europa.eu/commission/presscorner/api/files/document/print/en/qanda_25_615/QANDA_25_615_EN.pdf* (7.3.2025).

272 Vgl. DIMR, Pressemitteilung, 28.1.2025.

273 Verpflichtet werden lediglich Kapitalgesellschaften, vgl. vertiefend Däubler/Beck-*Zimmer*, EntgTranspG § 21 Rn. 1.

274 Vgl. Statistisches Bundesamt, Statistisches Unternehmensregister.

zip ist in solchen Fällen gem. § 21 Abs. 1 Satz 2 EntgTranspG lediglich eine nachvollziehbare Begründung zu geben.[275] Zu kritisieren ist zudem, dass ein Nichtbefolgen der im EntgTranspG normierten Berichtspflicht nicht sanktioniert wird, was dazu führt, dass die Verpflichtung von vielen Unternehmen nicht eingehalten wird.[276]

So erstaunt es nicht, dass bereits der erste Evaluationsbericht zum EntgTranspG gezeigt hat, dass 16 Prozent der befragten lageberichtspflichtigen Unternehmen der Berichtspflicht nach § 21 EntgTranspG nicht nachkommen wollten. Insgesamt hielten im untersuchten Befragungszeitraum nur knapp 23 Prozent aller berichtspflichtigen (Nicht-Dax-)Unternehmen die Berichtspflicht ein.[277] Auch der zweite Evaluationsbericht förderte ähnliche Ergebnisse zutage. So kamen nur gut 10 Prozent der zur Berichterstellung verpflichteten Unternehmen ohne tarifliche Entgeltstruktur und 30 Prozent der Unternehmen mit tariflicher Entgeltstruktur der Verpflichtung zur Berichterstattung über Gleichstellung und Entgeltgleichheit nach.[278] Es zeigt sich sehr deutlich, dass Pflichten, deren Nichterfüllung nicht sanktionsbewehrt ist, Gefahr laufen, nicht eingehalten zu werden. Zu kritisieren ist ferner, dass im EntgTranspG lediglich die Verpflichtung zur Berichterstattung normiert ist, Gleichstellungsmaßnahmen müssen jedoch nicht ergriffen werden.

2. Berichtspflichten aus der Entgelttransparenz-RL 2023/970/EU

Auch die neue EU-Entgelttransparenz-RL 2023/970/EU begründet entgeltbezogene Berichtspflichten, die im Unterschied zum EntgTranspG als Positivbeispiel dienen mögen. Die RL-Bestimmungen sehen einen im Vergleich zum EntgTranspG deutlich niedrigeren Schwellenwert vor, der in Bezug auf die Häufigkeit der Berichterstattung nach der Unternehmensgröße gestaffelt ist. So schreibt Art. 9 bereits Berichtspflichten für Arbeitgeber ab 100 Beschäftigten fest, diese haben der zuständigen nationalen Behörde künftig in nach Beschäftigtengröße zeitlich gestaffeltem Umfang regelmäßig zum „geschlechtsspezifischen Entgeltgefälle“ Bericht zu erstatten (Art. 9 Abs. 1). Unternehmen ab 250 Beschäftigten sind zur jährlichen Berichterstattung verpflichtet (Art. 9 Abs. 2), Arbeitgeber mit 150 bis 249 Arbeitnehmer*innen alle drei Jahre (Art. 9 Abs. 3), die Berichtspflicht setzt erstmalig zum 7.6.2027 ein. Für kleinere Ar-

275 *Kuhn/Schwindling*, DB 2017, 785, 789; Däubler/Beck-*Zimmer*, EntgTranspG § 21 Rn. 5; *Zimmer*, ZESAR 2024, 3, 6.

276 *Zimmer*, ZESAR 2024, 3, 6.

277 BT-Drs. 19/11470, 133.

278 BMFSFJ (Hrsg.), Zweiter Bericht der Bundesregierung zur Wirksamkeit des Gesetzes zur Förderung der Entgelttransparenz, 10.

beitgeber (zwischen 100 und 149 Beschäftigten) gilt ebenfalls eine Berichtspflicht alle drei Jahre, sie haben allerdings bis zum 7.6.2031 Zeit, um ihren ersten Bericht vorzulegen (Art. 9 Abs. 4 EntgTransp-RL).[279] Nur für Unternehmen mit weniger als 100 Arbeitnehmer*innen besteht keine Berichtspflicht. Die Berichtspflicht gilt (ebenso wie die gesamte RL) sowohl für Unternehmen der Privatwirtschaft als auch für staatliche Stellen.

Die Richtigkeit des Berichtes ist von der Leitungsebene des Unternehmens zu bestätigen, nachdem zuvor den Arbeitnehmervertreter*innen die angewandte Methodik offengelegt und sie zu dem Bericht angehört wurden (Art. 9 Abs. 6 EntgTransp-RL). Eine solche Vorschrift könnte als Blaupause für die Beteiligung von Wirtschaftsausschuss und Betriebsrat bei der Nachhaltigkeitsberichterstattung dienen. Die RL legt zudem nicht nur einen niedrigeren Schwellenwert zugrunde, sondern geht auch inhaltlich weiter, da nicht nur allgemein Angaben zu Maßnahmen zur Entgeltgleichheit und zur Gleichstellung von Männern und Frauen zu machen sind, sondern dezidiert zum Entgeltgefälle zwischen den Geschlechtern. Die Entgelttransparenz-RL verpflichtet die Mitgliedstaaten gem. Art. 23 Abs. 1 dazu, Verstöße gegen die in der RL normierten Pflichten „wirksam, verhältnismäßig und abschreckend" zu sanktionieren, diese Sanktionen haben auch Geldbußen zu umfassen, die nach dem nationalen Recht festzusetzen sind (Art. 23 Abs. 2 S. 2).

V. Prämissen einer effektiven Berichtspflicht

Es stellt sich die Frage, inwiefern Unternehmensberichterstattung zur Einhaltung gesetzlicher oder freiwillig übernommener Pflichten zur Durchsetzung von Arbeitsrecht beitragen kann. Berichtspflichten ermöglichen Transparenz und damit externe Kontrolle,[280] sei es behördlicherseits oder durch die Öffentlichkeit. In Bezug auf eine Kontrolle durch die Öffentlichkeit basieren Berichtspflichten auf der Annahme, dass Transparenz die anderen Marktteilnehmer*innen stärkt und Unternehmen für ihre Berichterstattung zur Einhaltung von Menschen- und Umweltrechten, zu Diversität oder Gleichstellungsaspekten entweder belohnt oder abgestraft werden.[281] Diese Annahme setzt allerdings voraus, dass es in der Zivilgesellschaft ausreichend kritische Akteure gibt, welche die Berichte analysieren und die Unternehmen durch Mobilisie-

279 *Zimmer*, ZESAR 2024, 3, 6.

280 *Hensel*, DJBZ 2023, 116, 118.

281 *Landau*, MJIL 2019, 221, 230, 234 f.; kritisch zu dem Ansatz ebenfalls: *Narine*, CHRLR 2015, 84, 94.

rung der Zivilgesellschaft antreiben, zentrale Menschen- und Umweltrechte auch einzuhalten.

Berichtspflichten, die als transparente Selbstregulierung ausgestaltet sind und es Unternehmen freistellen, wie sie der Berichtspflicht nachkommen wollen, machen sich zunutze, dass Unternehmen selbst über ihre unternehmensspezifischen Informationen verfügen, und basieren auf einer Art unternehmerischer Selbstregulierung,[282] die entsprechend überwacht wird. Allerdings ermöglichen solche Konzepte der Selbstregulierung mangels Vergleichbarkeit keine wirksame Kontrolle durch externe Akteure, wie das Beispiel der nichtfinanziellen Berichterstattung nach der CSR-Richtlinie zeigt. Insoweit werden die Grenzen des auf Selbstregulierung ausgerichteten „reflexiven Rechts" deutlich,[283] in diesem Konzept wird zudem die Machtasymmetrie zwischen transnationalen Konzernen und Gruppierungen der Zivilgesellschaft ausgeblendet. Von Bedeutung ist daher, dass es genaue Vorgaben für die Berichtspflicht gibt. Detaillierte Anleitungen und Rahmen für die Berichterstattung zum Thema menschenrechtliche Sorgfaltspflicht wurden bereits vor geraumer Zeit erarbeitet, bspw. das UN Guiding Principles Reporting Framework[284] oder die Global Reporting Initiative Sustainability Reporting Standards.[285] Hierbei handelt es sich jedoch nur um Empfehlungen, die zudem nicht einheitlich sind. Um Vergleichbarkeit zu erzielen, ist daher in jedem Fall der Gesetzgeber gefragt, bindende und genaue Vorgaben für die Berichtspflicht zu formulieren.

Darüber hinaus ist es von großer Bedeutung, dass die Vorgaben für die Berichterstattung sowohl in Bezug auf die Form als auch auf den Inhalt präzise sind. Besteht doch ohnehin die Gefahr von Standardformulierungen ohne spezifische Information des Unternehmens, die letztlich nicht mehr sind, als „CSR-Blabla", wie einzelne Berichte zum LkSG zeigen. Die Berichte müssen zudem in einer Form zur Verfügung gestellt werden, die nicht nur eine sprachliche Vergleichbarkeit, sondern auch eine zumindest grobe Vergleichbarkeit von Inhalt und Qualität des Berichtes ermöglicht, damit interessierte Stakeholder wie NGOs, Konsument*innen, Gewerkschaften, Betriebsräte, aber auch Investor*innen und andere interessierte Parteien damit etwas anfangen können.[286] Diesen Ansatz verfolgt zwar auch die CSRD, aufgrund der unglaublichen Fülle an Vorgaben ist es jedoch nicht nur eine immense Aufgabe für die Unternehmen, der Berichtspflicht nachzukommen, es sind zudem auch keine über-

282 *Landau*, MJIL 2019, 221, 234.
283 *Wen*, JLS 2016, 327 ff. Umfassend und abstrakt: *Teubner*, ARSP 1982, 13 ff.
284 Vgl. *https://www.ungpreporting.org/* (zuletzt abgerufen am 1.3.2024).
285 Vgl. *https://www.globalreporting.org/standards/* (zuletzt abgerufen am 1.3.2024).
286 *Landau*, MJIL 2019, 221, 241.

sichtlichen Berichte zu erwarten, die behördlicherseits oder durch Akteure der Zivilgesellschaft leicht zu überprüfen sein werden.

Haben Berichtspflichten reinen Appellcharakter, sodass sie eher als Anregungen einzuordnen sind, so ist der Anreiz sie zu befolgen zudem äußerst gering, wie das Beispiel des EntgTranspG zeigt. Auch der Comply-or-explain-Ansatz, nach dem lediglich eine nachvollziehbare Begründung dafür zu geben ist, dass nichts berichtet wird, ist unbefriedigend und führt nicht zu Ergebnissen, die im o.g. Sinne wertvoll wären. Eine solche Berichtspflicht führt nicht zu aussagekräftigen Berichten, mit denen Transparenz und damit eine externe Kontrolle der Unternehmenspolitik möglich ist. Diese Art der Regulierung wird als prozessorientiert bezeichnet,[287] insoweit liegt bei einer solchen Regulierung der Fokus auf dem Prozess, nicht aber auf dem Ergebnis.[288] Ohne die Pflicht, bei aufgedeckten Missständen auch Abhilfe zu schaffen, können Berichtspflichten jedoch kaum zur Durchsetzung von Arbeitsrecht beitragen. Zudem sind die Prozesse kontinuierlich zu evaluieren und zu verbessern.[289] Berichtspflichten sind daher als „harte Steuerungsinstrumente" auszugestalten und mit Handlungspflichten zu verknüpfen,[290] wie es das insoweit positive Beispiel der Berichtspflicht nach dem LkSG zeigt. Der teilweise verteufelte Command-and-control-Ansatz hat also durchaus seine Berechtigung. Sinnvoll kann es auch sein, vor der Außenkommunikation Arbeitnehmervertreter*innen wie Betriebsräte in die Überprüfung des Berichtes einzubinden und die Akteure zu dem Bericht anzuhören, wie in der Entgelttransparenz-RL vorgesehen.

Bei Berichtspflichten, deren Nichterfüllung nicht sanktionsbewehrt ist, besteht zudem die Gefahr, dass diese nicht eingehalten werden, wie das Negativbeispiel der Berichterstattung nach dem EntgTranspG verdeutlicht. Berichtspflichten müssen daher kontrolliert werden und auch strafbewehrt sein,[291] wie bei der Berichtspflicht nach dem LkSG, der Entgelttransparenz-RL, der CSDDD sowie der CSRD der Fall. Mit Einführung des strafbewehrten LkSG können wir einen entsprechenden Paradigmenwechsel im deutschen Recht verzeichnen, allerdings muss das als Überwachungsbehörde vorgesehene BAFA auch tätig werden. Bislang ist die Berichtspflicht „ausgesetzt" und es wurden zwar in einigen Fällen Ermittlungen aufgenommen, aber keine Strafen verhängt.

287 *Landau*, MJIL 2019, 221, 234.
288 *Landau*, MJIL 2019, 221, 223, 238.
289 Ähnlich: *Landau*, MJIL 2019, 221, 242.
290 *Hensel*, DJBZ 2023, 116, 118; ähnlich argumentierend: *Landau*, MJIL 2019, 221, 242.
291 *Narine*, CHRLR 2015, 84, 150.

Untersuchungen legen nahe, dass Berichterstattung am effektivsten ist, wenn die folgenden Elemente erfüllt sind: Der Regelung liegt ein spezifischer politischer Zweck mit festgelegten Zielen zugrunde und der geforderte Umfang an Informationen ist nicht zu groß. Neben einer expliziten Informationsstruktur und einem praktikablen Informationsinstrument wird vor allem ein Durchsetzungsmechanismus benötigt.[292] Diese Voraussetzungen sind bei den Berichtspflichten nach dem LkSG in Ansätzen erfüllt,[293] nicht aber bei denen nach der CSRD. Da zukünftig die Berichtspflicht nach dem LkSG durch Abgabe eines CSRD-Berichtes erfüllt werden kann, steht zu befürchten, dass die entsprechenden Nachhaltigkeitsberichte kaum als Instrumente zur Durchsetzung sozialer Mindeststandards dienen werden. Die Einbindung der Mitbestimmungsakteure sollte zudem gesetzlich vorgegeben werden, wie bspw. Art. 9 Abs. 6 Entgelttransparenz-RL es vormacht. Dort ist vorgeschrieben, dass die Richtigkeit des Berichtes der Leitungsebene des Unternehmens erst zu bestätigen ist, nachdem zuvor den Arbeitnehmervertreter*innen die angewandte Methodik offengelegt wurde und sie zu dem Bericht angehört wurden.

292 *Fung/Graham/Weil*, Full Disclosure, 39; *Prokopets*, HICLR 2014, 351, 355.

293 Kleinere Verbesserungen bspw.an der Eingabemaske könnten das System noch verbessern, zudem bleibt abzuwarten, inwieweit das BAFA die Überwachungsfunktion wirksam ausübt.

E. Beschwerdeverfahren

Das LkSG sieht in § 8 die Einführung eines Beschwerdeverfahrens vor, das ein zentrales Instrument für die Implementierung des Gesetzes darstellt, da so Missstände schneller erkannt und behoben werden können. Dass bei der Einführung des Verfahrens der Betriebsrat nach § 87 Abs. 1 Nr. 1 BetrVG zwingend über die Ausgestaltung mitbestimmen kann,[294] bietet zudem die Möglichkeit, ein gut zugängliches Beschwerdemodell für das Unternehmen zu entwickeln. Da nur die Berichtspflicht, nicht aber die weiteren unternehmerischen Sorgfaltspflichten ausgesetzt wurden, war das Beschwerdeverfahren für Unternehmen mit mindestens 3.000 Arbeitnehmer*innen zum 1.1.2023 einzuführen, seit 1.1.2024 gilt die Vorschrift auch für Unternehmen mit mindestens 1.000 Beschäftigten.[295]

Doch haben die in den Anwendungsbereich des Gesetzes fallenden Unternehmen tatsächlich einen Beschwerdemechanismus eingeführt? Und wurden von den Unternehmen mit einem eingeführten Beschwerde-Tool die Vorgaben des LkSG hinreichend beachtet? Machen Betriebsräte von ihrem Mitbestimmungsrecht auch Gebrauch? Diese und weitere (rechtliche) Fragen zum Beschwerdemechanismus nach dem LkSG werden hier im Folgenden vertieft und die bisher eingeführten Beschwerdemodelle vorgestellt sowie weiterer Umsetzungsbedarf aufgezeigt. Zudem werden Kriterien für ein wirksames Beschwerdemanagement herausgearbeitet, das von den Betroffenen oder anderen Akteuren auch tatsächlich genutzt wird und dessen Nutzung zu Abhilfe in der Praxis führt. Besonderes Augenmerk liegt dabei auf der Einführung eines Beschwerdemechanismus durch Betriebsvereinbarungen oder internationale Rahmenabkommen.

I. Einführung

Die Eröffnung einer wirksamen Beschwerdemöglichkeit für Betroffene von Menschen- oder Umweltrechtsverletzungen ist eine der zentralen unternehmerischen Sorgfaltspflichten des LkSG und geht zurück auf die dritte Säule der UN-Leitprinzipien Wirtschaft und Menschenrechte.[296] Ein Beschwerdesystem zeigt vor allem auf, welche Missstände entlang der Wertschöpfungskette beste-

294 Siehe vertiefend unter D.III. sowie *Zimmer*, Lieferkettensorgfaltspflichtengesetz, 74 ff.

295 Vertiefend zum Anwendungsbereich: *Zimmer*, Lieferkettensorgfaltspflichtengesetz, 16 ff.

296 Insbesondere Leitprinzipien (LP) 27–29; zu den UN-Guiding Principles siehe: DGCN, Leitprinzipien für Wirtschaft und Menschenrechte.

hen und insoweit zu beseitigen sind. Das Verfahren ist von großer praktischer Bedeutung nicht nur für die Betroffenen, sondern auch für eine wirksame Ausübung der unternehmerischen Sorgfaltspflicht. Durch eine Analyse der sich bei den Beschwerden abzeichnenden Trends und Muster können die Unternehmen auch systemische Probleme feststellen und ihre Praktiken entsprechend anpassen.[297] Das Beschwerdeverfahren ist insoweit zu Recht Bestandteil des Risikomanagements nach § 4 LkSG, da Unternehmen durch die Bearbeitung von Beschwerden Informationen für die weitere Risikoanalyse erhalten können. Wertvoll sind Informationen zu Art und Umfang bestimmter Risiken, zur „Eintrittswahrscheinlichkeit eines Risikos, der Wirksamkeit bestehender Präventions- und Abhilfemaßnahmen oder dem eigenen Beitrag zur Verursachung und den eigenen Einflussmöglichkeiten".[298] Durch Beschwerden können Risiken oder Rechtsverletzungen früh aufgedeckt werden, sodass ein gut funktionierendes Beschwerdeverfahren als Frühwarnsystem dienen kann,[299] das gilt für die gesamte Lieferkette. Dementsprechend betont die ILO in ihrer Stellungnahme zum LkSG, dass die gesamte Lieferkette bei der unternehmerischen Sorgfaltspflicht einbezogen werden muss, da ansonsten die Gefahr besteht, dass besonders gravierende Menschenrechtsverletzungen nicht genügend betrachtet werden.[300] Als gangbarer erster Schritt wird daher empfohlen, dass mittelbare Zulieferer durch das LkSG Zugang zu Beschwerdeverfahren von Unternehmen haben sollen, die unter das LkSG fallen,[301] was auch dem gesetzgeberischen Willen entspricht.[302] Erhält das Unternehmen durch das Beschwerdeverfahren substantiierte Kenntnis einer möglichen Rechtsverletzung durch einen mittelbaren Zulieferer, so besteht kein Handlungsspielraum[303] und es ist eine anlassbezogene Risikoanalyse durchzuführen, zudem sind entsprechende Präventionsmaßnahmen zu tätigen sowie „ein Konzept zur Verhinderung, Beendigung oder Minimierung zu erstellen und umzusetzen" (§ 9 Abs. 3 S. 2 Nr. 1–3 LkSG). Rechtsverletzungen können so frühzeitig und unmittelbar beseitigt werden, um „zu verhindern, dass Schäden sich verschlimmern".[304] Werden diese Vorgaben ernst genommen und umgesetzt, so zeigt sich die Bedeutung eines effektiven Beschwerdesystems in Bezug auf die Verbesserung der Arbeitsbedingungen entlang der Wertschöpfungskette.

297 DGCN, Leitprinzipien für Wirtschaft und Menschenrechte, 37, Anm. zu LP 29.
298 BAFA, Beschwerdeverfahren, 4.
299 *Gläßer et al.*, ZKM 2021, 228 f.
300 ILO in: Deutscher Bundestag (Hrsg.), Ausschussdrucksache 19(11)1136, 58, 61.
301 ILO in: Deutscher Bundestag (Hrsg.), Ausschussdrucksache 19(11)1136, 58, 62.
302 BT-Drs. 19/28649, 50 (zu § 9 LkSG).
303 KKRS-*Kocher*, LkSG § 8 Rn. 4.
304 DGCN, Leitprinzipien für Wirtschaft und Menschenrechte, 37, Anm. zu LP 29.

II. Voraussetzungen für das Beschwerdeverfahren nach § 8 LkSG

Der Gesetzgeber hat einerseits ein klassisches Beschwerdeverfahren vorgesehen, das nach allgemeinem Rechtsverständnis bei eigener Beschwer eingeschaltet wird, gemischt allerdings mit einem Hinweisgebersystem. Während bei eigener Beschwer Betroffene die Verletzung eigener Rechte geltend machen, wird beim Whistleblowing ein Missstand aufgedeckt, ohne dass der*die Hinweisgeber*in selbst nachteilig betroffen sein muss.[305] Vorliegend wird überwiegend die Terminologie Beschwerdeverfahren verwendet. Da die Sorgfaltspflichten auf das Unternehmen bezogen sind, ist ein Beschwerdesystem für das gesamte Unternehmen aufzubauen. Innerhalb von Konzernstrukturen kann auch ein konzernweiter Beschwerdemechanismus eingerichtet werden, sofern auf den Webseiten der einzelnen Unternehmen Hinweise und Links gesetzt werden. Die rechtlichen Voraussetzungen für das einzuführende Beschwerdeverfahren sind in § 8 LkSG normiert, bei der Ausgestaltung des Verfahrens sollen jeweils die Ergebnisse der Risikoanalyse berücksichtigt werden.[306]

1. Angemessenheit

a) Effektives System

Wie für die anderen unternehmerischen Pflichten formuliert das LkSG auch für das Beschwerdeverfahren einen Angemessenheitsvorbehalt (§ 8 Abs. 1 LkSG).[307] Die in § 3 Abs. 2 LkSG normierten Kriterien zur Hilfe bei der Auslegung der unbestimmten Rechtsbegriffe wie „Art und Umfang der Geschäftstätigkeit des Unternehmens" (Nr. 1), „Einflussvermögen des Unternehmens auf den unmittelbaren Verursacher [...]" (Nr. 2), etc. sind jedoch keine Auslegungshilfe für die Angemessenheit des einzuführenden Beschwerdesystems, sondern dienen vielmehr zur Auslegung der anderen Sorgfaltspflichten, insbesondere des Risikomanagements. Aus dem Begriff der „Angemessenheit" ergibt sich einerseits eine Begrenzung des Handlungsgebotes für Unternehmen, sie müssen nur so weit agieren, wie es angemessen ist, also nur in angemessenem Maße finanzielle Mittel investieren. Andererseits bedeutet „angemessen" auch, dass das aufzubauende System „angemessen" im Sinne von effektiv sein muss. Es ist somit ein wirksames Beschwerdemanagementsystem aufzubauen,[308] das sich am Unternehmenskontext orientieren kann. Das Prinzip der Ange-

305 KKRS-*Kocher*, LkSG § 8 Rn. 1; *Sagan*, ZIP 2022, 1419.
306 BAFA, Beschwerdeverfahren, 4.
307 BAFA, Beschwerdeverfahren, 4.
308 *Zimmer*, Lieferkettensorgfaltspflichtengesetz, 44 ff.

messenheit steht insoweit in engem Zusammenhang mit dem in § 4 Abs. 2 LkSG normierten Prinzip der Wirksamkeit, wonach Maßnahmen als wirksam eingeordnet werden können, „die es ermöglichen, menschenrechtliche und umweltbezogene Risiken zu erkennen und zu minimieren sowie Verletzungen menschenrechtsbezogener oder umweltbezogener Pflichten zu verhindern, zu beenden oder deren Ausmaß zu minimieren". Nach Aussage des BAFA dürfen Unternehmen daher nur aus wirksamen Maßnahmen eine Auswahl treffen, um zu gewährleisten, dass eine angemessene Maßnahme stets Wirksamkeit entfaltet und Risiken oder Verletzungen tatsächlich verringert oder beendet werden.[309] Die Wirksamkeit des Beschwerdeverfahrens ist gem. § 8 Abs. 5 S. 1 jährlich sowie anlassbezogen zu überprüfen, es empfiehlt sich, dieses sowie etwaige Anpassungsmaßnahmen zu dokumentieren.

b) Zugänglichkeit

Das zu schaffende Beschwerdesystem muss also so gestaltet sein, dass es die vom Gesetzgeber vorgesehene Funktion erfüllen kann. Um das zu erreichen, sind die Vorgaben aus § 8 Abs. 4 S. 1 und 2 LkSG zu beachten, wonach das Verfahren „für potenzielle Beteiligte zugänglich" zu sein hat, zudem gilt, „klare und verständliche Informationen zur Erreichbarkeit und Zuständigkeit sowie zum Prozedere sind in geeigneter Weise [...] öffentlich zugänglich zu machen". Da der Gesetzestext dezidiert vorgibt, die Informationen über das Beschwerdesystem „in geeigneter Weise" öffentlich zugänglich zu machen, und nicht nur Arbeitnehmer*innen in Deutschland angesprochen sind, ist es notwendig, dass hierüber auf der Webseite nicht nur auf Deutsch informiert wird, was bei vielen Unternehmen jedoch der Fall ist (siehe unter E.V). Auch Informationen auf Englisch dürften trotz der Möglichkeit, Online-Übersetzungstools einzusetzen, einen barrierefreien Zugang nicht gewährleisten. Bereits in Süd- oder Mittel- und Osteuropa sprechen Beschäftigte nicht in ausreichendem Maße Englisch, insbesondere aber in den „Produktionsländern" des globalen Südens verfügen die Beschäftigten nicht über ausreichend Fremdsprachenkenntnisse. Informationen über ein Beschwerdesystem, die auf der Webseite nur auf Englisch vorhanden sind, können also nicht als „verständlich" eingeordnet werden und erfüllen den Willen des Gesetzgebers daher nicht „in geeigneter Weise". Auch ein Hinweis auf online verfügbare Übersetzungsprogramme kann dieses Manko nicht beheben, wenn der Hinweis auf Englisch erfolgt und somit nicht von allen verstanden werden kann.[310] Unternehmen müssen daher den Gegebenheiten ihrer Wertschöpfungskette Rechnung tragen und

309 BAFA, Angemessenheit, 4.

310 So aber *Sagan*, ZIP 2022, 1419, 1424; offener: *Dutzi/Schneider/Hassenau*, DK 2021, 454, 458; *Stemberg*, CCZ 2022, 92, 94; wie hier: *Zimmer*, Lieferkettensorgfaltspflichtengesetz, 47.

die Informationen zum Beschwerdesystem in den jeweiligen Landessprachen zur Verfügung stellen.[311]

Zugänglichkeit setzt auch voraus, dass die Beschwerde selbst in der jeweiligen Landessprache formuliert werden kann. Infrage kommen die Möglichkeiten des Einreichens einer Beschwerde mittels E-Mail, Online-Eingabemaske und Telefon.[312] Eine telefonische Beschwerdemöglichkeit ist neben Onlineangeboten wichtig, da es einen nicht unerheblichen Prozentsatz an Analphabet*innen gibt, die nicht von der Beschwerdemöglichkeit ausgeschlossen werden dürfen.[313]

c) Unabhängigkeit und Verschwiegenheit des*der Beschwerdebeauftragten

§ 8 Abs. 3 LkSG definiert weitere Kriterien der Angemessenheit. So haben „die vom Unternehmen mit der Durchführung des Verfahrens betrauten Personen gem. § 8 Abs. 3 S. 1 LkSG „Gewähr für unparteiisches Handeln" zu bieten und unabhängig zu sein. Es muss dem*der Beschwerdebeauftragten somit freistehen, wie das Verfahren geführt wird, diesbezüglich darf es keine unternehmensseitigen Weisungen geben.[314] Den Rahmen legt einzig die zu schaffende Verfahrensordnung fest. Tatsächliche Unabhängigkeit setzt zudem voraus, dass die erforderlichen Ressourcen zur Verfügung gestellt werden, sowohl zeitlich als auch materiell. Der*Die Beschwerdebeauftragte darf nicht durch andere Aufgaben übermäßig gebunden sein, zudem dürfen diese keine Interessenkonflikte befürchten lassen.[315]

Infrage kommt eine vom Unternehmen unabhängige Person mit fachlicher Eignung, die als Ombudsperson vom Unternehmen eingesetzt („betraut") wird, es kann auch eine Organisation mit der Durchführung des Beschwerdeverfahrens beauftragt werden, die eine solche Person beschäftigt. Da Unternehmen nach der Konzeption des Gesetzgebers die Wahl haben, ob sie ein internes oder externes Beschwerdesystem aufbauen wollen (§ 8 Abs. 1 S. 1 i.V.m. S. 6 LkSG),[316] können auch beim Unternehmen Beschäftigte mit der Durch-

311 Ähnlich wie hier: *Stemberg*, CCZ 2022, 92, 94; *Zimmer*, Lieferkettensorgfaltspflichtengesetz, 47.

312 Grabosch-*Grabosch*, LkSG § 5 Rn. 127; *Gehling/Ott/Lüneborg*, CCZ, 2021, 230, 238; wohl ebenfalls *Lüneborg*, DB 2022, 375, 380; *Nietsch/Wiedmann* CCZ, 2021, 101, 108; *Stemberg*, CCZ 2022, 92, 95.

313 *Stemberg*, CCZ 2022, 92, 95.

314 *Edel et al.*, BB 2021, 2165, 2168; KKRS-*Kocher*, LkSG § 8 Rn. 52.

315 KKRS-*Kocher*, LkSG § 8 Rn. 53.

316 Siehe zudem BT-Drs. 19/28649, 50.

führung des Verfahrens „betraut" werden.[317] Diese müssen die für das Beschwerdemanagement notwendigen Fachkenntnisse aufweisen und sich bei bezahlter Freistellung von der Arbeit fortbilden können, die Kosten dafür hat die Arbeitgeberin zu tragen.[318] Die mit dem Beschwerdeverfahren beauftragten Personen sind gem. § 8 Abs. 3 S. 2 LkSG zur Verschwiegenheit verpflichtet, dürfen also Interna des Unternehmens, der Zulieferer oder bei ihnen beschäftigter Personen nicht weitergeben, auch dürfen keine Informationen aus dem Beschwerdeverfahren öffentlich bekannt werden. Die Verschwiegenheitspflicht schützt einerseits die Interessen des Unternehmens, aber auch die Institution der Beschwerdestelle vor Zweifeln gegen ihre Unvoreingenommenheit. Die Beschwerde darf nur in dem dafür vorgesehenen Verfahren behandelt und weitergegeben werden.[319]

Internes Beschwerdesystem

Wird eine unternehmensinterne Person als Beschwerdebeauftragte mit der Durchführung des Verfahrens beauftragt, so ergibt sich das Problem, dass diese als Angestellte des Unternehmens stets weisungsgebunden ist, was sich aus § 106 Gewerbeordnung i.V.m. dem Arbeitsvertrag ergibt. § 8 Abs. 3 S. 1 LkSG setzt jedoch voraus, dass der*die Zuständige unparteiisch und unabhängig ist und keinen unternehmensseitigen Weisungen unterliegt. Für Gremien oder Personen, an die ähnliche Anforderungen in Bezug auf Unabhängigkeit gestellt werden, hat der Gesetzgeber einen Sonderkündigungsschutz normiert, so bspw. für Mitglieder des Betriebsrates (sowie weiterer Gremien, § 15 Abs. 1 KSchG i.V.m. § 103 BetrVG), für Datenschutzbeauftragte von Unternehmen[320] (§ 38 i.V.m. § 6 Abs. 4 Bundesdatenschutzgesetz) sowie für Vertrauenspersonen schwerbehinderter Beschäftigter und Mitglieder der betriebs- und verwaltungsübergreifenden Schwerbehindertenvertretungen (§ 179 Abs. 3 Sozialgesetzbuch (SGB) IX). Mitglieder dieser Gremien dürfen zudem wegen der Erfüllung ihrer Aufgaben nicht benachteiligt werden (vgl. § 78 S. 2 BetrVG, § 38 Abs. 3 S. 2 Datenschutz-Grundverordnung, § 179 Abs. 2 SGB IX). Ein solcher Schutz ist für eine Vielzahl weiterer betrieblicher Arbeits- und Umweltschutzbeauftragter sowie sonstiger Beauftragter normiert.[321] Diese Schutznormen las-

317 § 8 Abs. 1 S. 1 LkSG verwendet bei der Pflicht zum Aufbau eines Beschwerdeverfahrens den Wortlaut „unternehmensintern". Ist damit gemeint, dass nur ein unternehmensinterner Mechanismus die Verpflichtung aus § 8 Abs. 1 S. 1 LkSG erfüllt? In der Literatur wird davon ausgegangen, dass sich der Terminus in erster Linie darauf bezieht, dass das Unternehmen selbst die Herrschaft über das Beschwerdeverfahren haben muss, siehe KKRS-*Kocher*, LkSG § 8 Rn. 18.

318 KKRS-*Kocher*, LkSG § 8 Rn. 54.

319 KKRS-*Kocher*, LkSG § 8 Rn. 57.

320 Datenschutzbeauftragte nichtöffentlicher Stellen.

321 Siehe die umfassende Auflistung weiterer Benachteiligungsverbote für Arbeitnehmervertreter*innen sowie Arbeits- Umweltschutz und sonstige Beauftragte bei Däubler/Beck-*Zimmer*, AGG § 2 Rn. 273 ff.

sen sich als Begrenzung des arbeitgeberseitigen Direktionsrechts verstehen.[322] Ohne einen solchen Schutz besteht keine Weisungsunabhängigkeit und die Arbeit kann nicht unabhängig ausgeführt werden. Der Gesetzgeber hat jedoch keinen entsprechenden Schutz für den*die Beschwerdebeauftragte*n nach dem LkSG normiert, sodass in der Literatur z.T. vertreten wird, nur ein externes System sei zulässig.[323] Das ist zutreffend, soweit nicht anderweitig Sonderkündigungsschutz normiert wird.[324] Der Schutz vor Kündigungen ohne wichtigen Grund sowie vor Maßregelung kann einzelvertraglich festgelegt werden, wobei eine Kündigung nach einer unabhängigen Evaluation möglich sein sollte, falls das Beschwerdemanagement nicht sachgerecht erfolgte.[325] Infrage kommt zudem die Verankerung des Schutzes in einer Betriebsvereinbarung (siehe die Ausführungen ab E.III.2) oder in einem Tarifvertrag.

Externes Beschwerdesystem

Ist der*die Beschwerdebeauftragte kein*e Unternehmensangehörige*r, so bietet das größere Gewähr für Unabhängigkeit und Unparteilichkeit. Als externer Anbieter, der das Beschwerdesystem für das Unternehmen betreibt, kommen Rechtsanwaltskanzleien, Mediator*innen oder auch Organisationen mit entsprechender Expertise infrage. Ein solcher Anbieter befindet sich aufgrund des Dienstleistungsvertrages zwar auch in einer gewissen Beziehung zum Auftraggeber, agiert aber letztlich selbstständig und unabhängig,[326] wobei auch hier der Schutz vor Kündigungen ohne wichtigen Grund im Einsetzungsvertrag festgeschrieben werden sollte. Auch beim Einsetzen einer unternehmensexternen Beschwerdestelle bleibt das Unternehmen in der Pflicht, die in § 8 LkSG normierten Standards zu gewährleisten. Da dies ohne Eingriff in das Beschwerdeverfahren zu erfolgen hat, hat der Gesetzgeber in § 8 Abs. 5 LkSG eine jährliche Qualitätskontrolle vorgesehen.[327] Aufgrund der zu gewährleistenden Unabhängigkeit kann die Qualitätskontrolle seitens des beauftragenden Unternehmens daher ausschließlich über die Evaluation erfolgen.[328] Zudem empfiehlt es sich auch bei externen Beschwerdebeauftragten, die Möglichkeit einer Kündigung nach unabhängiger Evaluation festzuschreiben.[329]

Die Beschwerdestelle kann auch unternehmensübergreifend organisiert sein. Die Ergebnisse eines Forschungsprojektes der Universität Viadrina legen nahe,

---

322 Grabosch-*Grabosch*, LkSG § 5 Rn. 128; *Kotulla*, NuR 2020, 16, 21.
323 *Sagan*, ZIP 2022, 1419, 1420.
324 *Zimmer*, Lieferkettensorgfaltspflichtengesetz, 47.
325 KKRS-*Kocher*, LkSG § 8 Rn. 51.
326 *Dutzi/Schneider/Hassenau*, DK 2021, 454, 458.
327 Diese wird durch eine anlassbezogene Qualitätskontrolle ergänzt.
328 KKRS-*Kocher*, LkSG § 8 Rn. 55.
329 KKRS-*Kocher*, LkSG § 8 Rn. 44.

dass unternehmensübergreifende Beschwerdesysteme effektiver sind als unternehmensinterne.[330] Das Hauptargument stützt sich darauf, dass einzelne Unternehmen bei unternehmensübergreifenden Beschwerdesystemen keinen so starken Einfluss auf den Umgang mit der Beschwerde ausüben können. Hinzu kommen deutliche Effizienzgewinne durch Institutionalisierung, insbesondere bei der Implementierung des Mechanismus und der Professionalisierung des Personals. Auch die Qualitätssicherung sowie die gemeinsam finanzierten Aus- und Fortbildungen bewirken eine größere Wirksamkeit des Beschwerdesystems, zudem scheinen Abhilfe- und Präventionsmaßnahmen gegenüber Zulieferbetrieben aufgrund des kollektiven Anreizsystems mehrerer Unternehmen besser durchsetzbar zu sein. Insgesamt kommt es zu einer Bündelung von Ressourcen,[331] unternehmensübergreifende Beschwerdesysteme dürften somit sogar weniger kostenintensiv sein als In-House-Beschwerdeverfahren.

Unternehmensübergreifende Systeme können bspw. von einem Branchenverband angeboten werden[332] oder auch von einer Multi-Stakeholder-Initiative, wie im Textil- und Bekleidungssektor durch die Fair Wear Foundation.[333] Denkbar wäre auch ein Beschwerdesystem, das für verschiedene Unternehmen, die in einem bestimmten Sektor eines Landes Zulieferer oder andere Vertragspartner haben, mit einem globalen Gewerkschaftsverband vereinbart wird, wie bspw. im Textil- und Bekleidungssektor mit dem International Accord für Bangladesch.[334]

d) Vertraulichkeit und Schutz vor Benachteiligung

Gemäß § 8 Abs. 4 S. 2 Var. 1 LkSG ist „die Vertraulichkeit der Identität" der Beschwerdesteller*innen zu wahren. Ein solcher Identitätsschutz ist ein wichtiger Bestandteil des Benachteiligungsschutzes, der gem. § 8 Abs. 4 S. 2 Var. 2 LkSG zu gewährleisten ist. Zudem wird sichergestellt, dass eingelegten Beschwerden unabhängig von der konkreten Person nachgegangen wird.[335] Die „Vertraulichkeit der Identität" umfasst nicht nur den Namen und die Kontaktdaten, sondern alle weiteren Umstände, die einen Rückschluss auf die Person ermöglichen würden.[336] Aufgrund von Ähnlichkeiten bei Wortlaut und Zielsetzung in Bezug auf den Schutz von Whistleblower*innen kann die Auslegung in Anlehnung an Art. 16 Abs. 1 S. 1

330 *Gläßer et al.*, ZKM 2021, 228 ff.
331 *Gläßer et al.*, ZKM 2021, 228, 229.
332 BT-Drs. 19/28649, 49.
333 Vgl. Fair Wear, Fair Wear Complaints Procedure.
334 Zum Bangladesh Accord vertiefend: *Saage-Maaß/Korn*, Vom Accord lernen?; *Zimmer*, Unternehmensverantwortung im „Bangladesh-Accord", sowie *Zimmer*, IOLR 2020, 178, 197 ff.
335 *Stemberg*, CCZ 2022, 92, 96.
336 KKRS-*Kocher*, LkSG § 8 Rn. 133.

RL 2019/1937/EU (Whistleblower-RL) erfolgen,[337] wonach die Identität des*der Hinweisgeber*in nicht ohne ausdrückliche Zustimmung weitergegeben werden darf.[338] Hier zeigt sich sehr deutlich die Wichtigkeit der Unabhängigkeit der Beschwerdebeauftragten, die ggf. auch gegen unternehmensseitigen Druck zur Offenlegung der Identität der Beschwerde führenden Personen resistent sein müssen. Vertraulichkeit ist nicht identisch mit Anonymität, wonach ein*e Hinweisgeber*in die Identität zu keinem Zeitpunkt offenlegen muss. Der Gesetzgeber verlangt lediglich Vertraulichkeit, es wäre jedoch möglich, das System so zu gestalten, dass auch anonyme Meldungen möglich sind. Das wäre sinnvoll, da einige Hinweisgeber*innen die Mitteilung aus Angst vor Repressionen erfahrungsgemäß lediglich anonym zu tätigen bereit sind.[339] Alle potenziell am Verfahren Beteiligten, vor allem aber der*die Beschwerdeführer*in sind vor Benachteiligung oder Bestrafung aufgrund der Beschwerde zu schützen.[340]

2. Beschwerdebefugnis und erfasste Themen

Die Beschwerdebefugnis nach § 8 Abs. 1 S. 2 LkSG soll es „Personen" ermöglichen, auf Risiken oder Rechtsverstöße hinzuweisen, die durch die Unternehmenstätigkeit entstanden sind. Der Kreis der Beschwerdebefugten ist somit nicht auf Mitarbeiter*innen des Unternehmens/Konzerns begrenzt,[341] auch externe Personen können eine Beschwerde einreichen, eine persönliche Betroffenheit ist nicht erforderlich.[342] Der Gesetzgeber wollte die Beschwerdebefugnis für einen weiten Kreis öffnen, der über die Betriebsöffentlichkeit hinausgeht, was auch durch die Verwendung der Terminologie des „Hinweisgebers" in § 8 Abs. 1 S. 3 LkSG verdeutlicht wird, die sich auf Personen bezieht, die nicht selbst nachteilig betroffen sind (s.o.). Damit können sowohl Einzelpersonen als auch Organisationen der Zivilgesellschaft wie Gewerkschaften, Menschenrechtsinitiativen, Umweltorganisationen oder andere NGOs weltweit, die keinen Bezug zum Unternehmen haben müssen, Informationen zu vorhandenen oder befürchteten Rechtsverstößen über das zu schaffende Beschwerdeverfahren einbringen.[343] Insoweit geht das LkSG deutlich über das

337 *Stemberg*, CCZ 2022, 92, 96.

338 KKRS-*Kocher*, LkSG § 8 Rn. 134.

339 *Frank et al.*, BB 2021, 2165, 2168; Grabosch-*Grabosch*, LkSG § 2 Rn. 113.

340 KKRS-*Kocher*, LkSG § 8 Rn. 138.

341 Da jedoch auch Mitarbeiter*innen des Unternehmens/Konzerns Beschwerde einreichen können, ist der Betriebsrat bzgl. des einzuführenden Verfahrens nach § 87 Abs. 1 Nr. 1 BetrVG zwingend zu beteiligen, vgl. *Zimmer*, Lieferkettensorgfaltspflichtengesetz, 75.

342 KKRS-*Kocher*, LkSG § 8 Rn. 20; *Sagan*, ZIP 2022, 1419 (1427); *Zimmer*, Lieferkettensorgfaltspflichtengesetz, 45.

343 KKRS-*Kocher*, LkSG § 8 Rn. 21.

Hinweisgeberschutzgesetz (HinSchG)[344] hinaus, das gem. § 1 Abs. 1 für den Schutz natürlicher Personen gilt, die die weiterzugebenden Informationen „im Zusammenhang mit ihrer beruflichen Tätigkeit“ erworben haben.

Beschwerden können eingereicht werden bei Gefährdung der nach § 2 Abs. 2–4 LkSG geschützten Rechtsgüter, Gleiches gilt bei drohenden Rechtsverletzungen für diese Güter oder solchen, die sich bereits realisiert haben. Da das Verfahren präventiv wirken soll, muss die Beschwerde nicht substantiiert vorgetragen werden.[345] Die Rechtsverletzung kann entweder im eigenen Geschäftsbereich oder bei einem unmittelbaren Zulieferer stattgefunden haben oder drohen (§ 8 Abs. 1 S. 2 LkSG), nach § 9 Abs. 1 LkSG muss das Beschwerdeverfahren jedoch so gestaltet sein, dass auch Pflichtverletzungen und Verstöße oder Gefährdungen bei mittelbaren Zulieferern des Unternehmens gemeldet werden können.[346] Eine Überschneidung mit dem HinSchG ist auch aufgrund der unterschiedlichen Zielsetzungen der Normen nur sehr punktuell gegeben, bspw. bei Hinweisen über Verstöße gegen die Umweltschutzbestimmungen aus § 2 As. 3 LkSG.[347]

3. Weitere gesetzliche Vorgaben

Gemäß § 8 Abs. 2 LkSG ist eine Verfahrensordnung schriftlich festzulegen, die öffentlich zugänglich sein muss, bspw. über die Webseite des Unternehmens.[348] Ausweislich der Gesetzesbegründung sollen damit ein vorhersehbarer zeitlicher „Rahmen für jede Verfahrensstufe sowie klare Aussagen zu den verfügbaren Arten von Abläufen festlegt“ werden.[349] Aus § 8 Abs. 4 LkSG lässt sich zudem ableiten, dass das Beschwerdeverfahren transparent ausgestaltet zu sein hat, Hinweisgeber*innen „sollten regelmäßig darüber informiert werden, wie mit ihren Informationen verfahren wird, um Vertrauen in die Wirksamkeit zu bilden“.[350] Zur Transparenz trägt ferner die Veröffentlichung von Statistiken und Fallbeispielen bei,[351] auch die Offenlegung der Wertschöpfungskette gehört dazu.[352] § 8 Abs. 1 S. 3 LkSG gibt darüber hinaus vor, dass Hinweisgeber eine Eingangsbestätigung zu erhalten haben, zudem ist der Sachverhalt mit ihnen zu erörtern. Welche Beschwerden eingegangen sind und welche Abhilfe-

344 Gesetz für einen besseren Schutz hinweisgebender Personen (Hinweisgeberschutzgesetz – HinSchG) vom 31. Mai 2023, BGBl. 2023 I Nr. 140.

345 KKRS-*Kocher*, LkSG § 8 Rn. 26.

346 KKRS-*Kocher*, LkSG § 8 Rn. 24; *Stemberg*, CCZ 2022, 92; *Zimmer*, Lieferkettensorgfaltspflichtengesetz, 46.

347 Vgl. § 2 Abs. 1 Nr. 3 h HinSchG mit § 2 Abs. 3 Nr. 7 LkSG, vertiefend: *Sagan*, ZIP 2022, 1419 f.

348 BT-Drs. 19/28649, 50.

349 BT-Drs. 19/28649, 49.

350 BT-Drs. 19/28649, 49.

351 *Wenzel/Dorn*, ZKM 2020, 50, 52.

352 *Gläßer et al.*, ZKM 2021, 228, 230.

bzw. Präventionsmaßnahmen ergriffen wurden, ist im Rahmen der nach § 10 Abs. 1 LkSG verpflichtenden unternehmensinternen Dokumentation festzuhalten. In dem jährlichen externen Bericht, der auf der Webseite des Unternehmens (7 Jahre) kostenfrei öffentlich zugänglich zu sein hat (§ 10 Abs. 2 S. 1 LkSG), ist das Beschwerdeverfahren zumindest darzustellen, zudem sind Angaben zur Anzahl und zum Umgang mit Beschwerden aufzunehmen.[353]

III. Beteiligung des Betriebsrates an der Schaffung des Beschwerdeverfahrens

Erste Hinweise aus der Praxis deuten darauf hin, dass das Beteiligungsrecht des Betriebsrates bei der Schaffung der Verfahrensordnung für das nach dem LkSG einzurichtende Beschwerdeverfahren häufig nicht beachtet wird. Da die Betriebsratsseite ausweislich einer repräsentativen Befragung des WSI mehrheitlich ein Informationsdefizit zum Thema „Arbeitsbedingungen und Menschenrechte bei Zulieferern“ hat,[354] , dürfte davon auszugehen sein, dass, auch wenn eine Beteiligung stattgefunden hat, die Unternehmensseite zumeist die Vorschläge eingebracht haben wird. Oftmals scheint sich die Beteiligung des Betriebsrates auf eine Information über das vorgesehene Beschwerdeverfahren zu beschränken. Damit ist das Mitbestimmungsrecht aber nicht gewahrt, wie im Folgenden aufgezeigt wird.

1. Mitbestimmungsrecht des Betriebsrates nach § 87 Abs. 1 Nr. 1 BetrVG

Da nicht nur Externe, sondern auch Beschäftigte des Unternehmens als Hinweisgeber infrage kommen und sich Beschwerden zudem gegen Fehlverhalten von Beschäftigten des Unternehmens richten können, ist der Betriebsrat, soweit vorhanden, nach § 87 Abs. 1 Nr. 1 BetrVG bei der Einführung des Beschwerdesystems zwingend zu beteiligen. Nach Auslegung des Bundesarbeitsgerichtes (BAG) zum Mitbestimmungsrecht des Betriebsrates bei der Einführung einer Beschwerdestelle nach dem Allgemeinen Gleichbehandlungsgesetz (AGG) besteht kein Beteiligungsrecht nach § 87 Abs. 1 Nr. 1 BetrVG bei der personellen Besetzung und dem Ort der Beschwerdestelle, wohl aber in Bezug auf die Ausgestaltung des Verfahrens.[355] Das Beteiligungsrecht bezieht sich mithin auf die Erarbeitung der Verfahrensordnung und die Durchführung des

353 BAFA, Beschwerdeverfahren, 5.

354 Weniger als 40 % der Betriebsräte aus Unternehmen, die in den Anwendungsbereich des LkSG fallen, fühlen sich ausreichend informiert, *Blank/Bremer*, Das Lieferkettensorgfaltspflichtengesetz in der Praxis, Wirtschaftsdienst 12/2024, 849 (854).

355 BAG 21.7.2009 – 1 ABR 42/08, NZA 2009, 1049.

Verfahrens, hierüber ist eine Gesamtbetriebsvereinbarung (GBV) zwischen GBR und Unternehmensleitung zu schließen, ggf. eine Konzernbetriebsvereinbarung (KBV) zwischen dem KBR und der Konzernleitung. Die unternehmerischen Sorgfaltspflichten des LkSG sind unternehmensbezogen, insoweit liegt das Beteiligungsrecht beim Gesamtbetriebsrat (GBR). Soll das Beschwerdesystem für den gesamten Konzern aufgebaut werden, so wäre der Konzernbetriebsrat (KBR) zu beteiligen.[356]

Das mitbestimmungspflichtige Ordnungsverhalten nach § 87 Abs. 1 Nr. 1 BetrVG setzt einen gewissen Grad an Verbindlichkeit voraus. Steht das Einlegen einer Beschwerde den Beschäftigten vollständig frei, wirkt sich dies nur geringfügig auf das Ordnungsverhalten der Beschäftigten aus, sodass § 87 Abs. 1 Nr. 1 nicht einschlägig ist.[357] Ist jedoch intern festgelegt, dass es den eigenen Beschäftigten nicht völlig freigestellt ist, ob und welche Art von Verstößen zu melden sind, so ist der Betriebsrat nach § 87 Abs. 1 Nr. 1 BetrVG zu beteiligen.[358] Es reicht aus, wenn den Beschäftigten „nahegelegt“ wird, bei „bei wahrgenommenen oder vermuteten Verstößen“ gegen „Werte und geschäftliche Verhaltensgrundsätze“ bspw. eine i.R.d. Beschwerdemanagements nach § 8 eingerichtete Hotline anzurufen. Da bei Verstößen gegen das LkSG Reputationsschäden drohen, ist davon auszugehen, dass entsprechende Hinweise auf drohende Risiken oder gar Rechtsverstöße als Nebenpflicht der Beschäftigten einzuordnen sind, sodass in Bezug auf Verstöße gegen das LkSG ohnehin nicht von einer Freiwilligkeit der Meldung ausgegangen werden kann und der Betriebsrat somit in jedem Fall zu beteiligen ist.[359] Das BAG hat das Mitbestimmungsrecht des Betriebsrates nach § 87 Abs. 1 Nr. 1 BetrVG bislang bei einer Verpflichtung der Beschäftigten als gegeben angesehen, wenn mutmaßliche Verstöße gegen Verhaltensregeln einer Ethikrichtlinie bei einer zu diesem Zweck eingerichteten „Telefon-Hotline“ anzuzeigen sind.[360] Das Einrichten einer Hotline oder einer internetgestützten Eingabemaske unterliegt folglich dem Mitbestimmungsrecht aus § 87 Abs. 1 Nr. 1 BetrVG[361] mit dem bekannten Prozedere, dass bei Nichteinigung die Einigungsstelle nach § 87 Abs. 2 BetrVG angerufen werden kann und der Spruch der Einigungsstelle die Einigung der Betriebsparteien ersetzt.

Unabhängig von der Ausgestaltung des Grades der Meldeverpflichtung wird jedoch das Mitbestimmungsrecht aus § 87 Abs. 1 Nr. 6 BetrVG einschlägig

356 Vertiefend zu der Frage, welche Betriebsratsebene zuständig ist: *Zimmer*, Lieferkettensorgfaltspflichtengesetz, 66 ff.

357 *Schneider*, Die arbeitsrechtliche Implementierung von Compliance- und Ethikrichtlinien, 198.

358 *Baade*, DStR 2022, 1617, 1623; *Edel et al.*, BB 2021, 2890, 2895; *Schneider*, Die arbeitsrechtliche Implementierung von Compliance- und Ethikrichtlinien, 198; *Sagan*, ZIP 2022, 1419 1422.

359 *Sagan*, ZIP 2022, 1419, 1422.

360 BAG 22.7.2008 – 1 ABR 40/07, NZA 1248.

361 BAG 22.7.2008 – 1 ABR 40/07, NZA 1248, 1255.

sein. Dieses regelt die Mitbestimmung des Betriebsrates bei der Einführung und Anwendung technischer Einrichtungen, die objektiv geeignet sind, das Verhalten oder die Leistung der Arbeitnehmer*innen zu überwachen.[362] Eine technische Einrichtung i.S.v. § 87 Abs. 1 Nr. 6 BetrVG stellt jedes optische, mechanische, akustische oder elektronische Gerät dar, mit dem ein Überwachungsvorgang durch die Erhebung von Daten oder deren Auswertung erfolgt bzw. erfolgen kann.[363] Der Zweck dieses Mitbestimmungsrechts liegt im Schutz der einzelnen Arbeitnehmer*in gegen anonyme Kontrolleinrichtungen, geschützt wird mithin das Persönlichkeitsrecht aus Art. 1 Abs. 1 i.V.m. Art. 2 Abs. 1 Grundgesetz. Das BAG erachtet es in ständiger Rechtsprechung als ausreichend, wenn die Einrichtung zur Überwachung geeignet ist,[364] wie bspw. bei der automatischen Erfassung von Telefondaten oder -gebühren.[365] Da bei dem Beschwerdeverfahren ganz überwiegend eine elektronische Beschwerdemöglichkeit geschaffen wird, bspw. in Form einer Onlineeingabemaske oder per E-Mail, ist die Einrichtung auch nach § 87 Abs. 1 Nr. 6 BetrVG mitbestimmungspflichtig, sofern hierbei die IP-Adressen der Beschwerdeführer*innen gespeichert werden.[366] Das ist bei moderner Kommunikationstechnologie der Fall, gleiches gilt für moderne Telefonanlagen. Folglich ist eine Beteiligung des Betriebsrates ebenfalls nach § 87 Abs. 1 Nr. 6 BetrVG zwingend angezeigt.[367] Die Mitbestimmung nach § 87 Abs. 1 Nr. 1, 6 BetrVG greift auch, wenn das Unternehmen einen externen Anbieter mit dem Betreiben des Beschwerdesystems beauftragt oder sich nach § 8 Abs. 1 S. 6 LkSG an einem unternehmensübergreifenden Beschwerdesystem beteiligt, das von einem Dritten betrieben wird. Ist das der Fall, muss durch eine entsprechende Vertragsgestaltung mit dem Anbieter sichergestellt werden, dass das Mitbestimmungsrecht des Betriebsrates gewahrt bleibt.[368]

2. Ausübung des Beteiligungsrechtes: Mögliche inhaltliche Regelungen

Da die Frage, ob ein internes oder externes Beschwerdesystem gewählt wird, unmittelbar mit der Person der Beschwerdebeauftragten und dem Ort der Beschwerdestelle verknüpft ist, kann das Unternehmen diese Entscheidung allein

362 BAG 11.12.2018 – 1 ABR 13/17, BB 2019, 1529 m. Komm. Weller.

363 ErfKo-*Kania*, § 87 Rn. 49; DKW-*Klebe*, BetrVG § 87 Rn. 168; *Schneider*, Die arbeitsrechtliche Implementierung von Compliance- und Ethikrichtlinien, 209.

364 BAG 6.12.1986 – 1 ABR 43/81, NJW 1984, 1476; BAG 27.5.1986, AP Nr. 15 zu § 87 BetrVG 1972, Überwachung BAG 9.9.1975 – 1 ABR 20/74, NJW 1976, 261.

365 BAG 27.5.1986, AP Nr. 15 zu § 87 BetrVG 1972, Überwachung.

366 *Edel et al.*, BB 2021, 2890, 2895.

367 *Edel et al.*, BB 2021, 2890, 2895; zu eng insoweit: *Sagan*, ZIP 2022, 1419, 1423.

368 *Edel et al.*, BB 2021, 2890, 2895; vgl. BAG 30.9.2014 – 1 ABR 106/12, NZA 2015, 314 (zum Arbeits- und Gesundheitsschutz).

treffen. Wie bereits herausgearbeitet, greift das Beteiligungsrecht vielmehr in Bezug auf die Ausgestaltung des Verfahrens. Da es sich bei § 87 Abs. 1 Nr. 1 (und Nr. 6) um ein Initiativrecht der zwingenden Mitbestimmung handelt,[369] kann der Betriebsrat auch nach dem bekannten Prozedere ein Tätigwerden des Arbeitgebers initiieren und das Aufstellen einer Verfahrensordnung für das Beschwerdeverfahren über die Einigungsstelle erzwingen. Vom Mitbestimmungsrecht umfasst ist die Frage, um was für ein System es sich handeln soll. Infrage kommen eine Eingabemaske auf der Webseite, die Beschwerde per E-Mail oder über eine telefonische Hotline. In der Praxis ist z.T. auch die Möglichkeit einer Beschwerde über den Postweg vorgesehen. Aufgrund der Vorgaben des LkSG in Bezug auf die Zugänglichkeit wird ein einziges System in den meisten Fällen nicht ausreichen, sondern ein Bündel von Kontaktmöglichkeiten einzurichten sein. Wird für das Beschwerdeverfahren ein technisches System mit Eingabemaske eingeführt, so bezieht sich das Mitbestimmungsrecht des Betriebsrates bereits auf die Auswahl der eingesetzten Software.[370] Gleiches gilt, wenn KI zum ersten Sortieren der Beschwerden zum Einsatz kommen soll. Bei einer telefonischen Hotline ist in der GBV festzuschreiben, dass diese kostenfrei angerufen werden kann, damit auch Menschen aus dem globalen Süden diese nutzen können. Da sowohl die eigenen Beschäftigten des Unternehmens (bzw. Konzerns) als auch externe Personen beschwerdebefugt sind, reicht eine Vereinbarung, deren Anwendungsbereich auf das Unternehmen (den Konzern) und auf Arbeitnehmer*innen bei direkten Zulieferern begrenzt ist, nicht aus, um die Verpflichtungen des LkSG zu erfüllen.

Gemäß § 8 Abs. 4 S. 1 LkSG ist mit klaren und verständlichen Informationen darauf hinzuweisen, wie das Beschwerdesystem zu erreichen ist, diese Informationen sind in den verschiedenen Landessprachen auf der Webseite einzustellen. Auch die nach § 8 Abs. 4 S. 2 LkSG zu gewährleistende Zugänglichkeit macht es erforderlich, dass in den jeweiligen Landessprachen Beschwerde eingelegt werden kann. Hierzu sind Regelungen in der GBV über die zu schaffende Verfahrensordnung zu treffen. Festzulegen ist ferner, wie die aufgrund von § 8 Abs. 1 S. 3 LkSG erforderliche Eingangsbestätigung erteilt wird und die durch § 8 Abs. 1 S. 4 LkSG vorgeschriebene Sachverhaltserörterung ablaufen soll. Auch sollte festgeschrieben sein, mit welchen Mitteln verhindert werden soll, dass der*die Beschwerdeführer*in Nachteile erleidet. Diesbezüglich bietet sich bspw. eine Regelung an, wonach bei erlittenen Nachteilen, die zeitlich nach dem Einlegen einer Beschwerde auftraten, die Vermutung greift, dass die Nachteile eine Repressalie aufgrund der Beschwerde darstellen.[371] Darüber hi-

369 DKW-*Klebe*, BetrVG § 87 Rn. 60.
370 DKW-*Klebe*, BetrVG § 87 Rn. 171.
371 So bspw. in der KBV bei Firma Linde geregelt.

naus sollte kodifiziert werden, dass Vertraulichkeit zu gewährleisten ist, die Identität der Beschwerde führenden Person also nicht weitergegeben werden darf. Es empfiehlt sich, die Daten der Beschwerde führenden Person nur mit ihrem Einverständnis zu erfassen und festzuschreiben, dass sie nicht weitergegeben werden und nach einem kurzen Zeitraum gelöscht werden.[372] Die Verfahrensordnung sollte ferner Regelungen dazu enthalten, nach welchen Kriterien der jeweilige Sachverhalt aufzuklären ist und welche innerbetrieblichen Kompetenzen Beschwerdebeauftragte haben, sofern keine externe Beschwerdestelle eingerichtet wird. Auch Festlegungen, unter welchen Modalitäten der*die Beschwerdebeauftragte abberufen werden könnte, sollten getroffen werden. Insbesondere ist ein Sonderkündigungsschutz sowie ein Maßregelungsverbot des*der Beschwerdebeauftragten in die GBV aufzunehmen. Der Betriebsrat sollte nachhalten, ob die aufgestellten Regelungen auch eingehalten werden, empfehlenswert ist es, wenn ein Mitglied des Betriebsrates in dem Gremium vertreten ist, das für die Bearbeitung der Beschwerden zuständig ist.[373]

IV. Beteiligung der Gewerkschaften über internationale Rahmenvereinbarungen

Das zu schaffende Beschwerdetool kann jedoch auch durch eine internationale Rahmenvereinbarung (engl.: International Framework Agreement, kurz: IFA) festgelegt werden. IFAs werden zwischen globalen sektoralen Gewerkschaftsföderationen (engl.: Global Union Federations, kurz: GUFs) und Unternehmens- bzw. Konzernleitung abgeschlossen, z.T. unter Beteiligung der Gewerkschaften aus dem Land des Stammsitzes des Unternehmens oder auch des Europäischen Betriebsrates (EBR), in Deutschland ist in einigen Fällen auch der KBR beteiligt.[374] Die globalen Gewerkschaftsföderationen verfügen über eine jahrzehntelange Praxis zur Sicherung zentraler, international anerkannter Menschen- und Arbeitsrechte entlang der Wertschöpfungskette,[375] mittlerweile lassen sich fast 180 internationale Rahmenabkommen aus allen Branchen identifizieren.[376] Da auch Gewerkschaften aus dem globalen Süden als Mitgliedsgewerkschaften bei den sektoralen GUFs vertreten sind, bietet die Ein-

372 So bspw. in der KBV bei Firma Linde geregelt, hier werden die Daten nach vier Wochen gelöscht.

373 So bspw. in der KBV bei Firma Linde geregelt.

374 *Zimmer*, IOLR 2020, 178, 183.

375 Vgl. Stiftung Arbeit und Umwelt der IGBCE, Verantwortung in Liefer- und Wertschöpfungsketten, 16 ff.

376 Eigene Auflistung. Die Abkommen sind i.d.R. auf der Webseite der jeweiligen GUF abrufbar. Siehe vertiefend zu IFAs: *Zimmer*, IOLR 2020, 178 ff.

bindung der globalen Gewerkschaftsföderationen in die Ausgestaltung und Überwachung des Beschwerdemechanismus die Möglichkeit, die Bedürfnisse der Betroffenen aus den Produktionsländern stärker zu berücksichtigen. Ebenso wie Streitbeilegungs-, sind auch Beschwerdemechanismen als neuere Instrumente noch nicht in vielen Abkommen zu finden. Das könnte sich durch In-Kraft-Treten von Due-Diligence-Verpflichtungen in immer mehr Ländern und mit Umsetzung der CSDDD in der gesamten EU ändern. Im Folgenden werden zunächst mehrere Bereiche herausgearbeitet, in denen beim Abschluss eines entsprechenden IFA Vorgaben des LkSG besonders zu beachten wären, anschließend folgen umgesetzte Beispiele aus der Praxis.

1. Beschwerdegegenstand

Soll in einem IFA ein Beschwerdemechanismus vereinbart werden, so muss der Beschwerdegegenstand auf die in § 2 Abs. 2 und 3 LkSG geschützten Rechtsgüter bezogen sein (oder über ihn hinausgehen). Zwar existieren auch spezielle IFAs, bspw. zum Gesundheitsschutz, vereinbart wird aber zumeist der Schutz von Arbeitsrechten, die auf ILO-Standards basieren. Im Wesentlichen werden in den Abkommen die ILO-Kernarbeitsnormen von 1998 als einzuhaltende Standards zugrunde gelegt, die auch Bestandteil der von § 2 Abs. 2 LkSG geschützten Menschenrechte sind. Allerdings gehört nach § 2 Abs. 2 Nr. 5 LkSG auch der am Beschäftigungsort geltende Arbeits- und Gesundheitsschutz zu den zu gewährleistenden Rechten, gleiches gilt nach § 2 Abs. 2 Nr. 8 LkSG für die Zahlung eines angemessenen Lohnes. Hinzu kommen nach § 2 Abs. 2 Nr. 9 LkSG das Herbeiführen schädlicher Umweltveränderungen durch die wirtschaftliche Tätigkeit eines Unternehmens, der widerrechtliche Entzug von Land, Wäldern und Gewässern (Nr. 10) und das Verbot des Einsatzes von Sicherheitskräften mit exzessiver Gewaltanwendung (Nr. 11) sowie die nach § 2 Abs. 3 LkSG geschützten Umweltrechte. Geht das Bündel der nach dem LkSG geschützten Rechte über die nach dem jeweiligen IFA zu gewährleistenden Standards hinaus, so ist im Kapitel zum Beschwerdemechanismus deutlich zu machen, dass auch Beschwerden zu anderen Rechtsverletzungen (oder Gefährdungen) eingelegt werden können.

2. Anwendungsbereich

Wie bereits herausgearbeitet, steht das Beschwerderecht allen Personen offen, das zu schaffende Beschwerdesystem muss also auch Hinweise über Probleme bei mittelbaren Zulieferern annehmen und für alle Personen zugänglich sein, unabhängig von der Zugehörigkeit zum Unternehmen oder Konzern. Der Anwendungsbereich des IFA darf daher nicht auf das Unternehmen bzw. den Konzern oder Beschäftigte bei direkten Zulieferern begrenzt sein, was oftmals noch der Fall ist. Galten die ersten IFAs aus den 1990er Jahren zumeist nur für eigene Standorte des Konzerns, enthielten spätere Abkommen überwiegend eine Zulieferklausel,[377] über die zumindest alle direkten Vertragspartner in den Anwendungsbereich einbezogen sind. Allerdings sind die Zulieferklauseln nicht immer bindend, oftmals enthalten sie bei IFAs älteren Datums lediglich die Verpflichtung, Vertragspartner über das IFA zu „informieren" oder zur Einhaltung zu „ermutigen". Beispiele für eine solche Wortwahl finden sich etwa in den IFAs mit BMW, Carrefour,[378] Euradius, GEA, Röchling, IKEA,[379] Leoni, Lukoil, Norske Skog, Rheinmetall, Telefónica, SCA, Skanska, Statoil, Umicore und VW.[380] Solche Abkommen wären nicht zur Umsetzung der Verpflichtungen des LkSG geeignet. In Abkommen jüngeren Datums ist die Lieferkette jedoch teilweise bereits verbindlich einbezogen. Ein gutes Beispiel ist das 2019 zwischen IndustriALL Global Union und Renault überarbeitete IFA, welches das Ursprungsabkommen von 2013 ergänzt. Hier ist die Einhaltung der Inhalte des Abkommens Voraussetzung für vertragliche Beziehungen, Gleiches gilt für das 2021 mit Daimler erweiterte oder das mit TK Elevator 2022 vereinbarte IFA. Allerdings müssen Subunternehmer wirklich in den Anwendungsbereich der Abkommen einbezogen sein, Positivbeispiele sind ferner die IFAs zwischen IndustriALL und Tchibo oder zwischen UNI Global Union und ABN AMRO. Angesichts der neuen Due-Diligence-Anforderungen werden bestehende IFAs z.T. auch überarbeitet und der Anwendungsbereich erweitert, so bspw. das zwischen UNI und Geopost vereinbarte IFA: Das Abkommen von 2017 wurde 2024 überarbeitet und die Subunternehmer in den Anwendungsbereich einbezogen.[381] Insgesamt muss der Text eines IFA verdeutlichen, dass die gesamte Lieferkette in den Anwendungsbereich einbezogen ist und das Beschwerderecht allen Personen offensteht.

3. Zugänglichkeit

Die meisten IFAs sehen vor, dass die Bestimmungen des Abkommens in die Landessprachen übersetzt und die Beschäftigten darüber informiert werden. Hier zeigt sich bereits, dass IFAs ein sehr geeignetes Instrument zur Verankerung des nach § 8 LkSG zu schaffenden Beschwerdemechanismus sind. Werden potenziell Betroffene direkt über die Beschwerdemöglichkeit informiert, so machen sie leichter davon Gebrauch, als wenn sie diese Information erst aktiv über die Webseite des Unternehmens suchen müssen. Gut sind zusätzliche

377 *Zimmer* in: Schlachter/Heuschmid/Ulber (Hrsg.), Arbeitsvölkerrecht, § 8 (Internationale Rahmenvereinbarungen) Rn. 2.

378 In dem IFA zwischen UNI und Carrefour wird immerhin schon aufgeführt, dass eine Anwendung auch auf Zulieferer (zumindest) beabsichtigt ist.

379 Zulieferer von IKEA sollen dahingehend „beeinflusst" und „unterstützt" werden, die im Code of Conduct niedergelegten Prinzipien einzuhalten, auf die das IFA Bezug nimmt.

380 *Zimmer*, Das indonesische Freedom of Association Protocol, 15.

381 In dem IFA ist zudem vereinbart, die Vergabe von Unteraufträgen auf eine Ebene zu begrenzen.

Poster, die in den Produktionsstätten aufgehängt werden. Doch auch die Informationen auf der Webseite müssen zugänglich und mithin in der jeweiligen Landessprache aufgeführt sein, wie bereits herausgearbeitet. Auch muss die Beschwerde selbst in der Landessprache eingelegt werden können (s.o.). Entsprechende Regelungen sollten daher in dem IFA enthalten sein.

4. Überwachung

Der wichtigste Faktor in Bezug auf in IFAs vereinbarte Beschwerdemechanismen liegt in der Beteiligung der Sozialpartner an der Überwachung der Abkommen, sind IFAs doch u.a. dadurch gekennzeichnet, dass sie einen Mechanismus zur Überwachung der Umsetzung enthalten.[382] In der Regel kommen die Parteien periodisch oder bei Bedarf zusammen, um Informationen über die Umsetzung des IFA auszutauschen. Zumeist ist ein paritätisch besetztes Monitoring-Komitee für die Umsetzung zuständig, in dem sich Vertreter*innen von Management und GUFs jährlich treffen, manchmal unter Beteiligung von Gewerkschafter*innen aus dem Land des Stammsitzes des Unternehmens/Konzerns,[383] so bspw. vereinbart in den IFAs mit ABN AMRO, Aker, Altice Portugal, Ballast Nedam, BESIX, Grupo Caliente, Chiquita, CIRSA, Daimler, EDF, Endesa, Eni, Fonterra, Freudenberg, Impregilo, Norske Skog, Lukoil, OTE, RAG, Renault, SCA, Schwan-Stabilo, Siemens, Société Générale, Solvay, Staedtler, Statoil, Telefónica, ThyssenKrupp, TK Elevator, Veidecke u.a.

In einigen IFAs wurden zwei Treffen des Gremiums pro Jahr vereinbart (Chiquita, Endesa, Esprit, France Telecom, IKEA und Unilever),[384] das IFA zwischen IUF/IUL und Systembolaget sieht neben den beiden regulären Treffen sogar zwei zusätzliche Onlinetreffen vor. In Einzelfällen ist auch die Teilnahme von Delegierten der Gewerkschaften aus den Produktionsländern vorgesehen, entsprechende Regelungen finden sich in den IFAs mit ArcelorMittal, Nampak und Waz. Bei Euradius, Staedtler und SCA haben Delegierte aus den Produktionsländern zwar keinen regulären Platz, es besteht jedoch auf Anfrage die Möglichkeit der Teilnahme.[385] In einigen Vereinbarungen ist zudem vorgesehen, dass Gewerkschaftsvertreter*innen der wesentlichen geografischen Bereiche an dem Treffen der Monitoring-Gruppe teilnehmen, so bspw. in dem IFA mit BNP Paribas, ähnlich die neueren Abkommen mit Renault (2019) und Solvay (2022), oder dass sie auf Anfrage teilnehmen können (Esprit 2018). Teilweise wird auch das Treffen des EBR oder des Weltbetriebsrates für

382 *Zimmer* in: Schlachter/Heuschmid/Ulber (Hrsg.), Arbeitsvölkerrecht, § 8 (Internationale Rahmenvereinbarungen) Rn. 1.

383 *Hammer*, International Framework Agreements, 89, 102; *Zimmer*, IOLR 2020, 178, 187.

384 *Zimmer*, Lieferkettensorgfaltspflichtengesetz, 89.

385 *Zimmer*, Lieferkettensorgfaltspflichtengesetz, 90.

das Monitoring der Vereinbarung genutzt,[386] wie festgehalten in den IFAs mit Air France, Bosch, BMW, GEA, Leoni, Indesit (vormals Merloni), Peugeot-Citroën, Prym, Rheinmetall, Röchling und Securitas, um nur einige zu nennen.

Ein solches paritätisch besetztes Überwachungsgremium kann zusätzlich zu den regulären Beschwerdebeauftragten die Einhaltung des vereinbarten Prozederes gewährleisten und insbesondere dafür Sorge tragen, dass der Beschwerde auch abgeholfen wird, sowie, dass Beschwerdeführer*innen keine Nachteile erleiden, ihnen bspw. gar gekündigt wird. Sind Arbeitnehmervertreter*innen aus dem Land des Stammsitzes in dem Überwachungsgremium, so bietet es sich an, dass ein Mitglied des EBR oder KBR in den Kreis der Beschwerdebeauftragten aufgenommen wird und für die Bearbeitung der Beschwerden freigestellt wird. Dies wäre in dem IFA zu vereinbaren. Es sollte zudem vereinbart werden, dass das Monitoring-Gremium die eingegangenen Beschwerden vorgelegt und den weiteren Umgang mit den Beschwerden aufgezeigt bekommt.

5. Ausgestaltung von IFAs in der Praxis

Beschwerdemechanismen wurden bislang jedoch nur in einer kleinen Zahl von IFAs überwiegend jüngeren Datums vereinbart. Die Vereinbarung zur Schaffung eines Beschwerdesystems findet sich bspw. im Dienstleistungssektor in dem zwischen dem französischen Pflegekonzern Orpea und der GUF UNI Global Union vereinbarten IFA von 2022, sowie in dem zwischen UNI und der französischen Bankengruppe Société Générale 2023 vereinbarten IFA, gleiches gilt für das IFA mit dem spanischen Glücksspiel- und Unterhaltungsunternehmen CIRSA (2024). Auch das zwischen dem globalen Gewerkschaftsverband IUL/IUF und dem schwedischen Staatsunternehmen Systembolaget vereinbarte IFA enthält Festlegungen über einen Beschwerdemechanismus. Im Metallsektor wurde von der GUF IndustriALL mit dem deutschen Konzern Thyssen-Krupp 2015 ein IFA vereinbart, das einen Beschwerdemechanismus enthält, ein ähnliches IFA wurde mit dem von ThyssenKrupp abgespaltenen Rolltreppen- und Lift-Unternehmen TK Elevator 2020 unterzeichnet. 2021 wurde ein entsprechendes IFA mit Daimler abgeschlossen.

Die vereinbarten Beschwerdesysteme variieren dahingehend, wo und in welcher Form die Beschwerde eingelegt werden kann und wie sie bearbeitet wird, auch die Entscheidungsprozesse können unterschiedlich sein. Unterschiede existieren zudem im Hinblick auf die Evaluierung des gewählten Mechanismus. Zum Teil wird für das Beschwerdesystem nur ein grober Rahmen festge-

386 *Welz*, International Framework Agreements, 39 f.; *Zimmer*, IOLR 2020, 178, 187.

legt oder lediglich vereinbart, dass eine Beschwerdemöglichkeit aufgebaut werden soll, wobei die Ausgestaltung dem Unternehmen freisteht, so bspw. in dem IFA zwischen IndustriALL und Esprit (2018). In dem IFA von IUF und Systembolaget ist vereinbart, dass Beschwerden zuerst an die lokale Gewerkschaft herangetragen werden und der Bericht von dort an die lokale Kontaktperson der globalen Föderation IUF weitergegeben wird, ähnlich in dem IFA zwischen UNI und CIRSA. Im Fall von Systembolaget leitet die lokale Vertreterin von IUF die Beschwerde weiter an den*die für Landwirtschaft Zuständige*n bei der IUF in Genf, von wo die Beschwerde an Systembolaget weitergegeben wird – das Unternehmen ergreift dann Abhilfemaßnahmen. Diese Prozedur hat den Vorteil, dass Betroffene sofort Unterstützung durch die lokale Gewerkschaft erhalten und diese zusätzlich gestärkt wird. Wo keine Gewerkschaft vor Ort vorhanden ist, läuft der Mechanismus jedoch völlig ins Leere. Dies wurde in dem IFA mit CIRSA berücksichtigt, wo die Beschwerde in solchen Fällen direkt bei UNI eingelegt werden kann und von der GUF an das Unternehmen weitergeleitet wird.[387] Dieser Weg hat den Vorteil, dass Beschäftigte keine Angst haben müssen, durch die Beschwerde Nachteile zu erleiden, da Unternehmen die Identität der Beschwerdeführer*in nicht kennen. Allerdings muss den potenziellen Beschwerdeführer*innen dieser Weg auch bekannt sein. Ein solcher Mechanismus wäre nach dem deutschen LkSG nur zusätzlich zu dem von der Unternehmensseite zu schaffenden Beschwerdekanal möglich, könnte diesen aber nicht ersetzen. Gleiches gilt, wenn als erste Instanz für Beschwerden das lokale Management vorgesehen ist und als nächste Instanz der unternehmensseitige Country Manager, wie in dem zwischen UNI und Orpea geschlossenen IFA.[388] Für Individualbeschwerden ist der Weg zum Vorgesetzten das normale Prozedere im Arbeitsleben und bräuchte nicht extra vereinbart zu werden, wobei der Text des Abkommens andeutet, dass davon ausgegangen wird, dass eher Gewerkschaften selbst Beschwerde einreichen werden, z.B. bei Verletzung der vereinbarten gewerkschaftlichen Zugangsrechte zu den Produktionsstätten. Auch der in dem IFA mit Société Générale oder mit Teleperformance vereinbarte Beschwerdemechanismus bezieht sich in erster Linie auf Beschwerden von UNI-Mitgliedsgewerkschaften (und nicht auf Individualbeschwerden).

Individualbeschwerden können in der Praxis über interne Mechanismen wie Drop-Box, E-Mail, Hotlines oder über die Information von Vorgesetzten, Complaint Officers sowie der Personalabteilung eingelegt werden. Zu identifizieren

387 Kann die Beschwerde auch im Monitoring-Komitee nicht gelöst werden, so ist in dem IFA die Möglichkeit eines Schiedsverfahrens nach den International Labour Arbitration and Conciliation Rules vorgesehen, die i.R.d. International Accord entwickelt wurden, siehe International Accord, 2021.

388 Auch in dem IFA mit ThyssenKrupp ist das eine der in dem Abkommen aufgeführten Beschwerdemöglichkeiten.

sind auch externe Mechanismen, wie externe E-Mail-Adressen, Hotlines oder Webseiten.[389] Zum Teil werden konkrete Kontaktpersonen benannt, die sowohl von Geschäftspartner*innen und Kund*innen, aber auch von Beschäftigten kontaktiert werden können, wie bspw. der Fall bei Chiquita, Daimler, Hochtief, Nampak und Quebecor. Hierbei handelt es sich zumeist um interne Kontaktpersonen, das Beschwerdemodell wäre aber auch mit externer Besetzung denkbar. Neben direkten Beschwerden bei den Vorgesetzten, den Arbeitnehmervertreter*innen oder ggf. dem*der Zuständigen für Compliance sieht das IFA mit ThyssenKrupp bspw. den Hauptkanal in einer zentralen E-Mail-Adresse, an die weltweit Beschwerden per E-Mail gerichtet werden können. Zur Überwachung wird ein internationaler Ausschuss gebildet, der sich aus dem*der Vorsitzenden und den beiden stellvertretenden Vorsitzenden des KBR, dem*der Vorsitzenden des EBR sowie dem*der Konzernbetreuer*in der IG Metall und einem*einer Vertreter*in von IndustriALL zusammensetzt. Dieser Ausschuss kann zudem einmal jährlich Betriebsbesichtigungen eines bzw. mehrerer Konzernunternehmen weltweit vornehmen, die Kosten dafür trägt ThyssenKrupp. Nach ganz ähnlichem Muster ist das Beschwerdesystem von TK Elevator ausgestaltet, die Beschwerden werden hier von einer speziellen Konzerneinheit behandelt (der Corporate Function Legal, Compliance & Labour Relations der TK Elevator GmbH), auch hier wurde ein internationaler Ausschuss eingerichtet, der die gleichen Befugnisse hat wie bei ThyssenKrupp. Ebenso kann bei Daimler Beschwerde per E-Mail eingelegt werden oder über eine Eingabemaske im Internet, zudem kann eine kostenfreie Hotline angerufen werden. In der Praxis machen oftmals kleine Details der Ausgestaltung einen wesentlichen Unterschied. So werden Beschäftigte aus dem globalen Süden eine Hotline in ein Industrieland nicht anwählen, wenn diese nicht kostenfrei ist, auch muss es möglich sein, einen Verstoß in der eigenen Sprache zu melden, wie bereits ausgeführt wurde.

Denkbar ist außerdem, dass ein externer Anbieter das Beschwerdesystem für das Unternehmen betreibt, wie es bspw. in dem IFA zwischen dem globalen Gewerkschaftsverband IndustriALL und ThyssenKrupp 2015 vereinbart wurde. Ein solcher Anbieter befindet sich aufgrund des Dienstleistungsvertrages zwar auch in einer gewissen Beziehung zum Auftraggeber, agiert aber letztlich selbstständig und unabhängig,[390] zumal entsprechende Regelungen (bspw. zur Evaluation oder zum Abberufen des*der Beschwerdebeauftragten) in dem Abkommen vereinbart werden können.

389 *Zagelmeyer/Bianchi/Shemberg*, NSBGM, 23 f., 34 f.
390 *Dutzi/Schneider/Hassenau*, DK 2021, 454, 458.

6. Fazit zu Beschwerdemechanismen in IFAs

IFAS sind ein ideales Instrument, um Beschwerdemechanismen zu verankern. Durch die Einbindung der gewerkschaftlichen Akteure in die Überwachung ist die Chance größer, dass Beschwerden wirklich effektiv abgeholfen wird und entsprechende Präventionsmaßnahmen zur Verhinderung weiterer Verstöße getroffen werden. Auch dürften die Informationen zu dem Beschwerdemechanismus durch die gewerkschaftliche Beteiligung größere Verbreitung finden, liegt doch eines der großen Hindernisse für Effektivität darin, dass die Beschwerdesysteme nicht niedrigschwellig genug ausgestaltet und online nicht gut auffindbar sind. Es wird jedoch auch deutlich, dass es sich um ein neues Instrument handelt, von dem noch nicht häufig Gebrauch gemacht wurde. Dies mag darin begründet sein, dass die Verpflichtung zur Einrichtung eines leicht zugänglichen Beschwerdesystems in Frankreich und Deutschland erst wenige Jahre besteht und die Umsetzungsfrist für die Verpflichtungen der EU-Lieferkettenrichtlinie (CSDDD) noch nicht abgelaufen ist. Insoweit werden in den nächsten Jahren sicher weitere IFAs hinzukommen, in denen ein Beschwerdeverfahren vereinbart ist, und es steht zu erwarten, dass die Mechanismen ausgereifter werden.

V. Stichprobe Praxis[391]

Die Verpflichtung zur Einrichtung eines Beschwerdesystems nach dem LkSG scheint in den Unternehmen durchaus angekommen zu sein, darauf deuten zumindest die Ergebnisse einer repräsentativen Betriebsrätebefragung der Hans-Böckler-Stiftung hin. 40,2 Prozent der befragten Betriebsräte gaben an, dass ihr Unternehmen mit der Einführung eines Beschwerdeverfahrens befasst war.[392] Eine stichprobenartige Überprüfung deutscher Großunternehmen[393] ergab allerdings, dass nicht alle Unternehmen, die in den Anwendungsbereich des LkSG fallen und damit verpflichtet wären, einen zugänglichen Beschwerdemechanismus einzurichten, einen Hinweis auf ihrer Webseite zur Beschwerdemöglichkeit bereitstellen, der durch eine deutschsprachige Google-Suche auffindbar wäre.[394] In einigen Fällen hat das deutsche Tochterunternehmen keinen Beschwerdekanal eingerichtet, ein solcher ist nur für den Mutterkon-

391 Ich danke meiner Mitarbeiterin Frau Nicola Schnier bei der Unterstützung in der Recherche.

392 *Blank/Bremer*, Das Lieferkettensorgfaltspflichtengesetz in der Praxis, Wirtschaftsdienst 12/2024, 849 (853).

393 Die Auswahl der Unternehmen erfolgte nach der Random-Methode.

394 Kein Beschwerdekanal war bei der Onlinesuche auffindbar für die Metro AG; Deutsche Post DHL Group; Celesio AG; Jet Tankstellen Deutschland GmbH & Co. KG.

zern zu entdecken,[395] der sich z.T. sogar im Ausland befindet. Das entspricht nicht der deutschen Gesetzeslage: Ein Unternehmen, das unter das LkSG fällt, kann zwar den konzernweiten Beschwerdemechanismus nutzen, muss aber zumindest auf der eigenen Webseite in zugänglicher Weise darauf hinweisen. Andere Unternehmen geben in ihrem Bericht nach dem LkSG (bzw. in anderen Nachhaltigkeitsberichten) an, einen Beschwerdekanal (oder mehrere) nach dem LkSG bereitzustellen, allerdings liefert die Internetrecherche keine konkreten Informationen dazu, wo genau und unter welchen Bedingungen eine Beschwerde eingelegt werden kann,[396] oder diese Informationen waren erst nach intensiverer Suche zu entdecken. Nur bei einigen Unternehmen ist der Beschwerdekanal bei einer deutschsprachigen Internetsuche auf der Unternehmens- bzw. Konzernwebseite direkt auffindbar.[397] In anderen Fällen ist über eine Google-Suche (auf Deutsch) zumindest die Verfahrensordnung oder die Grundsatzerklärung auffindbar, die dann Informationen über die eingerichteten Beschwerdekanäle bereitstellt.[398] Als zugänglich dürfte das nicht einzuordnen sein, zumal die Informationen nur auf Deutsch eingestellt waren. Dieses Manko war bei vielen Unternehmen zu verzeichnen: Die Informationen zum Beschwerdesystem waren lediglich auf Deutsch vorhanden.[399] Das entspricht nicht den Vorgaben des LkSG in Bezug auf Zugänglichkeit. Nur im Ausnahmefall waren die Informationen zum Beschwerdesystem in mehreren Sprachen verfügbar.[400] Allerdings konnte die Beschwerde bei manchen Unternehmen in weiteren Sprachen verfasst und eingereicht werden, auch wenn die Informationen darüber nur auf Deutsch aufzufinden waren.[401] Insoweit ist dieser Praxiseindruck gemischt, einige Unternehmen sind bereits aktiv geworden, während andere die Vorgaben zur Schaffung eines zugänglichen Beschwerdeverfahrens ignorieren oder nur minimalistisch erfüllen.

---

395 So bspw. bei der Ford-Werke GmbH und bei der Agravis Raiffeisen AG, wobei hier die Konzernmutter in Deutschland sitzt.

396 So bspw. bei Deutsche Shell Holding GmbH und bei SAP Deutschland SE & Co. KG.

397 Siehe Anhang II.1.

398 Siehe Anhang II.2.

399 Siehe Anhang II.3.

400 Bei Adidas AG konnten die Informationen zum Beschwerdesystem in folgenden Sprachen abgerufen werden: Deutsch, Englisch, Spanisch, Chinesisch, Khmer und Thailändisch; bei Aldi Süd AG in Deutsch und Englisch; bei Aurubis AG in 13 Sprachen; bei dm-drogeriemarkt GmbH & Co. KG in 30 Sprachen; bei der Deutschen Bahn in 22 Sprachen; bei der Dr. August Oetker AG war der Zugang auf Deutsch, Englisch, Italienisch und Französisch gewährleistet; bei E.ON SE in 12 Sprachen; bei Heidelberg Materials AG in Deutsch und Englisch; bei Lekkerland AG neben Deutsch in 26 weiteren Sprachen; bei Siemens in 15 Sprachen; bei Otto GmbH & Co. KG in Deutsch und Englisch; bei RWE AG neben Deutsch und Englisch in 25 weiteren Sprachen; bei TUI AG in Deutsch und Englisch; bei Vattenfall GmbH in 13 Sprachen und bei der Volkswagen AG in Deutsch und Englisch.

401 So bspw. bei der Deutschen Bahn AG; Edeka Zentrale AG & Co. KG; Heidelberg Materials AG; Otto GmbH & Co. KG; Robert Bosch GmbH und TUI AG.

VI. Fazit zum Beschwerdeverfahren

Beschwerden können dazu beitragen, dass Rechtsverstöße abgestellt werden oder zukünftig unterbleiben. Voraussetzung dafür ist jedoch, dass die eingerichteten Beschwerdesysteme auch wirklich genutzt werden (können), was nur geschieht, wenn sie zugänglich sind, die Beschäftigten die Information über die Beschwerdemöglichkeit also auch erreicht. Dazu ist es notwendig, dass der Hinweis auf der Webseite nicht nur auf Englisch, sondern zudem in der jeweiligen Landessprache vorhanden ist und eine Beschwerde auch in der eigenen Sprache eingelegt werden kann. Hotlines müssen kostenfrei angerufen werden können. Da Beschwerden oft aus Angst vor Repressalien unterbleiben, sollten Beschwerdeführer*innen auf Wunsch anonym bleiben können. Erfolgen Beschwerden nicht anonym, ist die Identität vertraulich zu halten und sicherzustellen, dass Beschwerdeführer*innen vor Maßregelung geschützt werden. Insoweit ist die Unabhängigkeit des*der Beschwerdebeauftragten von großer Bedeutung, das aber wird von Unternehmen in der Praxis nur selten eingehalten. Hilfreich ist es, wenn der Gesamtbetriebsrat in die Schaffung des Systems eingebunden ist, wie es das deutsche Mitbestimmungssystem vorgibt. Auch IFAs können einen wichtigen Beitrag dazu leisten, dass Beschwerdesysteme zugänglich sind, genutzt werden und auch wirklich Abhilfe erfolgt. Hier stehen wir aber noch ganz am Anfang, da nur wenige IFAs bislang Regularien zu Beschwerdesystemen enthalten und diese zudem noch verbesserungswürdig sind.

Ebenso wie gesetzliche Vorgaben für die unternehmerische Berichtspflicht stellen auch Vorgaben für ein Beschwerdeverfahren Formen des prozeduralen Rechts[402] dar, die eine transparente (regulierte) Selbstregulierung ermöglichen.[403] Die gesetzlichen Vorgaben bieten dabei einen Rahmen, der nach den Bedürfnissen des Unternehmens, ggf. auch in Absprache mit dem globalen Sozialpartner ausgestaltet werden kann. Die Vorgaben des LkSG sind allerdings stärker ausgestaltet als andere Beispiele prozeduralen Rechts und weisen nur geringe Schwächen auf. Das größte Manko ist, dass weder gesetzlicher Sonderkündigungsschutz noch Schutz vor Maßregelungen für den*die Beschwerdebeauftragte*n vorgesehen ist und dies daher einzelvertraglich oder kollektivrechtlich vereinbart werden muss. Dennoch werden die eingerichteten Kanäle genutzt werden, um auf Missstände hinzuweisen. Da die Informationen zu den eingegangenen Beschwerden auch in die Berichte zum LkSG zu integrieren sind, dürfte der Anreiz, auch wirkliche Abhilfe zu leis-

402 Vertiefend zum prozeduralen Recht: *Calliess*, Prozedurales Recht.

403 KKRS-*Kocher*, LkSG § 8 Rn. 6.

ten, bereits jetzt vorliegen. Zugängliche und effektive Beschwerdeverfahren sind damit ein wichtiger Baustein bei der Durchsetzung zentraler Menschen- und Umweltrechte.

F. EU-Sorgfaltspflichtenrichtlinie 2024/1760/EU

Am 24.4.2024 wurde nach einem turbulenten Gesetzgebungsverfahren mit kontroversen Debatten die Sorgfaltspflichten-RL 2024/1760/EU[404] (Corporate Sustainability Due Diligence Directive, CSDDD) verabschiedet.[405] Die am 5.7.2024 veröffentlichte RL trat 20 Tage später in Kraft und ist gem. Art. 37 Abs. 1 CSDDD bis zum 26.7.2026 in nationales Recht umzusetzen. Das Grundkonzept der RL ähnelt dem des deutschen LkSG, allerdings gehen die Pflichten der CSDDD an einigen Stellen weiter als die nach dem deutschen LkSG, wie im Folgenden herausgearbeitet wird. Zudem enthält die Richtlinie eine Haftungsklausel und auch die betriebliche Praxis kann sich auf einige Änderungen einstellen.

I. Anwendungsbereich

Der Anwendungsbereich der CSDDD spiegelt sehr deutlich den politischen Kompromiss, wurden die Schwellenwerte der erfassten Unternehmen im Vergleich zu den Entwürfen doch stark angehoben. Gemäß Art. 2 Abs. 1 lit a) CSDDD fallen ab 2029 in der EU angesiedelte Unternehmen mit mehr als 1.000 Beschäftigten in den Anwendungsbereich der RL, sofern das Unternehmen einen zusätzlichen Schwellenwert von 450 Mio. EUR Jahresumsatz (welt-

404 Richtlinie (EU) 2024/1760 des Europäischen Parlaments und des Rates vom 13. Juni 2024 über die Sorgfaltspflichten von Unternehmen im Hinblick auf Nachhaltigkeit und zur Änderung der RL (EU) 2019/1937 und der Verordnung (EU) 2023/2859.

405 Nachdem man sich bereits im Herbst 2023 auf einen „endgültigen" Entwurf der CSDDD im Trilog geeinigt hatte, fand sich bei der finalen Abstimmung im Rat überraschenderweise keine Mehrheit mehr, da die deutsche FDP in letzter Sekunde gegen den zur Abstimmung vorliegenden Entwurf opponierte. Deutschland musste sich daher bei der Abstimmung im Rat enthalten, was insoweit befremdlich war, da die Bundesregierung sich intensiv in die Verhandlungen über den „endgültigen" Entwurf im Trilog eingebracht hatte. Das hatte zur Folge, dass weitere Länder den „endgültigen" Entwurf infrage stellten und sich bei der Abstimmung im Herbst 2023 keine Mehrheit für die CSDDD fand. Da hinter den Kulissen weiterverhandelt wurde, konnte eine „abgespeckte" Fassung im Frühjahr 2024 dann auch ohne die Stimme Deutschlands verabschiedet werden.

weit) überschreitet.[406] Diese Zahlen entsprechen zwar denen des LkSG, beziehen sich aber auf die Beschäftigtenzahlen in der gesamten EU. Art. 37 Abs. 1 CSDDD sieht eine schrittweise Annäherung an diesen Schwellenwert vor, so fallen die ersten Unternehmen 2027 nur in den Anwendungsbereich der RL, wenn sie mehr als 5.000 Beschäftigte haben und mehr als 1,5 Mrd. EUR jährlich umsetzen. 2028 sinkt der Schwellenwert auf mehr als 3.000 Beschäftigte bei mehr als 900 Mio. EUR Umsatz, bis 2029 die endgültigen Schwellenwerte von mehr als 1.000 Beschäftigten bei 450 Mio. EUR Jahresumsatz aus Art. 2 Abs. 1 CSDDD erreicht werden. Darüber hinaus beschränkt Art. 3 Abs. 1 lit. a i CSDDD i.V.m. Annex I und II der Bilanz-RL 2013/34/EU den Anwendungsbereich der EU-Sorgfaltspflichten-RL für Deutschland auf die Rechtsformen AG, KGaA, GmbH, OHG und KG, was dem LkSG fremd ist. Das im ursprünglichen Entwurf verfolgte Konzept eines geringeren Schwellenwertes für Unternehmen aus Hochrisikosektoren wurde aufgegeben bzw. fiel dem politischen Kompromiss zum Opfer.[407]

Anders als im LkSG wird bei der Beschäftigtenzahl gem. Art. 2 Abs. 4 S. 1 CSDDD auf Vollzeitäquivalente abgestellt, sodass Teilzeitbeschäftigte nur anteilig zu werten sind. Leiharbeitnehmer*innen zählen vom ersten Einsatztag an, auch wenn sie entsandt wurden (Art. 2 Abs. 4 S. 2 CSDDD sowie Erwägungsgrund 27). Die genannten Bedingungen müssen gem. Art. 2 Abs. 5 CSDDD (sämtlich) in zwei aufeinanderfolgenden Jahren erfüllt werden, wobei sich die Umsatzzahlen nach dem konsolidierten Jahresabschluss des Vorjahres bemessen.[408]

Die EU-Sorgfaltspflichten-RL sieht eine Konzernzurechnung vor, sofern ein beherrschender Einfluss ausgeübt wird und ein konsolidierter Jahresabschluss für die Gruppe erstellt wurde oder hätte erstellt werden müssen. Ist das nicht der Fall, weil es sich bei der obersten Muttergesellschaft um eine reine Holding handelt, kann sich die oberste Muttergesellschaft auf Antrag bei der zuständigen Aufsichtsbehörde von der Anwendung der RL befreien lassen (Art. 2

406 Der RL-Entwurf sah einen deutlich geringeren Schwellenwert vor und stellt in Art. 2 Abs. 1 lit. a lediglich auf i.d.R. über 500 Beschäftigte ab (bei mehr als 150 Mio. EUR Nettoumsatz/Jahr) bzw. auf 250–500 Beschäftigte (und 40–150 Mio. EUR Nettoumsatz/Jahr, Art. 2 Abs. 1 lit. b, sofern mindestens 50 % des Nettoumsatzes aus einem der ausdrücklich genannten Sektoren stammen (u.a. Textil, Landwirtschaft, Lebensmittel, Rohstoffgewinnung, Metallverarbeitung, ausgenommen: Maschinenbau), Art. 2 Abs. 1 lit. b i–iii, vgl. Entwurf einer Richtlinie des Europäischen Parlaments und des Rates über die Sorgfaltspflichten von Unternehmen im Hinblick auf Nachhaltigkeit und zur Änderung der Richtlinie (EU) 2019/1937.

407 Allerdings hat der gem. Art. 36 Abs. 2 CSDDD der bis zum 26.7.2030 durch die Kommission vorzulegende Bericht über Umsetzung und Wirksamkeit der CSDDD zu evaluieren, ob die in Art. 2 normierten Schwellenwerte und der Nettoumsatz zu überarbeiten sind und ggf. für Hochrisikosektoren ein sektorspezifischer Ansatz einzuführen ist (Art. 36 Abs. 2 lit. b UAbs. 3 CSDDD).

408 *Schäfer/Schütze*, BB 2024, 1091, 1093.

Abs. 3 CSDDD). Der Anwendungsbereich der CSDDD erfasst auch in der EU ansässige Franchiseunternehmen, „sofern diese Vereinbarungen eine gemeinsame Identität, ein gemeinsames Geschäftskonzept und die Anwendung einheitlicher Geschäftsmethoden gewährleisten“, die eingenommenen Lizenzgebühren im vergangenen Geschäftsjahr 22,5 Mio. EUR überstiegen und das Unternehmen bzw. seine Obergesellschaft im vergangenen Geschäftsjahr einen weltweiten Nettoumsatz von mehr als 80 Mio. EUR erzielt hat (Art. 2 Abs. 1 lit. c CSDDD).[409]

Um Wettbewerbsverzerrungen zu vermeiden, werden Unternehmen aus Drittstaaten ebenfalls in den Anwendungsbereich der CSDDD einbezogen, sofern sie in erheblichem Umfang in der Union tätig sind. Maßgeblich ist gem. Art. 2 Abs. 2 lit. a CSDDD (i.V.m. Erwägungsgrund 29), dass im abgeschlossenen Geschäftsjahr der Schwellenwert von 450 Mio. EUR für den Jahresumsatz in der EU überschritten wurde, auch hier gibt es eine Konzernzurechnung (Art. 2 Abs. 2 lit. b CSDDD). Anders als nach § 1 Abs. 1 des deutschen LkSG muss das Drittstaatenunternehmen jedoch keinen Sitz in der EU haben, reine Geschäftstätigkeit reicht aus, sofern die genannten Umsatzzahlen erreicht werden. Der Richtliniengeber greift insoweit auf das Marktortprinzip zurück,[410] auf die Beschäftigtenzahl innerhalb der EU kommt es nicht an. In den Anwendungsbereich der EU-Sorgfaltspflichten-RL fallen gem. Art. 2 Abs. 2 lit. c auch Franchiseunternehmen aus Drittstaaten, „sofern diese Vereinbarungen eine gemeinsame Identität, ein gemeinsames Geschäftskonzept und die Anwendung einheitlicher Geschäftsmethoden gewährleisten“, die eingenommenen Lizenzgebühren im vergangenen Geschäftsjahr 22,5 Mio. EUR überstiegen und das Unternehmen bzw. seine Obergesellschaft im vergangenen Geschäftsjahr einen weltweiten Nettoumsatz von mehr als 80 Mio. EUR erzielt hat. Der RL-Geber legt hier die gleichen Voraussetzungen zugrunde wie für in der EU beheimatete Franchiseunternehmen. Unternehmen aus Drittstaaten müssen gem. Art. 23 Abs. 1 CSDDD eine natürliche oder juristische Person als Bevollmächtigte*n benennen, diese ist der zuständigen Überwachungsbehörde mitzuteilen (Art. 23 Abs. 3 CSDDD) und die Person muss mit entsprechenden Ermächtigungen durch das Unternehmen ausgestattet sein (Art. 23 Abs. 4 CSDDD).

---

409 Vgl. zudem Erwägungsgrund 28.

410 *Hübner/Lieberknecht*, NJW 2024,1841, 1842.

Die EU-Sorgfaltspflichten-RL ist gem. Art. 1 Abs. 3 CSDDD (i.V.m. Erwägungsgrund 17) subsidiär gegenüber sektorspezifischen Spezialregelungen, wie bspw. der EU-Konfliktmineralien-VO,[411] der EU-Entwaldungs-VO[412] und der EU-Batterie-VO.[413]

II. Erfasste Standards

Wie das LkSG listet auch die CSDDD die zu schützenden menschen- und umweltrechtlichen Standards in einem Annex auf; einige Normen der völkerrechtlichen Verträge werden zudem in Teil I des Annexes erläutert. Allerdings gehen die von der CSDDD erfassten Standards deutlich über die des LkSG hinaus, wie im Folgenden herausgearbeitet wird. Insbesondere im Umweltrecht sind zahlreiche Bestimmungen aus Abkommen übernommen worden, von denen nur wenige im LkSG aufgeführt sind. Im Vergleich zum ursprünglichen Entwurf wurde der Katalog der in Bezug genommenen völkerrechtlichen Verträge in der CSDDD jedoch reduziert, war im Entwurf des menschenrechtlichen Teils doch bspw. noch die Allgemeine Erklärung der Menschenrechte erfasst. Auch die recht weitgehende Generalklausel wurde gestrichen.

1. Menschenrechtliche Standards

Aufgeführt im Annex I sind – ebenso wie beim LkSG – aus dem Bereich Arbeits- und Menschenrechte die Kernarbeitsnormen der Internationalen Arbeitsorganisation (International Labour Organisation, ILO) in der Fassung von 1998 und die ihnen zugrunde liegenden 8 ILO-Übereinkommen[414] sowie der

411 VO (EU) 2017/821 des EP und des Rates v. 17.5.2017 zur Festlegung von Pflichten zur Erfüllung der Sorgfaltspflichten in der Lieferkette für Unionseinführer von Zinn, Tantal, Wolfram, deren Erzen und Gold aus Konflikt- und Hochrisikogebieten, ABl. 2017 L 130, 1.

412 VO (EU) 2023/1115 des EP und des Rates v. 31.5.2023 über die Bereitstellung bestimmter Rohstoffe und Erzeugnisse, die mit Entwaldung und Waldschädigung in Verbindung stehen, auf dem Unionsmarkt und ihre Ausfuhr aus der Union sowie zur Aufhebung der VO (EU) Nr. 995/2010, ABl. 2023 L 150, 206 (EU Deforestation Regulation – EUDR).

413 VO (EU) 2023/1542 des EP und des Rates v. 12.7.2023 über Batterien und Altbatterien, zur Änderung der RL 2008/98/EG und der VO (EU) 2019/1020 und zur Aufhebung der RL 2006/66/EG, ABl. 2023 L 191, 1.

414 Da auf die ILO-Kernarbeitsnormen in der Fassung von 1998 abgestellt wird, ist Übereinkommen Nr. 155 zum Gesundheitsschutz noch nicht erfasst. Übereinkommen Nr. 155 zählt erst seit 2022 zu den ILO-Kernarbeitsnormen und ist noch nicht von allen EU-Mitgliedstaaten ratifiziert. Zum Inhalt der Kernarbeitsnormen von 1998 und den zugrundeliegenden ILO-Übereinkommen siehe: KKRS-*Zimmer*, LkSG § 2 Rn. 54.

UN-Zivil-[415] und Sozialpakt[416]. Die von der CSDDD erfassten Standards gehen allerdings deutlich über die des LkSG hinaus, so werden im menschenrechtlichen Bereich auch Persönlichkeitsrechte (Nr. 4) nach Art. 17 UN-Zivilpakt, die Gedanken, Gewissens- und Religionsfreiheit (Nr. 5) nach Art. 18 UN-Zivilpakt sowie die UN-Kinderrechtskonvention[417] erfasst. Auch stellt die EU-Sorgfaltspflichten-RL ausschließlich auf das Völkerrecht ab, während das LkSG bspw. in Bezug auf den Arbeitsschutz in § 2 Abs. 2 Nr. 5 LkSG das Recht des Beschäftigungsortes zugrunde legt. Gleiches gilt für den nach § 2 Abs. 2 Nr. 8 LkSG zu gewährenden angemessenen Lohn, hier legt das deutsche Gesetz den Mindestlohn des Arbeitsortes zugrunde.[418] Die CSDDD hingegen stellt ausschließlich auf den in Art. 7 lit. a UN-Sozialpakt normierten existenzsichernden Lohn ab, wobei Unternehmen ausweislich Erwägungsgrund 34 auch dafür Sorge zu tragen haben, dass Selbstständigen und Kleinlandwirten aus ihrer Aktivitätskette ein existenzsicherndes Einkommen zukommt. Mit Umsetzung der RL ins deutsche Recht erübrigen sich folglich Debatten darüber, ob unter Bezugnahme auf Art. 7 lit. a UN-Sozialpakt nach § 2 Abs. 2 Nr. 5 LkSG ein existenzsichernder Lohn zugrunde zu legen ist, wenn der nach dem anwendbaren Recht festgelegte Mindestlohn nicht die Existenz sichert. Auch in Bezug auf den Arbeits- und Gesundheitsschutz ist nach der RL nicht das Recht des Beschäftigungsortes maßgeblich, sondern ausschließlich auf Art. 7 lit. b UN-Sozialpakt abzustellen, der „sichere und gesunde Arbeitsbedingungen" gewährt, Gleiches gilt für eine „angemessene Begrenzung der Arbeitszeit" nach Art. 7 (i.V.m. Art. 11 Abs. 1) UN-Sozialpakt. Für die Auslegung des UN-Zivilpaktes sowie des Sozialpaktes sind Ausschüsse zuständig, die in „General Comments" genaue Erläuterungen zur Auslegung der Pakte geben,[419] diese sind bei der Auslegung der UN-Pakte zu beachten und somit auch für die Auslegung der EU-Sorgfaltspflichten-RL heranzuziehen. Auch die im Anhang der RL aufgeführten ILO-Übereinkommen sind anhand der Aussagen der für die Überwachung zuständigen Ausschüsse auszulegen.[420]

415 Internationaler Pakt über bürgerliche und politische Rechte vom 19. Dezember 1966, BGBl. 1973 II S. 1553.

416 Internationaler Pakt über wirtschaftliche, soziale und kulturelle Rechte vom 19. Dezember 1966, BGBl. 1973 II S. 1569 f.

417 Übereinkommen über die Rechte des Kindes, mit Gesetz vom 17. Februar 1992 umgesetzt, BGBl. II S. 121.

418 Der nach § 2 Abs. 2 Nr. 8 LkSG zu gewährende angemessene Lohn wurde unter Bezugnahme auf Art. 7 a) ii) UN-Sozialpakt z.T. als Living Wage ausgelegt, vgl. Grabosch-*Schönfelder*, LkSG § 2 Rn. 39 sowie *Zimmer*, Lieferkettensorgfaltspflichtengesetz, S. 26 f.

419 Seit 1981 erarbeitet der Menschenrechtsausschuss Allgemeine Bemerkungen (General Comments) zu verschiedenen Artikeln und Bestimmungen des Zivilpaktes, die den Pakt näher auslegen, der Sozialpakt wird durch den Ausschuss für ökonomische, soziale und kulturelle Rechte ausgelegt.

420 Die Auslegung von ILO-Übereinkommen erfolgt durch den Sachverständigenausschuss, in Fragen der Vereinigungsfreiheit (sowie des Rechts auf Kollektivverhandlungen) ist der Ausschuss für Vereinigungsfreiheit zuständig.

Abhängig von den Umständen können ausweislich der Erwägungsgründe 33, 36 und 42 weitere internationale Abkommen von Unternehmen ergänzend heranzuziehen sein. Aufgeführt werden insoweit die UN-Erklärung über die Rechte Indigener Völker von 2007 (UNDRIP);[421] die UN-Anti-Rassismus-Konvention von 1965 (ICERD);[422] die UN-Frauenrechtskonvention von 1979 (CEDAW);[423] die UN-Behindertenrechtskonvention von 2006;[424] die UN-Konvention gegen Korruption von 2003 (UNCAC)[425] sowie die Genfer Konventionen von 1949 über das humanitäre Völkerrecht.[426]

2. Umweltrechtliche Standards

Die EU-Sorgfaltspflichten-RL geht im zu beachtenden Umweltrecht sehr deutlich über die Standards des LkSG hinaus. In Anhang II der RL aufgeführt sind folgende Standards, die im Wesentlichen auf internationalen Abkommen basieren:

- Die Verpflichtung, negative Auswirkungen auf die biologische Vielfalt zu vermeiden oder zu minimieren.[427]
- Das Verbot der Einfuhr, Ausfuhr, Wiederausfuhr oder das Einbringen aus dem Meer von Exemplaren einer in den Anhängen I bis III des Übereinkommens über den internationalen Handel mit gefährdeten Arten frei lebender Tiere und Pflanzen aufgeführten Art.[428]
- Das Verbot der Herstellung, Einfuhr und Ausfuhr von mit Quecksilber versetzten Produkten.[429] Die Herstellung mit Quecksilber versetzter Produkte ist ebenfalls nach § 2 Abs. 3 Nr. 1 LkSG untersagt, nicht aber deren Einfuhr und Ausfuhr.

---

421 UN, UNDRIP.

422 Internationales Übereinkommen der Vereinten Nationen zur Beseitigung jeder Form von Rassendiskriminierung vom 21. Dezember 1965, BGBl. 1969 II S. 961.

423 Übereinkommen der Vereinten Nationen zur Beseitigung jeder Form von Diskriminierung der Frau von 1979, BGBl 1985 II S. 647.

424 Übereinkommen über die Rechte von Menschen mit Behinderungen vom 13. Dezember 2006, BGBl. 2008 Teil II Nr. 35, S. 1419.

425 Übereinkommen der Vereinten Nationen gegen Korruption, BGBl. 2014 II S. 762.

426 Vgl. zu den Genfer Konventionen: bpb, 9.8.2024.

427 Unter Auslegung von Art. 10 lit. b des Übereinkommens von 1992 über die biologische Vielfalt und des in dem betreffenden Hoheitsgebiet anwendbaren Rechts, einschl. der Verpflichtungen des Protokolls von Cartagena über die Entwicklung, Handhabung, Beförderung, Nutzung, Weitergabe und Freisetzung lebender veränderter Organismen und des Protokolls von Nagoya vom 12. Oktober 2014 über den Zugang zu genetischen Ressourcen und die ausgewogene und gerechte Aufteilung der sich aus ihrer Nutzung ergebenden Vorteile zum Übereinkommen über die biologische Vielfalt.

428 Übereinkommen über den internationalen Handel mit gefährdeten Arten freilebender Tiere und Pflanzen (CITES) vom 3. März 1973 (ohne Genehmigung in der Auslegung nach den Artikeln III, IV und V des Übereinkommens).

429 Insoweit wird auf Art. 4 Abs. 1 und Anlage A Teil I Übereinkommen von Minamata vom 10. Oktober 2013 über Quecksilber verwiesen, BGBl. 2017 II S. 610, 611.

- Das Verbot der Verwendung von Quecksilber und Quecksilberverbindungen bei Herstellungsprozessen;[430] dieses Verbot ist ebenfalls in § 2 Abs. 3 Nr. 2 LkSG enthalten.
- Das Verbot der unrechtmäßigen Behandlung von Quecksilberabfällen entgegen der Vorgaben von Art. 11 Abs. 3 Übereinkommen von Minamata und Art. 13 der EU-VO 2017/852;[431] dieses Verbot ist ebenfalls in § 2 Abs. 3 Nr. 2 LkSG enthalten, allerdings ohne den Verweis auf die EU-VO.
- Verbot der Produktion und Verwendung von Chemikalien nach dem Übereinkommen von Stockholm (POPs-Übereinkommen).[432] Dieses Verbot ist auch in § 2 Abs. 3 Nr. 4 LkSG normiert, allerdings wird dort auf die Bestimmungen der anwendbaren Rechtsordnung abgestellt und Art. 6 Abs. 1 POPs-Abkommen soll nur ergänzend herangezogen werden.
- Das Verbot der nicht umweltgerechten Handhabung, Sammlung, Lagerung und Entsorgung von Abfällen;[433] dieses ist auch in § 2 Abs. 3 Nr. 5 LkSG aufgeführt, allerdings unter Verweis auf eine andere Art des Übereinkommens.
- Das Verbot der Einfuhr oder Ausfuhr von Chemikalien, die in Anlage III zum Rotterdamer Übereinkommen über das Verfahren der vorherigen Zustimmung nach Inkenntnissetzung für bestimmte gefährliche Chemikalien sowie Pflanzenschutz- und Schädlingsbekämpfungsmittel im internationalen Handel (UNEP/FAO) aufgeführt sind.[434]
- Das Verbot der unrechtmäßigen Produktion, des unrechtmäßigen Verbrauchs sowie der unrechtmäßigen Einfuhr und Ausfuhr von Stoffen, die zu einem Abbau der Ozonschicht führen.[435]

---

430 Insoweit wird auf den in Anlage B Teil I des Übereinkommens von Minamata aufgeführten Herstellungsprozessen nach dem im Übereinkommen für die jeweiligen Prozesse festgelegten Ausstiegsdatum verwiesen, in der Auslegung nach Artikel 5 Absatz 2 des Übereinkommens.

431 Europäische Union, Verordnung (EU) 2017/852.

432 Insoweit wird auf Anlage A zum Stockholmer Übereinkommen vom 22. Mai 2001 über persistente organische Schadstoffe (POP-Übereinkommen) verwiesen, in der Auslegung nach Art. 3 Abs. 1 lit. a i des Übereinkommens und der EU-VO 2019/1021 des Europäischen Parlaments und des Rates, siehe Europäische Union, Verordnung (EU) 2019/1021.

433 Insoweit wird auf Art. 6 Abs. 1 lit. d i und ii des POP-Übereinkommens sowie Art. 7 EU-VO 2019/1021 verwiesen.

434 Zur Auslegung wird verwiesen auf Art. 10 Abs. 1, Art. 11 Abs. 1lit. b und Art. 11 Abs. 2 Rotterdamer Übereinkommen über das Verfahren der vorherigen Zustimmung nach Inkenntnissetzung für bestimmte gefährliche Chemikalien sowie Pflanzenschutz- und Schädlingsbekämpfungsmittel im internationalen Handel (UNEP/FAO) vom 10. September 1998, entsprechend den Angaben der einführenden oder ausführenden Vertragspartei des Übereinkommens im Einklang mit dem Verfahren der vorherigen Zustimmung nach Inkenntnissetzung (PIC-Verfahren).

435 Aufgeführt in den Anlagen A, B, C und E des der Wiener Konvention zum Schutz der Ozonschicht beigefügten Montrealer Protokolls über Stoffe, die zu einem Abbau der Ozonschicht führen, in der Auslegung nach Art. 4b des Montrealer Protokolls und den Genehmigungsvorschriften des in dem betreffenden Hoheitsgebiet anwendbaren Rechts.

- Das Verbot der Ausfuhr gefährlicher Abfälle,[436] normiert ebenfalls in § 2 Abs. 3 Nr. 6 und 7 LkSG.
- Die Verpflichtung, negative Auswirkungen auf als Naturerbe abgegrenzte Grundstücke zu verhindern oder zu minimieren.[437]
- Die Verpflichtung, negative Auswirkungen auf Feuchtgebiete zu vermeiden oder zu minimieren.[438]
- Die Verpflichtung, die Verschmutzung durch Schiffe zu verhindern.[439]
- Die Verpflichtung, die Verschmutzung der Meeresumwelt durch Einbringen zu verhindern, zu verringern und zu überwachen.[440]

III. Reichweite der Sorgfaltspflichten: Aktivitätskette

Die CSDDD verwendet nicht den Begriff der Lieferkette, sondern stellt auf die „Aktivitätskette" ab, was schon begrifflich die Anwendung auf Dienstleistungsunternehmen erleichtert. Gemäß Art. 1 Abs. 1 lit. a RL beziehen sich die normierten Sorgfaltspflichten auf die eigene Geschäftstätigkeit, die von Tochterunternehmen sowie die von „Geschäftspartnern in den Aktivitätsketten dieser Unternehmen". Die Aktivitätskette wird definiert in Art. 3 Abs. 1 lit. g CSDDD, wobei zwischen Tätigkeiten vorgelagerter („upstream") und nachgelagerter Geschäftspartner („downstream") unterschieden wird.[441] Unter Tätigkeiten „vorgelagerter Geschäftspartner eines Unternehmens" fallen solche, die „im Zusammenhang mit der Produktion von Waren oder der Erbringung von Dienstleistungen durch dieses Unternehmen stehen", beispielhaft genannt wird die „Entwicklung, Gewinnung, Beschaffung, Herstellung, Beförderung,

436 In der Auslegung nach Art. 1 Abs. 1 und 2 des Basler Übereinkommens über die Kontrolle der grenzüberschreitenden Verbringung gefährlicher Abfälle und ihrer Entsorgung vom 22. März 1989 (Basler Übereinkommen) und der Verordnung (EG) Nr. 1013/2006 des Europäischen Parlaments und des Rates. Gleiches gilt für das Verbot der Ausfuhr gefährlicher Abfälle aus Staaten, die in Anlage VII des Basler Übereinkommens aufgeführt sind, in Staaten, die nicht in Anlage VII aufgeführt sind, für die in Anlage IV des Basler Übereinkommens aufgeführten Verfahren in der Auslegung nach Art. 4a des Basler Übereinkommens sowie den Art. 34 und 36 der VO Nr. 1013/2006/EG.

437 I.S.d. Art. 2 des Übereinkommens zum Schutz des Kultur- und Naturerbes der Welt vom 16. November 1972 („Welterbeübereinkommen"), in der Auslegung nach Art. 5 lit. d des Welterbeübereinkommens und des in dem betreffenden Hoheitsgebiet anwendbaren Rechts.

438 I.S.v. Art. 1 des Übereinkommens über Feuchtgebiete, insbesondere als Lebensraum für Wasser- und Watvögel von internationaler Bedeutung vom 2. Februar 1971 (Übereinkommen von Ramsar), in der Auslegung nach Art. 4 Abs. 1 Übereinkommen von Ramsar und des in dem betreffenden Hoheitsgebiet anwendbaren Rechts.

439 In der Auslegung nach dem Internationalen Übereinkommen zur Verhütung der Meeresverschmutzung durch Schiffe vom 2. November 1973 in der Fassung des Protokolls von 1978 (MARPOL 73/78), mit weiteren Präzisierungen in Teil II des Anhanges unter Nr. 15 a–c.

440 In der Auslegung nach Art. 210 des Seerechtsübereinkommens der Vereinten Nationen vom 10. Dezember 1982 (SRÜ) und des in dem betreffenden Hoheitsgebiet anwendbaren Rechts.

441 *Hübner/Lieberknecht*, NJW 2024, 1841, 1843.

Lagerung und Lieferung von Rohstoffen, Produkten oder Teilen von Produkten und der Entwicklung des Produkts oder der Dienstleistung“ (Art. 3 Abs. 1 lit. g i CSDDD). Diese Definition entspricht der ausgeführten Begrifflichkeit der Wertschöpfungskette.[442] „Im Zusammenhang mit der Produktion von Waren oder der Erbringung von Dienstleistungen“ stehen jedoch nicht nur Tätigkeiten, die für die Produktion oder die Erbringung der Dienstleistung unmittelbar notwendig sind, wie etwa Maschinen oder Computer, sondern bspw. auch Reinigungsarbeiten in den Geschäftsräumen, ohne die niemand dort arbeiten wollen würde.[443] Auch diese Tätigkeiten bzw. diese eingekauften Waren sind folglich Bestandteil der Aktivitätskette eines Unternehmens.

Die Tätigkeiten „nachgelagerter Geschäftspartner eines Unternehmens“ stehen nach Art. 3 Abs. 1 lit. g ii CSDDD „im Zusammenhang mit dem Vertrieb, der Beförderung und der Lagerung eines Produkts dieses Unternehmens, sofern die Geschäftspartner diese Tätigkeit für das Unternehmen oder im Namen des Unternehmens ausüben“. Ausweislich Erwägungsgrund 25 sollen Tätigkeiten der Entsorgung nicht erfasst sein, auch nachgelagerte Geschäftspartner, die „Dienstleistungen oder Produkte erhalten“, fallen nicht unter die Aktivitätskette i.S.d. CSDDD (Erwägungsgrund 26). Das entspricht den Regelungen des LkSG, wonach der Endkunde nicht von der Lieferkette erfasst wird, wobei nach dem LkSG auch der Finanzsektor in den Anwendungsbereich der Richtlinie fällt (siehe unter B.II). Hier ist die Definition des Anwendungsbereiches durch die CSDDD enger, da ausweislich Erwägungsgrund 26 bei Finanzunternehmen nur der vorgelagerte Teil der Aktivitätskette erfasst sein soll, die Beziehung zum Endkunden soll somit in diesem Sektor entfallen.[444]

Die EU-Sorgfaltspflichten-RL fasst unter Geschäftspartner allerdings nicht nur direkte Geschäftspartner, mithin solche, mit denen das Unternehmen eine vertragliche Beziehung eingegangen ist über „Tätigkeiten, Produkte oder Dienstleistungen“ (Art. 3 Abs. 1 lit. f i CSDDD), sondern auch indirekte Geschäftspartner, die lediglich mit „Tätigkeiten, Produkten oder Dienstleistungen“ des Unternehmens zusammenhängen (Art. 3 Abs. 1 lit. f ii CSDDD). Die Sorgfaltspflichten der CSDDD gelten folglich für direkte und indirekte Geschäftspartner gleichermaßen, eine abgestufte Verantwortlichkeit wie nach dem LkSG wird nicht zugrunde gelegt. Allerdings werden wohl aufgrund des Wortlautes der RL nachgelagerte Geschäftspartner, mithin solche aus Vertrieb, Transport

---

442 *Grabosch*, Die EU-Lieferketten-RL, 6.

443 Diese Auslegung wird nach hiesiger Auffassung auch bereits für das LkSG vertreten, der Gesetzeswortlaut, wonach die Aktivitäten Dritter für die Geschäftstätigkeit des Unternehmens „erforderlich“ bzw. „notwendig“ sein müssen (a.A. *Hübner/Lieberknecht*, NJW 2024, 1841, 1843). Da der RL-Text insoweit weitergehend ist, dürften sich nach der Umsetzung Debatten über dies Frage erübrigen.

444 Ausführlich: *Grabosch*, Die EU-Lieferketten-RL, 7.

und Lagerung, nur erfasst, wenn die Aktivität „für das Unternehmen oder im Namen des Unternehmens" ausgeübt wird.[445] Dies dürfte bei Onlinevertriebsplattformen sowie Verpackungsdienstleistern der Fall sein, die oftmals für oder im Auftrag eines Herstellers tätig werden. Auch ein an externe Telefondienstleister (Callcenter) ausgelagerter Kundenservice im Bereich des Vertriebs dürfte unter den Begriff der Aktivitätskette fallen.[446]

Explizit ausgenommen von der Aktivitätskette sind gem. Art. 3 Abs. 1 lit. g ii CSDDD erstaunlicherweise Rüstungsunternehmen in Bezug auf den „Vertrieb, die Beförderung und die Lagerung" von Gütern mit doppeltem Verwendungszweck gem. der Verordnung 2021/821/EU sowie von solchen Gütern, deren Ausfuhr nach nationalem Recht genehmigt wurde (Erwägungsgrund 25). Unter Güter mit doppeltem Verwendungszweck fallen ausweislich Erwägungsgrund 25 auch Software und Technologien, die zum „Zwecke der digitalen Überwachung eingesetzt werden können", diese sind somit ebenso wie zu genehmigende Rüstungsgüter nicht vom Anwendungsbereich der CSDDD erfasst. Eine Begründung dafür, warum der Rüstungssektor nicht in den Anwendungsbereich der CSDDD fallen soll, gibt es nicht.

IV. Sorgfaltspflichten nach der CSDDD

Folgende unternehmerische Sorgfaltspflichten sind in der EU-Sorgfaltspflichten-RL normiert:

- Risikoanalyse zur Ermittlung und Bewertung tatsächlicher oder potenzieller negativer Auswirkungen und ggf. Priorisierung (Art. 5 Abs. 1 lit. b CSDDD).
- Präventions- und Minderungs- (Art. 5 Abs. 1 lit. c CSDDD) sowie Abhilfemaßnahmen (Art. 5 Abs. 1 lit. d CSDDD).
- Einrichtung und Aufrechterhaltung eines Meldemechanismus und eines Beschwerdeverfahrens (Art. 5 Abs. 1 lit. f CSDDD).

Die in der Sorgfaltspflichten-RL normierten Sorgfaltspflichten sind als „Bemühenspflichten" ausgestaltet, nachteilige Auswirkungen auf Menschen- und Umweltrechte sind zu vermeiden, abzustellen oder zumindest zu mindern.[447] Die Sorgfaltspflichten sind gem. Art. 5 lit. a CSDDD nicht nur in die Risiko-

445 *Schäfer/Schütze*, BB 2024, 1091, 1096.
446 *Grabosch*, Die EU-Lieferketten-RL, 6.
447 *Grabosch*, Die EU-Lieferketten-RL, 7.

managementsysteme, sondern auch in die Unternehmenspolitik einzubeziehen (Art. 7 Abs. 1 CSDDD), Erwägungsgrund 38 verdeutlicht, dass die Pflichten zum integralen Bestandteil der Unternehmenspolitik werden sollen. Zudem ist eine Strategie zur Erfüllung der Sorgfaltspflicht zu entwickeln (Art. 7 Abs. 1 CSDDD). Der vom Unternehmen dabei verfolgte Ansatz ist zu beschreiben (Art. 7 Abs. 2 lit. a CSDDD), die darauf bezogenen Regeln und Grundsätze sind in einem Verhaltenskodex zu formulieren, der nicht nur unternehmensweit, sondern auch von Tochterunternehmen sowie direkten und indirekten Geschäftspartnern einzuhalten ist (Art. 7 Abs. 2 lit. b CSDDD). Der Verhaltenskodex hat die „Verfahren zur Einbeziehung der Sorgfaltspflicht in alle einschlägigen Bereiche der Unternehmenspolitik“ zu beschreiben und zudem Maßnahmen zur Überprüfung zu formulieren. Ferner ist in dem Kodex zu beschreiben, wie die Ausweitung auf Geschäftspartner vorgesehen ist (Art. 7 Abs. 2 lit. c CSDDD).

Die Unternehmensstrategie zur Erfüllung der Sorgfaltspflicht ist bei wesentlichen Änderungen unverzüglich zu aktualisieren und mindestens alle 24 Monate zu überprüfen (Art. 7 Abs. 3 CSDDD). Unternehmen müssen ihre Geschäftstätigkeit und die ergriffenen Maßnahmen darüber hinaus gem. Art. 15 CSDDD überwachen und nach jeder wesentlichen Änderung, mindestens aber alle 12 Monate bewerten. Unternehmensstrategie und Maßnahmen sind dementsprechend ggf. zu aktualisieren. Zudem hat das Unternehmen „Interessenträger“ „in das gesamte Verfahren zur Erfüllung der Sorgfaltspflicht“ einzubeziehen (Art. 5 Abs. 1 lit. e CSDDD i.V.m. Erwägungsgrund 40), die Beschäftigten eines Unternehmens bzw. ihre Vertreter*innen sind insoweit vorher zu konsultieren (Art. 7 Abs. 2 CSDDD). Referenzpunkt der Sorgfaltspflichten nach der CSDDD ist die Aktivitätskette, die unmittelbare und mittelbare Geschäftspartner gleichermaßen umfasst. Die Sorgfaltspflichten gelten daher nach der CSDDD gleichermaßen für indirekte Geschäftspartner, was einen entscheidenden Unterschied zum LkSG darstellt. Zwar sind mittelbare Zulieferer nach § 2 Abs. 5 Nr. 3 LkSG Bestandteil der Lieferkette, die Sorgfaltspflichten des LkSG greifen nach § 9 Abs. 3 LkSG aber nur bei substanzieller Kenntnis von Verstößen mittelbarer Geschäftspartner.[448] Innerhalb von Konzernen können Informationen und Ressourcen nach der RL zur Erfüllung der Sorgfaltspflichten geteilt werden (Art. 5 Abs. 2, Art. 6 Abs. 2 lit. a CSDDD), auch darf die in den Anwendungsbereich der RL fallende Muttergesellschaft gem. Art. 6 Abs. 1 S. 1 CSDDD die Sorgfaltspflichten der ebenfalls in den Anwendungsbereich der RL fallenden Tochtergesellschaften erfüllen, sofern eine wirksame Einhaltung der Sorgfaltspflichten sichergestellt wird. Das mag in

448 *Hübner/Lieberknecht*, NJW 2024, 1841, 1843.

Matrixstrukturen die Erfüllung der Sorgfaltspflichten erleichtern,[449] entbindet aber nicht von einer nach Unternehmen differenzierten Risikoanalyse – immerhin können die Risiken der ggf. aus völlig verschiedenen Sektoren stammenden Konzernunternehmen maßgeblich differieren. Folgerichtig unterliegen die Tochtergesellschaften weiterhin der behördlichen Kontrolle sowie der zivilrechtlichen Haftung (Art. 6 Abs. 1 S. 2 CSDDD). Im Folgenden werden die einzelnen Sorgfaltspflichten erläutert und die Unterschiede zum LkSG aufgezeigt.

1. Risikoanalyse (Art. 8 und 9 CSDDD)

Erster Schritt der Risikoanalyse ist gem. Art. 8 Abs. 1 CSDDD das Ermitteln und Bewerten tatsächlicher oder potenzieller negativer Auswirkungen der eigenen Geschäftstätigkeit sowie der von Tochterunternehmen und von direkten und indirekten Geschäftspartnern aus der Aktivitätskette. Hierbei sind zuerst solche Bereiche zu ermitteln, in denen „negative Auswirkungen am wahrscheinlichsten oder am schwerwiegendsten sind" (Art. 8 Abs. 2 lit. a CSDDD), die dann in einem zweiten Schritt eingehend zu bewerten sind (Art. 8 Abs. 2 lit. b CSDDD). Insoweit hat das Unternehmen vorrangig Informationen solcher Zulieferer einzuholen, bei denen negative Auswirkungen am wahrscheinlichsten sind (Art. 8 Abs. 4 CSDDD). Bei der Risikoermittlung und -bewertung können Unternehmen neben unabhängigen Berichten auch Ergebnisse des eigenen Beschwerdeverfahrens zugrunde legen (Art. 8 Abs. 3 CSDDD).

Ist es nicht möglich, „alle ermittelten negativen Auswirkungen gleichzeitig in vollem Umfang zu verhindern, zu mindern, abzustellen oder zu minimieren", so hat das Unternehmen die Risiken/Rechtsverletzungen nach „Schwere und Wahrscheinlichkeit" zu priorisieren (Art. 9 Abs. 2, 3 CSDDD). Erst nachdem sich das Unternehmen die schwerwiegendsten und wahrscheinlichsten Auswirkungen vorgenommen hat, muss es sich mit den weniger wahrscheinlichen negativen Auswirkungen beschäftigen (Art. 9 Abs. 3 CSDDD).

Die Risikoanalyse entspricht insofern weitgehend den gleichen Kriterien, wie sie nach dem LkSG zugrunde gelegt werden. Allerdings unterscheidet die CSDDD nicht wie das LkSG nach unmittelbaren und mittelbaren Zulieferern, sondern verpflichtet zu einer Risikoanalyse, die sich auf die gesamte Aktivitätskette (s.o.) bezieht. Da negative Auswirkungen auch bei mittelbaren Zulieferern am wahrscheinlichsten oder schwerwiegendsten sein können, wäre nach der CSDDD mit der Ermittlung solcher Risiken zu beginnen – während nach § 9 Abs. 3 LkSG nur bei tatsächlichen Anhaltspunkten für eine Rechtsverlet-

449 *Schäfer/Schütze*, BB 2024, 1091, 1094.

zung auch bei einem mittelbaren Zulieferer eine Risikoanalyse, ggf. mit entsprechenden Folgemaßnahmen, durchzuführen ist.[450] Insoweit hat der deutsche Gesetzgeber im Zuge der Umsetzung der CSDDD deutliche Änderungen am Konzept des LkSG vorzunehmen.

2. Präventionsmaßnahmen (Art. 10 CSDDD)

Potenzielle negative Auswirkungen, die im Rahmen der Risikoanalyse ermittelt wurden, sind gem. Art. 10 Abs. 1 CSDDD zu verhindern oder, falls das nicht mehr möglich ist, zumindest angemessen zu mindern. Insoweit sind „geeignete Maßnahmen“ zur Prävention zu ergreifen. Im Unterschied zum LkSG sind explizit auch präventive Maßnahmen zu ergreifen, wenn potenzielle negative Auswirkungen „hätten ermittelt werden müssen“, dies aber nicht geschehen ist. Das kann bspw. der Fall sein, wenn die Risikoanalyse des Unternehmens kein Risiko identifiziert hat, jedoch durch Forschungsergebnisse oder durch andere Akteure Risiken aufgedeckt und in die Öffentlichkeit gebracht werden. Bei der Beurteilung, welche Maßnahmen zur Prävention „geeignet“ sind, stellt die CSDDD ebenso wie das LkSG darauf ab, wie der Verursachungsbeitrag des Unternehmens zu beurteilen ist und welche Einflussmöglichkeit das Unternehmen besitzt, um die Risiken zu beseitigen oder zu minimieren (Art. 10 Abs. 1 lit. a–c CSDDD). Mit Erwägungsgrund 40 weist der RL-Geber zudem darauf hin, dass im Übrigen solche Maßnahmen „geeignet“ sind, „mit denen die Ziele der Sorgfaltspflicht erreicht werden können“. Die Unternehmensseite hat insoweit einen Ermessensspielraum, wobei „Schweregrad“ und „Wahrscheinlichkeit der negativen Auswirkungen“ sowie Art und Umfang im Einzelfall zu berücksichtigen sind (Erwägungsgrund 40).

Auch die möglichen präventiven Maßnahmen nach Art. 10 Abs. 2 CSDDD entsprechen denen des LkSG, hierbei handelt es sich bspw. um die „Entwicklung und Umsetzung eines Präventionsaktionsplanes mit angemessenen und klar festgelegten Zeitplänen“ (lit. a) und um vertragliche Zusicherungen über die Einhaltung des formulierten Verhaltenskodexes, auch durch Subunternehmer (lit. b), die „von geeigneten Maßnahmen zur Überprüfung der Einhaltung“ zu flankieren sind (Art. 10 Abs. 5 S. 1 CSDDD). Können durch diese Maßnahmen potenzielle negative Auswirkungen nicht verhindert werden, so darf der Abbruch der Geschäftsbeziehungen nach Art. 10 Abs. 6 CSDDD nur das letzte Mittel darstellen. Zuvor ist „unverzüglich“ ein auf die (möglichen) Rechtsverletzungen abgestimmter verstärkter Präventionsaktionsplan zu erstellen und umzusetzen, indem die Geschäftsbeziehung „vorübergehend ausgesetzt“ wird, um dadurch den Druck zu erhöhen, sofern davon auszugehen

450 *Hübner/Lieberknecht*, NJW 2024, 1841, 1843; siehe zudem oben unter B.II.

ist, dass dies erfolgversprechend ist. Der Aktionsplan enthält einen „spezifischen und angemessenen Zeitplan" (Art. 10 Abs. 6 lit. a CSDDD). Kann „berechtigterweise" nicht davon ausgegangen werden, dass dadurch die negativen Auswirkungen abgestellt werden, oder wurden diese durch den „verstärkten Präventionsaktionsplan" nicht beseitigt, kann das Unternehmen verpflichtet sein, die Geschäftsbeziehung ohne vorübergehendes Aussetzen abzubrechen (Art. 10 Abs. 6 lit. b CSDDD). Dies gilt jedoch nicht, wenn das Unternehmen davon ausgehen kann, dass die durch den Abbruch der Geschäftsbeziehungen „verursachten negativen Auswirkungen offensichtlich schwerwiegender ausfallen als die negativen Auswirkungen". Dann hat das Unternehmen der zuständigen Aufsichtsbehörde auf Anfrage eine „hinreichende Begründung für die Entscheidung" zu liefern (Art. 10 Abs. 6 S. 2 CSDDD). Die Möglichkeit des Aussetzens oder Abbruchs der Geschäftsbeziehung bei Nichteinhaltung der menschen- und umweltrechtlichen Standards (bzw. Erzeugung eines diesbezüglichen Risikos), muss Bestandteil des Vertrages mit Geschäftspartnern sein.

Entscheidet sich das Unternehmen, die Geschäftsbeziehung trotz Gefährdung der Standards nicht auszusetzen oder abzubrechen, so hat das Unternehmen die Situation zu überwachen und regelmäßig zu überprüfen, ob weitere „geeignete Maßnahmen" ergriffen werden können. Die Überprüfung kann insgesamt an unabhängige Dritte delegiert werden, hierunter fallen ausweislich des RL-Textes auch „Industrieinitiativen bzw. Multi-Stakeholder-Initiativen"[451]. Der Grundgedanke der CSDDD, ein „Cut and Run"[452] zu vermeiden, findet sich ebenfalls im LkSG.

3. Maßnahmen der Abhilfe und Wiedergutmachung (Art. 11 und 12 CSDDD)

Wurden negative Auswirkungen auf menschenrechtliche oder Umweltstandards in der Risikoanalyse ermittelt oder hätten ermittelt werden müssen, so sind diese gem. Art. 11 Abs. 1 CSDDD abzustellen, wobei mit den bei der Priorisierung als am schwerwiegendsten eingeordneten Auswirkungen zu begin-

451 Multi-Stakeholder-Initiativen (MSI) sind privatrechtliche Initiativen, denen sich Unternehmen anschließen können (i.d.R. unter Zahlung eines Mitgliedsbeitrages, der sich nach Ihrem Umsatz bemisst). Die MSI übernimmt dann die Beauftragung einer Audit-Gesellschaft oder führt selbst Audits durch, sodass keine direkte Geschäftsbeziehung zwischen dem zu überprüfenden Unternehmen und der Auditfirma besteht. Die meisten MSIs flankieren die Audits durch weitere Maßnahmen wie Schulungen, etc. Zentrales Kriterium für eine MSI ist, dass im zentralen Entscheidungsgremium paritätisch zu den Unternehmensvertretern auch Vertreter*innen der Zivilgesellschaft (NGOs und Gewerkschaften) vertreten sind. Wird dieses Kriterium nicht erfüllt, handelt es sich nicht um eine MSI, sondern um eine Initiative der Wirtschaft.

452 Unter „Cut and Run" wird ein Abbruch der Geschäftsbeziehungen und der Aufbau neuer Geschäftsbeziehungen zu einem anderen Anbieter verstanden, bei dem sich wahrscheinlich das gleiche Problem erneut ergibt, d.h. ähnliche Standards verletzt werden.

nen ist (Art. 9 Abs. 3 CSDDD). Bei der Beurteilung, welche Maßnahmen zur Abhilfe „geeignet" sind, stellt die CSDDD ebenso wie das LkSG darauf ab, wie der Verursachungsbeitrag des Unternehmens zu beurteilen ist und welche Einflussmöglichkeit das Unternehmen besitzt, um die Risiken zu beseitigen oder zu minimieren (Art. 11 Abs. 1 lit. a–c CSDDD). Ist es nicht möglich, die negativen Auswirkungen sofort zu beseitigen, so ist zumindest das Ausmaß der Auswirkungen zu minimieren (Art. 11 Abs. 2 CSDDD). Ebenso wie das LkSG legt auch die CSDDD bei der Beurteilung, welche Maßnahmen „geeignet" sind, das Kriterium der Angemessenheit zugrunde. Hierbei sind der Schweregrad sowie der Verursachungsbeitrag des Unternehmens zu berücksichtigen (Art. 11 Abs. 3 lit. a CSDDD), als Kriterium hinzu kommt ausweislich Erwägungsgrund 19 die Wahrscheinlichkeit der negativen Auswirkungen. Die CSDDD basiert somit auf dem Grundsatz, negative Auswirkungen zu beseitigen oder zumindest zu minimieren (vgl. Erwägungsgrund 53 CSDDD), unabhängig davon, ob sie im eigenen Geschäftsbereich oder bei Geschäftspartnern auftreten. Hier ist der Maßstab der Sorgfaltspflichten-RL deutlich strikter als der des LkSG, das bei Zulieferern auch das Bemühen um eine Verbesserung ausreichen lässt (§ 7 Abs. 1 LkSG). So müssen nach deutschem Recht die eingeleiteten Abhilfemaßnahmen nur im eigenen Geschäftsbereich im Inland zu einer Beendigung der Verletzung führen (§ 7 Abs. 1 S. 3 LkSG).[453]

Nach der Sorgfaltspflichten-RL sind verschiedene Maßnahmen zu ergreifen: Als Erstes ist unverzüglich ein Korrekturplan zu entwickeln und umzusetzen, der „Zeitpläne für die Umsetzung geeigneter Maßnahmen" sowie qualitative und quantitative „Indikatoren für die Messung der Verbesserung" zu enthalten hat (Art. 11 Abs. 3 lit. b CSDDD).[454] Insoweit sind „finanzielle und nichtfinanzielle Investitionen" bereitzustellen, um die erforderlichen Maßnahmen zu finanzieren (Art. 11 Abs. 3 lit. d CSDDD). Der eigene Geschäftsplan sowie die Geschäftstätigkeit sind zudem in Bezug auf Verbesserungen zu überprüfen, das gilt auch für die „Beschaffungs-, Entwurfs- und Vertriebspraxis" (Art. 11 Abs. 3 lit. e CSDDD). Geschäftspartner, bei denen es sich um kleine und mittlere Unternehmen (KMU) handelt, sind gezielt und angemessen zu unterstützen, sofern dies erforderlich ist. Das kann durch Bereitstellung bzw. Ermöglichung des Zugangs zu „Kapazitätsaufbau, Schulungen oder die Modernisierung von Managementsystemen" erfolgen, aber auch durch „gezielte und angemessene finanzielle Unterstützung" (Art. 11 Abs. 3 lit. f CSDDD).

453 *Schäfer/Schütze*, BB 2024, 1091, 1096, sowie Fn. 46.

454 Während Art. 10 auf einen Präventionsplan abstellt, bezieht sich Art. 11 der RL auf einen Korrekturmaßnahmenplan, der bei Rechtsverletzungen greift, die sich bereits realisiert haben.

Vorgesehen ist zudem, von direkten Geschäftspartnern die vertragliche Zusicherung einzuholen, dass der Verhaltenskodex des Unternehmens mit den darin enthaltenen Standards sowie der Korrekturmaßnahmenplan eingehalten werden. Gleiches gilt für Subunternehmer der Geschäftspartner, sofern sie Bestandteil der eigenen Aktivitätskette sind und dort Probleme festgestellt wurden (Art. 11 Abs. 3 lit. c CSDDD). Insoweit sollen Unternehmen ihren Einfluss geltend machen, um Zulieferer dazu zu bringen, Verbesserungen zu erzielen (Erwägungsgrund 53 CSDDD). Die vertraglichen Zusicherungen müssen jedoch gem. Art. 11 Abs. 6 UAbs. 1 CSDDD „von geeigneten Maßnahmen zur Überprüfung der Einhaltung" begleitet werden. Da in solchen Fällen die Gefahr besteht, dass die Kosten für die Korrektivmaßnahmen oder die Überprüfung auf die Zulieferer abgewälzt werden und diese überfordern, insbesondere, wenn es sich um KMU handelt, gibt die RL vor, dass „die Bedingungen [für KMU; Annm. d. Verf.] fair, angemessen und diskriminierungsfrei" zu sein haben. Gegebenenfalls sind KMU gezielt und angemessen zu unterstützen, bspw. durch Bereitstellung bzw. Ermöglichung des Zugangs zu „Kapazitätsaufbau, Schulungen oder die Modernisierung von Managementsystemen" oder durch finanzielle Unterstützung (Art. 11 Abs. 6 UAbs. 1 CSDDD).

Können Rechtsverletzungen durch die genannten Maßnahmen nicht abgestellt oder zumindest minimiert werden, so verpflichtet Art. 11 Abs. 7 UAbs. 1 CSDDD Unternehmen dazu, als letztes Mittel keine weiteren Rechtsbeziehungen mehr mit dem Geschäftspartner einzugehen, der bzw. dessen Aktivitätskette für die Rechtsverletzungen verantwortlich ist, und „bestehende Beziehungen nicht mehr auszubauen".

Zuvor ist „unverzüglich" ein auf die (möglichen) Rechtsverletzungen abgestimmter verstärkter Korrekturmaßnahmenplan zu erstellen und umzusetzen, indem die Geschäftsbeziehung „vorübergehend ausgesetzt" wird, um dadurch den Druck zu erhöhen, sofern davon auszugehen ist, dass dies erfolgversprechend ist. Der Maßnahmenplan enthält spezifische und angemessene Zeitvorgaben (Art. 11 Abs. 7 lit. a CSDDD). Kann „berechtigterweise" nicht davon ausgegangen werden, dass dadurch die negativen Auswirkungen (Rechtsverletzungen) abgestellt werden, oder wurden diese durch die Umsetzung des verstärkten Korrekturmaßnahmenplanes nicht abgestellt bzw. das Ausmaß nicht gemindert, ist die Geschäftsbeziehung ohne vorübergehendes Aussetzen zu beenden, zumindest, wenn die tatsächlichen negativen Auswirkungen schwerwiegend sind (Art. 11 Abs. 7 lit. b CSDDD). Dies gilt jedoch nur, wenn die Folgen des Aussetzens bzw. Abbruchs der Geschäftsbeziehung nicht schwerwiegender sind als die festgestellten Rechtsverletzungen – eine Prüfung, die für Unternehmen in der Praxis schwierig sein dürfte. Das Unternehmen hat der zuständigen Aufsichtsbehörde auf Anfrage eine „hinreichende Begründung für die Entscheidung" zu liefern (Art. 11 Abs. 7 UAbs. 2 CSDDD). Wird die

Geschäftsbeziehung ausgesetzt oder beendet, so sind Maßnahmen zu ergreifen, „um die Auswirkungen der Aussetzung oder Beendigung zu verhindern, zu mindern oder abzustellen“ (Art. 11 Abs. 7 UAbs. 4 CSDDD). Wird die Geschäftsbeziehung trotz Verletzung der Standards nicht ausgesetzt oder abgebrochen, so hat das Unternehmen die Situation zu überwachen und regelmäßig zu überprüfen, ob weitere „geeignete Maßnahmen“ ergriffen werden können (Art. 11 Abs. 7 UAbs. 4 CSDDD).

Unternehmen, die negative Auswirkungen direkt verursacht haben, müssen zudem gem. Art. 12 Abs. 1 CSDDD Wiedergutmachung leisten. Der RL-Text verwendet in Art. 12 CSDDD den Begriff der „Abhilfe“ („remediation“), der in Art. 3 Abs. 1 lit. t CSDDD definiert wird. Demnach bedeutet „Abhilfe“ „die Wiederherstellung der Situation oder des Zustands, in der/dem sich die betroffene Person/die betroffenen Personen, die Gemeinschaften oder die Umwelt ohne eingetretene tatsächliche negative Auswirkungen befunden hätten“. Im deutschen Sprachgebrauch ist hierfür die Terminologie der Wiedergutmachung gebräuchlicher, die daher vorliegend zugrunde gelegt wird. Wurde bspw. eine Beschäftigte aufgrund gewerkschaftlicher Betätigung entlassen, so würde die Wiedergutmachung darin bestehen, die Arbeiterin wieder einzustellen. Die Wiedergutmachung umfasst explizit auch „finanzielle oder nichtfinanzielle Entschädigung“ für die betroffene/n Person/en, die allerdings unter einem Angemessenheitsvorbehalt bzgl. der Verursachung stehen (Art. 3 Abs. 1 lit. t CSDDD). Wurde die Rechtsverletzung nicht durch das Unternehmen selbst, sondern durch einen Geschäftspartner (oder in dessen Aktivitätenkette) verursacht, so sind Wiedergutmachungsmaßnahmen freiwillig (Art. 12 Abs. 2 CSDDD). Unternehmen haben ferner Kosten zu erstatten, die einer Behörde wegen zu treffender Abhilfemaßnahmen entstanden sind (Art. 3 Abs. 1 lit. t CSDDD). Nach dem LkSG sind eingetretene Rechtsverletzungen bislang nur abzustellen, der Ersatz eingetretener Schäden sowie Wiedergutmachung sind nach deutschem Recht derzeit noch nicht vorgesehen.

4. Berichterstattung (Art. 16 CSDDD)

Ebenso wie das deutsche LkSG sieht auch die CSDDD in Art. 16 Abs. 1 eine Pflicht zur jährlichen Berichterstattung über die Erfüllung der unternehmerischen Sorgfaltspflichten vor, die jedoch inhaltlich weniger detaillierte Vorgaben enthält als § 10 LkSG. Vorgegeben ist lediglich die Veröffentlichung einer entsprechenden jährlichen Erklärung auf der Webseite des Unternehmens, die in der Landessprache der zuständigen Überwachungsbehörde zu formulieren ist (Art. 16 Abs. 1 lit. a CSDDD) und spätestens 12 Monate nach dem Bilanzstichtag des Geschäftsjahres zu erfolgen hat (Art. 16 Abs. 1 lit. b). Die Berichte müssen im Zentralen Europäischen Zugangsportal (European Single Access Point, ESAP) veröffentlicht werden und öffentlich zugänglich sein (Art. 17).

Die EU-Sorgfaltspflichten-RL wurde insoweit mit der CSRD verzahnt, als dass Unternehmen, die nach der CSRD zur Nachhaltigkeitsberichterstattung verpflichtet sind, gem. Art. 16 Abs. 3 CSDDD keinen gesonderten Bericht nach der CSDDD abzugeben haben. Bislang sieht das deutsche LkSG vor, dass die Berichterstattung nach dem LkSG zusätzlich zu dem nichtfinanziellen Bericht nach §§ 289b ff. HGB zu leisten ist – nach Umsetzung der CSDDD dürfte ein Bericht ausreichend sein.

5. Erstellung eines Klimaschutzplanes (Art. 22 CSDDD)

In Übereinstimmung mit dem Pariser Klimaabkommen haben Unternehmen gem. Art. 22 Abs. 1 CSDDD einen Klimaschutzplan zur Minderung ihres Einflusses auf den Klimawandel zu erstellen und umzusetzen. Dieser soll zur Erreichung des europäischen Klimaneutralitätszieles (1,5°C-Ziel) beitragen. Die Sorgfaltspflichten-RL verweist dabei auf die schrittweisen Klimaneutralitätsziele bis 2050 des Pariser Klimaabkommens. Anders als im RL-Entwurf enthält Art. 22 CSDDD keine Verknüpfung der Erstellung eines validen Klimaschutzplanes mit variablen Vergütungsbestandteilen der Mitglieder der Geschäftsleitung.

Die Vorgaben zur Gestaltung des Klimaschutzplanes orientieren sich am delegierten Rechtsakt ESRS E1,[455] der die klimawandelbezogenen Vorgaben der EU-Richtlinie zur Nachhaltigkeitsberichterstattung (CSRD) konkretisiert. Für die Klimavorgaben der EU-Sorgfaltspflichten-RL ist es daher gem. Art. 22 Abs. 2 CSDDD ausreichend, wenn ein Unternehmen einen Klimaplan im Sinne der CSRD vorweisen kann; ein weiterer Klimaplan nach der CSDDD ist in diesem Fall nicht zusätzlich erforderlich. Die Verpflichtung zur Erstellung eines Klimaplanes ist keine der klassischen Sorgfaltspflichten und daher auch nicht im Pflichtenkatalog von Art. 5 Abs. 1 CSDDD aufgeführt.

6. Einbeziehung von Interessenträgern (Art. 13 CSDDD)

Nach Art. 13 Abs. 1 CSDDD sind Unternehmen dazu zu verpflichten, Interessenträger wirksam „in das gesamte Verfahren zur Erfüllung der Sorgfaltspflicht“ einzubeziehen (Erwägungsgrund 40). Art. 3 Abs. 1 lit. n CSDDD definiert, wer als Interessenträger einzuordnen ist. Hierzu zählen neben den Beschäftigten des Unternehmens, der Tochterunternehmen und Geschäftspartner insbesondere Gewerkschaften und Arbeitnehmervertreter*innen. Auch

455 Delegierte Verordnung (EU) 2023/2772 der Kommission vom 31. Juli 2023 zur Ergänzung der Richtlinie 2013/34/EU des Europäischen Parlaments und des Rates durch Standards für die Nachhaltigkeitsberichterstattung.

Verbraucher*innen und „andere Einzelpersonen, Gruppen, Gemeinschaften oder Einrichtungen, deren Rechte oder Interessen durch die Produkte, Dienstleistungen oder Geschäftstätigkeiten" beeinträchtigt sein könnten, sind als Interessenträger einzuordnen. Gleiches gilt für Organisationen der Zivilgesellschaft, die sich für den Umweltschutz engagieren. Da Art. 13 Abs. 6 S. 2 CSDDD ausführt, dass Konsultationen mit „Industrieinitiativen bzw. Multi-Stakeholder-Initiativen" allein nicht ausreichen, „um der Verpflichtung zur Konsultation der Beschäftigten des Unternehmens und ihrer Vertreter nachzukommen", wird deutlich, dass insbesondere die Vertreter*innen der Beschäftigten zu konsultieren sind. Je nach System der industriellen Beziehungen handelt es sich dabei um Gewerkschaftsvertreter*innen, oder wie in Deutschland, um Betriebsräte, ggf. ergänzt durch Gewerkschaften. Dialoge allein mit den Beschäftigten dürften das Kriterium der Wirksamkeit nur bedingt erfüllen, da diese im Unterschied zu Arbeitnehmervertreter*innen nicht über Sonderkündigungsschutz verfügen und daher kaum kritisch nachfragen werden. Dialoge mit den Beschäftigten sind folglich nur sehr eingeschränkt geeignet, die Verpflichtung der RL zu erfüllen, und nur sinnvoll, wenn es keine Arbeitnehmervertretung durch Betriebsräte oder Gewerkschaften gibt. In solchen Fällen kann es sinnvoll sein, die Konsultationen zusätzlich mit „Industrieinitiativen bzw. Multi-Stakeholder-Initiativen" durchzuführen, was auch ergänzend zu der Konsultation mit Arbeitnehmervertreter*innen möglich ist. Es können im Einzelfall jedoch auch weitere Interessengruppen als zu konsultierende Interessenträger einzuordnen sein, so verdeutlicht Erwägungsgrund 65, dass bspw. auch „geschützte indigene Völker"[456] unter die Gruppe der zu konsultierenden Interessenträger fallen können.

Gemäß Art. 13 Abs. 3 lit. a CSDDD sind die Interessenträger in sämtliche Schritte der Risikoanalyse nach Art. 8 und 9 CSDDD einzubinden, mithin in das Sammeln „der erforderlichen Informationen über tatsächliche oder potenzielle negative Auswirkungen", um diese „zu ermitteln, zu bewerten und zu priorisieren". Gleiches gilt gem. Art. 13 Abs. 3 lit. b CSDDD für das Entwickeln von Präventions- und Abhilfemaßnahmen nach Art. 10 Abs. 2, 11 Abs. 3 und 6 sowie Art. 11 Abs. 1 und 7 CSDDD. Interessenträger sind ferner bzgl. der Annahme geeigneter Abhilfemaßnahmen bzw. Maßnahmen zur Wiedergutmachung nach Verstößen zu konsultieren (Art. 13 Abs. 3 lit. d CSDDD i.V.m. Erwägungsgrund 38). Auch wenn die Frage offen ist, ob das Verhindern negativer Auswirkungen oder Abhilfemaßnahmen nach Verstößen bei einem Zulieferer bzw. in seiner Kette erfolgversprechend ist oder ob die Geschäftsbe-

456 Unter „geschützte indigene Völker" sollen solche i.S.d. Erklärung der Vereinten Nationen über die Rechte der indigenen Völker fallen, sowie „jene, die unter die Erklärung der Vereinten Nationen über die Menschenrechtsverteidiger fallen".

ziehung abgebrochen werden soll, sind nach Art. 13 Abs. 3 lit. c CSDDD die Interessenträger zu beteiligen. Gleiches gilt für das Entwickeln „qualitativer und quantitativer Indikatoren“ für die Evaluation und Überwachung der Effektivität der Sorgfaltspflichtenmaßnahmen (Art. 13 Abs. 3 lit. e CSDDD), sofern solche Indikatoren entwickelt werden sollen.

Der RL-Geber geht gem. Art. 13 Abs. 2 CSDDD davon aus, dass die Pflicht der Einbeziehung der Interessenträger durch Konsultationen zu erfüllen ist, was dazu führen kann, dass dem Unternehmen neue Risiken bekannt werden (Erwägungsgrund 41). Der Begriff der Konsultation ist in der RL nicht definiert, Art. 13 Abs. 2 S. 1 CSDDD gibt lediglich vor, dass die Konsultationen „wirksam und transparent“ zu gestalten und den Interessenträgern „sachdienliche und umfassende Informationen zur Verfügung“ zu stellen sind. Allerdings ist der Begriff der Konsultation bereits durch andere Rechtsakte der EU eingeführt und definiert. Das Recht auf Information und Konsultation der Arbeitnehmer*innen oder ihrer Vertreter*innen ist primärrechtlich in Art. 27 EU-Grundrechte-Charta (EU-GRC) normiert. Dieser Artikel ist insoweit einschlägig, als mit Art. 13 CSDDD nach dem Unionsrecht Unterrichtung und Anhörung (Information und Konsultation) der Beschäftigten und ihrer Vertreter*innen vorgesehen ist,[457] wenngleich das Recht nicht auf diese Gruppe beschränkt ist. Art. 27 EU-GRC gibt vor, dass Unterrichtung und Anhörung „rechtzeitig“ zu erfolgen haben, ohne diesen unbestimmten Rechtsbegriff näher zu definieren.

Das prominenteste Beispiel von Unterrichtung und Anhörung von Arbeitnehmervertreter*innen ist in der EBR-RL 2009/38/EG umgesetzt, auf die im Sinne einer systematischen Auslegung zurückgegriffen werden kann. Nach Art. 2 Abs. 1 lit. g RL 2009/38/EG ist unter „Anhörung“ die „Einrichtung eines Dialogs“ und der „Meinungsaustausch zwischen den Arbeitnehmervertretern und der zentralen Leitung“ zu verstehen. Eine Anhörung hat insoweit nicht das einseitige Zur-Verfügung-Stellen von Informationen zum Ziel, sondern einen echten Dialog der Parteien. Form und Aufbereitung der Informationen müssen es der Arbeitnehmerseite ermöglichen, eine Position zu entwickeln und diese der Arbeitgeberseite zu präsentieren, was einen gewissen zeitlichen Rahmen erfordert.[458] Die Arbeitnehmerseite hat zudem Anspruch darauf, eine mit Gründen versehene Antwort auf ihre Stellungnahme zu erhalten.[459]

457 Art. 27 EU-GRC kommt nur zur Anwendung, wenn Information und Konsultation „nach dem Gemeinschaftsrecht und den einzelstaatlichen Rechtsvorschriften und Gepflogenheiten vorgesehen sind“.

458 *Jagodziński*, Transfer 2011, 203, 210 f.

459 *Westenrieder*, Der Europäische Betriebsrat, 136.

Werden weitere Informationen relevant, so sind diese ausweislich Art. 13 Abs. 2 S. 2 CSDDD auf „begründetes Ersuchen“ der Interessenträger „innerhalb einer angemessenen Frist und in einem geeigneten und verständlichen Format“ zur Verfügung zu stellen. Will das Unternehmen keine weiteren Informationen zur Verfügung stellen, so ist die Ablehnung zu begründen (Art. 13 Abs. 2 S. 3 CSDDD). Unternehmen sollten zudem sicherstellen, dass „die Interessenträger Zugang zu den Meldemechanismen und Beschwerdeverfahren haben“ (Erwägungsgrund 59 CSDDD). Bislang sind gem. § 4 Abs. 4 LkSG zwar die Interessen potenziell betroffener Gruppen „zu berücksichtigen“, die Beteiligung von Gewerkschaften, Betriebsräten und anderen Stakeholdern nach Art. 13 CSDDD geht darüber jedoch deutlich hinaus.

V. Meldemechanismus und Beschwerdeverfahren (Art. 14 CSDDD)

Art. 14 Abs. 1 CSDDD sieht vor, dass Unternehmen verpflichtend ein Beschwerdeverfahren einzurichten haben, über das tatsächliche oder potenzielle Rechtsverletzungen durch das Unternehmen, seine Tochterunternehmen, Geschäftspartner oder von Subunternehmern entlang der Aktivitätskette gemeldet werden können. Die in der EU-Sorgfaltspflichten-RL festgelegten Voraussetzungen für das Verfahren sind detaillierter ausgestaltet als die des LkSG, unterscheiden sich in der Substanz jedoch nur geringfügig von den deutschen Bestimmungen. Das zu schaffende Verfahren hat gem. Art. 14 Abs. 3 S. 1 CSDDD gerecht, öffentlich verfügbar, zugänglich, berechenbar und transparent zu sein, hier bezieht sich der RL-Geber ausweislich Erwägungsgrund 59 auf die Vorgaben des Grundsatzes 31 der UN-Leitprinzipien. Unternehmen haben gegenüber dem*der Beschwerdeführer*in zu begründen, warum eine Beschwerde als begründet oder unbegründet eingeordnet wurde und welche Schritte daraufhin unternommen wurden bzw. werden sollen (Art. 14 Abs. 4 lit. c CSDDD). Bei einer begründeten Beschwerde hat das Unternehmen Abhilfe und Kompensation zu leisten sowie für zukünftige Prävention zu sorgen (Art. 14 Abs. 3 UAbs. 2 CSDDD).

Beschwerden können gem. Art. 14 Abs. 5 Uabs. 2 S. 1 CSDDD entweder anonym oder vertraulich eingereicht werden, jegliche Form von Repressalien aufgrund des Einreichens einer Beschwerde sind zu verhindern (Art. 14 Abs. 3 Uabs. 1 S. 2 CSDDD). Daher wird mehrfach betont, dass die Vertraulichkeit der Beschwerde führenden Person gewährleistet zu sein hat und insoweit die Identität gegenüber dem Unternehmen nicht offengelegt werden darf (Art. 14 Abs. 3 UAbs. 1 S. 2 CSDDD). Die Weitergabe von Informationen über die Beschwerde ist folglich so zu gestalten, dass nicht indirekt auf die Identität der

Beschwerde führenden Person geschlossen werden kann (Art. 14 Abs. 3 Uabs. 1 S. 3 CSDDD). Im Unterschied zum LkSG normiert die CSDDD ein Recht der Beschwerde führenden Person, „Vertreter des Unternehmens auf geeigneter Ebene zu treffen", um den Inhalt der Beschwerde sowie die daraufhin getätigten Maßnahmen „zu erörtern" (Art. 14 Abs. 4 lit. b CSDDD).

Beschwerdebefugt sind einerseits von den (drohenden) Rechtsverletzungen Betroffene, hierbei kann es sich sowohl um natürliche als auch um juristische Personen handeln, Gleiches gilt für deren rechtmäßige Vertreter*innen, die in ihrem Namen handeln. Hierunter fallen laut RL-Geber bspw. „Organisationen der Zivilgesellschaft und Menschenrechtsverteidiger" (Art. 14 Abs. 2 lit. a CSDDD) sowie Gewerkschaften und Arbeitnehmervertreter*innen (Betriebsräte) als Vertreter*innen der in der Aktivitätskette tätigen natürlichen Personen (Art. 14 Abs. 2 lit. b CSDDD), und Umweltorganisationen, die über entsprechende Expertise verfügen (Art. 14 Abs. 2 lit. c CSDDD). Zwar wird auch bislang bereits eine ähnlich weite Beschwerdebefugnis aus § 8 Abs. 1 S. 2 des deutschen LkSG abgeleitet,[460] im Unterschied zum deutschen Gesetz gewährt die CSDDD den genannten Gruppen jedoch explizit das Recht, von dem zu schaffenden Beschwerdemechanismus Gebrauch zu machen.

Im Unterschied zum LkSG sehen die Bestimmungen der CSDDD zudem explizit vor, dass Betriebsräte (Arbeitnehmervertreter*innen) und Gewerkschaften über das Beschwerdeverfahren zu informieren sind (Art. 14 Abs. 3 S. 1 CSDDD), wobei die Einführung eines Beschwerdeverfahrens nach deutschem Recht der zwingenden Mitbestimmung des Betriebsrates unterliegt.[461] Gewerkschaften sind bislang nach dem deutschen LkSG weder in das Beschwerdeverfahren eingebunden noch über die Einführung zu informieren. Ausweislich Erwägungsgrund 59 CSDDD sollten die Unternehmen zudem sicherstellen, dass „die Interessenträger Zugang zu den Meldemechanismen und Beschwerdeverfahren haben".

Der Beschwerdemechanismus muss nicht unternehmensintern sein, vielmehr ermutigt die EU-Sorgfaltspflichten-RL Unternehmen dezidiert dazu, „sich an gemeinsamen Beschwerdeverfahren und Meldemechanismen" von Industrieverbänden, Multi-Stakeholder-Initiativen oder an solchen Verfahren zu beteiligen, die durch „globale Rahmenvereinbarungen gemeinsam eingerichtet werden" (Art. 14 Abs. 6 CSDDD i.V.m. Erwägungsgrund 59), zu Letzteren siehe unter E.III.

460 *Zimmer*, Lieferkettensorgfaltspflichtengesetz, 46.
461 *Zimmer*, Lieferkettensorgfaltspflichtengesetz, 74.

Art. 30 CSDDD erklärt die Hinweisgeber-Richtlinie 2019/1937/EU neben der CSDDD für anwendbar. Der RL-Geber erläutert dazu in Erwägungsgrund 60, dass das nach der CSDDD einzuführende Beschwerdeverfahren aufgrund der deutlich breiter angelegten Beschwerdebefugnis sowie „des breiteren Spektrums an Beschwerdegegenständen" als ein gesonderter Mechanismus gegenüber dem Hinweisgeberschutzsystem zu werten ist, das mit Umsetzung der Richtlinie 2019/1937/EU einzuführen war. Gemäß Art. 32 CSDDD wird die Hinweisgeber-RL in ihrem Anhang um die CSDDD und damit um die Thematik der Einhaltung menschen- und umweltrechtlicher Standards ergänzt. Wer im Zusammenhang mit der beruflichen Tätigkeit (oder im Vorfeld)[462] von (drohenden) Rechtsverletzungen entlang der Wertschöpfungskette erfährt, hat folglich zwei Meldekanäle zur Verfügung, einen nach dem HinSchG und zum Zweiten den Beschwerdemechanismus nach der CSDDD (bzw. dem jeweiligen Umsetzungsgesetz).

VI. Durchsetzung und Überwachung

Die EU-Sorgfaltspflichten-RL setzt bei der Durchsetzung auf eine Mischung aus zivilrechtlichen und öffentlich-rechtlichen Mechanismen.

1. Deliktische Außenhaftung

Im Unterschied zum LkSG gewährleistet die CSDDD mit Art. 29 Abs. 1 UAbs. 1 eine deliktische Außenhaftung, die es Geschädigten von Menschenrechts- oder Umweltverletzungen entlang der gesamten Aktivitätskette ermöglicht, einen zivilrechtlichen Schadensersatzanspruch vor Gerichten der Mitgliedstaaten auf die Verletzung einer in der CSDDD geregelten und ins nationale Gesetz übernommenen Pflicht zu stützen. Diese Norm war im Gesetzgebungsverfahren besonders umstritten und Teile der Wirtschaft opponierten stark dagegen. Allerdings begründet nicht jeder Pflichtverstoß einen Anspruch auf Schadensersatzleistungen. Dieser greift lediglich bei einer vorsätzlichen oder fahrlässigen Verletzung der zentralen Sorgfaltspflichten aus Art. 10 und 11 CSDDD durch Unternehmen, die in den Anwendungsbereich der RL fallen und keine oder nicht ausreichende präventive Maßnahmen ergriffen (Art. 10 CSDDD) oder negative Auswirkungen nicht behoben haben (Art. 11 CSDDD). Versäumnisse bei der Risikoanalyse (nach Art. 8 CSDDD) oder der Priorisierung (Art. 9 CSDDD) sollen demnach keine Schadensersatzpflicht begründen, wobei eine mangelhafte Risikoanalyse oder Priorisierung zu Fehlern bei der

462 Vgl. § 1 Abs. 1 HinSchG, der den Anwendungsbereich des Gesetzes regelt.

Prävention oder Schadensbehebung führen dürfte.[463] Verstöße gegen Maßnahmen zur Bekämpfung des Klimawandels aus Art. 22 CSDDD sind nicht im Katalog von Art. 29 CSDDD enthalten, sodass Klagen auf Schadensersatz nicht auf solche Versäumnisse gestützt werden können.[464] Art. 29 Abs. 1 UAbs. 2 CSDDD gibt zudem vor, dass ein Unternehmen nicht haftet, „wenn der Schaden nur von seinen Geschäftspartnern [...] verursacht wurde". Wurde der Schaden allerdings gemeinsam von dem Unternehmen und seiner Tochter oder seinen direkten oder indirekten Geschäftspartnern verursacht, so legt Art. 29 Abs. 5 UAbs. 2 CSDDD eine gesamtschuldnerische Haftung fest. Insoweit ist auszulegen, was unter gemeinsamer Verursachung zu verstehen ist. Jeglicher Verursachungsbeitrag des transnationalen Unternehmens, bspw. bereits durch das Ordern und damit Anregen zur Produktion, in der die Verletzungshandlung stattfand, kann angesichts der Formulierung in Art. 29 Abs. 1 UAbs. 2 CSDDD nicht gemeint sein. Insoweit kann Erwägungsgrund 53 zur Auslegung herangezogen werden, der zwischen alleiniger Verursachung und gemeinsamer Verursachung unterscheidet. Eine gemeinsame Verursachung soll demnach nicht lediglich dann gegeben sein, wenn das transnationale Unternehmen und der Geschäftspartner (oder das Tochterunternehmen) „in gleichem Maße daran beteiligt sind", sondern sich auch auf Fälle beziehen, in denen die Verletzungshandlung des Zulieferers oder Tochterunternehmens durch Handlungen oder Unterlassungen des transnationalen Unternehmens in erheblichem Maße erleichtert oder gefördert wird. Lediglich bei geringfügigen oder unerheblichen Verursachungsbeiträgen wäre kein gemeinsames Handeln gegeben.[465] Demnach wäre eine gemeinsame Verursachung bspw. gegeben, wenn arbeitsrechtliche Verletzungshandlungen bei einem Zulieferer oder Subunternehmer darauf zurückzuführen sind, dass das transnationale Unternehmen bspw. die Lieferfrist verkürzt und diesbezüglich besonderen Druck gemacht hat.

Vorgesehen ist eine vollständige Entschädigung, die ausweislich des RL-Gebers jedoch nicht zur Überkompensation führen darf (Art. 29 Abs. 2 S. 1 CSDDD),[466] maßgeblich ist das jeweilige nationale Recht. Auch Fragen der Beweislast[467] und der Kausalität i.S.d. zivilrechtlichen Haftung[468] werden durch die Sorgfaltspflichten-RL nicht geregelt. Gleiches gilt für die Frage, „unter welchen Voraussetzungen ein Zivilverfahren eingeleitet werden kann" (Erwä-

463 *Hübner/Lieberknecht*, NJW 2024, 1841, 1845.

464 *Schäfer/Schütze*, BB 2024, 1091, 1099.

465 *Hübner/Lieberknecht*, NJW 2024, 1841, 1845.

466 Bspw. durch Strafschadensersatz oder Mehrfachentschädigung, was dem deutschen Schadensrecht allerdings fremd ist.

467 Vgl. Erwägungsgrund 81.

468 Vgl. Erwägungsgrund 79 S. 5.

gungsgrund 81). Diese Regelungen sind folglich durch den nationalen Gesetzgeber auszugestalten.[469] Da auch kein spezieller Gerichtsstand durch die CSDDD geschaffen wird, gelten auch diesbezüglich die allgemeinen Regelungen des nationalen Rechts.[470]

Den Mitgliedstaaten ist vorgegeben, Regelungen über Beginn, Dauer sowie Aussetzung und Unterbrechung von Verjährungsfristen zu schaffen, welche „die Erhebung von Schadensersatzklagen nicht unangemessen" behindern (Art. 29 Abs. 3 lit. a UAbs. 1 CSDDD). Die Verjährungsfrist für die Erhebung von Schadensersatzklagen zu Sorgfaltspflichtverletzungen hat gem. Art. 29 Abs. 3 lit. a UAbs. 2 CSDDD mindestens 5 Jahre zu betragen, was bekanntermaßen über die für das deutsche Deliktsrecht geltende allgemeine Verjährungsfrist von 3 Jahren aus § 195 BGB hinausgeht. Die Frist beginnt erst dann zu laufen, wenn die geschädigte Person die relevanten Informationen für die Geltendmachung des Anspruchs erhalten hat oder dies regelmäßig erwartet werden kann.

Die RL gibt in Art. 3 lit. b CSDDD ferner vor, dass die Verfahrenskosten für Kläger*innen bei Schadensersatzklagen nicht „unverhältnismäßig hoch" sein dürfen. Art. 29 Abs. 3 lit. d CSDDD normiert zudem, dass die Mitgliedstaaten „angemessene Bedingungen" vorsehen, damit Geschädigte Gewerkschaften oder Menschen- bzw. Umweltrechts-NGOs „mit Sitz in einem Mitgliedstaat ermächtigen" können, zivilrechtliche Haftungsklagen „zur Durchsetzung der Rechte des mutmaßlich Geschädigten zu erheben". Die in § 11 LkSG vorgesehene besondere Prozessstandschaft[471] erfüllt diese Voraussetzung. Allerdings ist die Formulierung aus Art. 29 Abs. 3 lit. d CSDDD so offen gehalten, dass Mitgliedstaaten auch andere prozessuale Lösungen vorsehen können, unter denen Gewerkschaften und NGOs dazu ermächtigt werden, Klagen auf Schadensersatz „zur Durchsetzung der Rechte des mutmaßlich Geschädigten zu erheben". Erwägungsgrund 84 erläutert beispielhaft, dass dies auch „im Rahmen einer Intervention Dritter" geschehen könne – es muss folglich nicht zwingend eine Prozessstandschaft vorgesehen werden,[472] mit der die Rechte des*der Betroffenen im eigenen Namen geltend gemacht werden können.[473] Eine weitere Vorgabe der RL ist, dass es möglich sein muss, Unterlassungsmaßnahmen auch im Eilverfahren zu beantragen (Art. 29 Abs. 3 lit. c CSDDD). In Bezug auf die Verteilung der Beweislast gibt Art. 29 Abs. 2 lit. e CSDDD ein abgestuf-

---

469 *Schmidt*, BB 2024, 1859, 1862.

470 *Schmidt*, BB 2024, 1859, 1862.

471 Dazu vertiefend: *Zimmer*, AuR 2024, 139, 140 ff.

472 *Schmidt*, NZG 859, 869; wobei z.T. auch argumentiert wird, der RL-Geber habe sich gerade am Modell des § 11 LkSG orientiert: *Grabosch*, EU-Lieferkettenrichtlinie, 11.

473 Dazu: *Zimmer*, AuR 2024, 139, 140 ff.

tes Verfahren vor. Anspruchsteller*innen haben zunächst die Plausibilität ihres Anspruchs zu begründen. Ist dies gegeben und wird von dem*der Kläger*in vorgetragen, dass das Unternehmen über zusätzliche Beweismittel verfügt, so kann das Gericht das Unternehmen zur Offenlegung dieser Beweismittel verpflichten. Welcher Umfang an Beweismitteln sich im Rahmen der Verhältnismäßigkeit bewegt, bleibt der Auslegung und Interessenabwägung der nationalen Gerichte vorbehalten.[474] Unternehmen können sich der Haftung nicht dadurch entziehen, dass sie sich an Multi-Stakeholder-Initiativen beteiligen, unabhängige Auditfirmen zur Überprüfung einschalten oder zur Umsetzung der Sorgfaltspflicht bestimmte Vertragsklauseln einsetzen (Art. 29 Abs. 4 CSDDD).

Art. 29 Abs. 7 CSDDD gibt zudem vor, dass die nationale Regelung als Eingriffsnorm ausgestaltet zu sein hat und die nationalen Vorschriften zur Umsetzung der RL-Bestimmungen folglich zwingend anzuwenden sind. Die nationalen Bestimmungen haben damit auch dann Vorrang, wenn das nach dem Kollisionsrecht (eigentlich) anzuwendende Recht nicht das Recht eines Mitgliedstaates ist,[475] was bspw. bei einer Rechtsverletzung in einer pakistanischen Fabrik der Fall wäre, wie bei dem Verfahren gegen KiK wegen der in Karachi abgebrannten Fabrik.[476] Diese bemerkenswerte Regelung stellt ein absolutes rechtliches Novum dar[477] und dürfte zukünftige Klagen erleichtern. Bislang gab es in Deutschland kaum Schadensersatzklagen Betroffener gegen transnationale Unternehmen, das Verfahren gegen KiK wurde aus formellen Gründen verloren,[478] ein Schadensersatzverfahren gegen den TÜV-Süd läuft noch. Dessen brasilianische Tochterfirma TSB hatte dem Bergbaukonzern Vale einige Monate vor einem Dammbruch die Sicherheit des Dammes bescheinigt.[479] Allerdings ist der Nachweis für eine Pflichtverletzung des transnationalen Unternehmens nicht leicht zu führen und das Verfahren mit großen Belastungen der Betroffenen verbunden,[480] hinzu kommen die z.T. immensen Kosten. Daher ist nicht davon auszugehen, dass es nach Umsetzung der CSDDD in nationales Recht zu einer Vielzahl an Prozessen kommen wird.

---

474 *Mittwoch/Didier*, ESGZ 2024, 19, 21.

475 Nach der allgemeinen Kollisionsnorm des Deliktrechts, ist gem. Art. 4 Abs. 1 Rom II VO das Recht des Schadensortes anzuwenden.

476 *Azeem*, The KiK Case, 279 ff.; *Saage-Maaß*, Legal Interventions, 25 ff.; vgl. zudem: ECCHR, KiK: Der Preis der Arbeitsbedingungen.

477 *Mittwoch/Didier*, ESGZ 2024, 19, 21; kritisch: *Schmidt*, NZG 2024, 859, 869; *Schmidt*, BB 2024, 1859 1862 f.

478 So waren die Ansprüche nach dem anzuwendenden pakistanischen Recht bereits verjährt, vgl. *Saage-Maaß*, Legal Interventions, 25 ff.

479 Das Verfahren wird sowohl in Brasilien als auch vor dem Landgericht München I ausgefochten und von der deutschen Gewerkschaft IGBCE unterstützt, vgl. *Suliak*, LTO, 25.1.2022.

480 *Azeem*, The KiK Case, 279 ff.

2. Behördliche Überwachung

Nach Art. 24 Abs. 1 CSDDD sind nationale Behörden zu schaffen, die dafür zuständig sind, die Einhaltung der gesetzlichen Vorgaben zu den unternehmerischen Sorgfaltspflichten durch betroffene Unternehmen zu überwachen und bei Nichteinhaltung zu sanktionieren. Die zuständige nationale Behörde ist der EU-Kommission gegenüber zu benennen (Art. 24 Abs. 7 CSDDD), die auf ihrer Webseite ein Verzeichnis der nationalen Aufsichtsbehörden veröffentlicht, das regelmäßig aktualisiert wird (Art. 24 Abs. 8 S. 1 und 2 CSDDD). In Deutschland ist davon auszugehen, dass das Bundesamt für Wirtschaft und Ausfuhrkontrolle (BAFA) diese Aufgabe übernehmen wird, da dieses bereits für die Überwachung und Durchsetzung des LkSG zuständig ist. Vorgesehen ist, dass die Mitgliedstaaten angemessene Befugnisse sowie Ressourcen der Aufsichtsbehörden gewährleisten (Art. 25 Abs. 1 CSDDD). Dies umfasst weitreichende Informations- und Untersuchungsrechte (Art. 25 Abs. 2–6 CSDDD), wie sie aus dem LkSG bekannt sind. Die nationale Behörde kann von sich aus tätig werden, jedoch auch aufgrund „begründeter Bedenken", mithin aufgrund einer Beschwerde, zu der jede Person berechtigt ist (Art. 25 Abs. 2, Art. 26). In diesem Fall muss die Behörde tätig werden. Hat die Person selbst ein berechtigtes Interesse am Tätigwerden der Behörde, ist die behördliche Entscheidung mitzuteilen und zu begründen.

Im Unterschied zum LkSG enthält die CSDDD keine detaillierten Vorgaben, welche Sanktionen bei Nichtbefolgung der Pflichten zu ergreifen sind. Wie im Unionsrecht üblich, gibt Art. 27 Abs. 1 S. 2 CSDDD allerdings vor, dass die Sanktionen „wirksam, verhältnismäßig und abschreckend" zu sein haben und Bußgelder umfassen müssen (Art. 27 Abs. 1 S. 1 CSDDD). Werden Geldbußen verhängt, so haben sich diese „nach dem weltweiten Nettoumsatz des Unternehmens" im vergangenen Geschäftsjahr zu berechnen (Art. 27 Abs. 4 S. 1 CSDDD). „Um eine künstliche Reduzierung potenzieller Geldbußen zu verhindern", liegt die Bemessungsgrundlage bei konzernangehörigen Unternehmen ausweislich Erwägungsgrund 77 bei dem konsolidierten Umsatz der obersten Muttergesellschaft. Das Höchstmaß des Bußgeldes hat gem. Art. 27 Abs. 4 S. 2 CSDDD mindestens 5 Prozent des weltweiten Nettoumsatzes zu betragen. Werden von einer nationalen Behörde Sanktionen gegen Unternehmen verhängt, so ist dies gem. Art. 27 Abs. 5 CSDDD zu veröffentlichen, die Informationen haben mindestens 5 Jahre öffentlich zugänglich zu sein und sind dem zu errichtenden europäischen Netz der Aufsichtsbehörden[481] zu übermitteln.

481 Näheres zu diesem Netz regelt Art. 28 CSDDD.

Wie schon aus dem LkSG bekannt, gibt Art. 31 CSDDD darüber hinaus vor, dass die Einhaltung der sich aus den nationalen Umsetzungsgesetzen ergebenden Verpflichtungen bei der Vergabe öffentlicher Aufträge und Konzessionen berücksichtigt werden kann. Die EU-Sorgfaltspflichten-RL enthält somit durchaus empfindliche Sanktionen für Verstöße gegen die normierten Pflichten.

VII. „Abspeckung" der Sorgfaltspflichtenrichtlinie im „Omnibusverfahren"

Allerdings ist mittlerweile geplant, die in der CSDDD verankerten unternehmerischen Pflichten zu verringern und die erst 2024 verabschiedete RL erneut zu überarbeiten. So verabschiedete der Europäische Rat am 8.11.2024 eine Zwölf-Punkte-Erklärung (Budapester Erklärung) zur Stärkung der europäischen Wettbewerbsfähigkeit, in der Punkt 4 der Erklärung vorsieht, die gegenwärtigen Nachhaltigkeitsberichtspflichten deutlich zu vereinfachen. Der Europäischen Kommission wurde aufgegeben, noch im ersten Halbjahr 2025 Vorschläge zu erarbeiten, um die Pflichten zur Nachhaltigkeitsberichterstattung um mindestens 25 Prozent zu senken.[482] In einem „Omnibus-Verfahren" sollen die ESG-Berichtspflichten konsolidiert werden.[483] In dem Verfahren sollen neben der CSDDD auch die CSRD und die Taxonomie-Verordnung 2020/852/EU[484] „entschlackt" werden. Im Rahmen des „Omnibuspaketes I" ist geplant, den Anwendungsbereich der zur Nachhaltigkeitsberichterstattung verpflichteten Unternehmen zu verringern. Geplant ist zudem, die Umsetzungspflicht der CSDDD um ein Jahr zu verschieben, sodass die Frist für die Umsetzung durch die Mitgliedstaaten von Juli 2026 auf Juli 2027 und die Anwendung der CSDDD für die ersten Unternehmen von Juli 2027 auf Juli 2028 verschoben wird. Die Kommission schlägt zudem vor, die Sorgfaltspflichten auf direkte Zulieferer zu begrenzen und die Verpflichtung zu streichen, im äußersten Fall die Geschäftsbedingungen zu beenden. Vorgeschlagen wird ferner, die zivilrechtlichen Haftungsbestimmungen zu streichen.[485] Sollten sich diese Vorschläge durchsetzen, würde gerade ein Großteil der im Unterschied zum deutschen LkSG weitergehenden Bestimmungen dem „Bürokratieabbau" zum Opfer fallen.

---

482 Europäischer Rat, Pressemitteilung, 8.11.2024.

483 Vgl. Tagesspiegel-Background vom 21.11.2024.

484 Verordnung 2020/852 des Europäischen Parlaments und des Rates vom 18. Juni 2020 über die Einrichtung eines Rahmens zur Erleichterung nachhaltiger Investitionen und zur Änderung der Verordnung (EU) 2019/2088. Die VO legt ein System von Kriterien zur Einstufung wirtschaftlicher Tätigkeiten hinsichtlich ihrer Nachhaltigkeit fest.

485 Vgl. zudem das Q&A-Dokument der Europäischen Kommission, online: *https://ec.europa.eu/commission/presscorner/api/files/document/print/en/qanda_25_615/QANDA_25_615_EN.pdf* (7.3.2025).

VIII. Umsetzung der CSDDD in Deutschland

Gemäß Art. 37 Abs. 1 CSDDD sind die Bestimmungen der EU-Sorgfaltspflichten-RL bislang bis zum 26.7.2026 in nationales Recht umzusetzen. Zu klären ist, wie weit die Umsetzungsverpflichtungen gehen.

1. Grad der Umsetzungsverpflichtung

EU-Richtlinien sind gem. Art. 288 Abs. 3 AEUV „für jeden Mitgliedstaat [...] hinsichtlich des zu erreichenden Zieles verbindlich", insoweit hat der deutsche Gesetzgeber die CSDDD innerhalb der vorgegebenen Frist umzusetzen, wobei die Wahl von Form und Mittel den innerstaatlichen Stellen überlassen bleibt. Das Ziel einer RL bemisst sich einerseits nach den in der RL enthaltenen Zielvorstellungen und ist nach herrschender europarechtlicher Sichtweise darüber hinaus durch Auslegung des RL-Inhalts zu ermitteln.[486] Viele Richtlinien schreiben insoweit lediglich einen verbindlichen Mindeststandard für das nationale Recht vor, den Mitgliedstaaten steht es in diesem Fall frei, eine im Vergleich zum europäischen Rechtsetzungsakt strengere Regelung beizubehalten oder einzuführen.[487] Bestätigt durch Rechtsprechung und Literatur normieren insbesondere Richtlinien jüngeren Datums den konkreten Regelungsgehalt bereits bis ins Detail und enthalten somit „Vollregelungen". Ein inhaltlicher Gestaltungsspielraum ergibt sich bei solchen RL-Bestimmungen daher nur, soweit die RL einen solchen eröffnet.[488] Ist kein solcher Spielraum eröffnet, haben die Mitgliedstaaten vollharmonisierte RL-Bestimmungen eins zu eins umzusetzen, sie dürfen weder hinter dem RL-Inhalt zurückbleiben noch darüber hinausgehen, auch nicht, um einen höheren Schutzstandard zu erreichen.[489] Insoweit ist zu klären, inwieweit und für welche Inhalte die CSDDD eine Voll- und für welche nur eine Teilharmonisierung vorgesehen ist, ob dem deutschen Gesetzgeber mithin ein Spielraum für strengere Regelungen bei der Umsetzung der CSDDD verbleibt.

Die EU-Sorgfaltspflichten-RL ist insgesamt weder mindest- noch vollharmonisierend. Art. 4 Abs. 1 CSDDD normiert, dass die Mitgliedstaaten in den zentralen Bereichen der unternehmerischen Sorgfaltspflichten nach Art. 8 Abs. 1

---

486 Calliess/Ruffert-*Ruffert*, EUV/AEUV Art. 288 Rn. 26; Schwarze-*Bievert*, EU-Kommentar Art. 288 Rn. 28; Vedder/Heintschel-*Vedder*, EUV/AEUV Art. 288 Rn. 23; *Wölk*, Umsetzung von Richtlinien, 40 ff. (m.w.N.).

487 *Wagner*, Konzept der Mindestharmonisierung, 53 f.; *Mittwoch*, Vollharmonisierung und Europäisches Privatrecht, 25 ff. m.w.N.

488 Vedder/Heintschel-*Vedder*, EUV/AEUV Art. 288 Rn. 22 (m.w.N.).

489 *Mittwoch*, NJW 2024, 2353, 2354.

und 2 CSDDD (Risikoanalyse und Bewertung), Art. 10 Abs. 1 CSDDD (präventive bzw. mindernde Maßnahmen) sowie Art. 11 Abs. 1 CSDDD (Behebung negativer Auswirkungen) keine „abweichenden Bestimmungen zur Festlegung der Sorgfaltspflichten in den Bereichen Menschenrechte und Umweltschutz" erlassen dürfen. Insoweit besteht Einigkeit darüber, dass die CSDDD bzgl. der genannten zentralen unternehmerischen Sorgfaltspflichten eine Vollharmonisierung vorsieht.[490] Daraus lässt sich bereits ableiten, dass eine überschießende Umsetzung in Bereichen außerhalb der Sorgfaltspflichten zulässig ist, bspw. durch einen weiteren Anwendungsbereich des nationalen Umsetzungsgesetzes, was durch Art. 4 Abs. 2 CSDDD sowie Erwägungsgrund 31 untermauert wird.[491] Art. 4 Abs. 2 CSDDD lässt für die übrigen Bestimmungen der RL eine strengere Umsetzung zu, sofern diese Regelungen in Bezug auf das Ziel oder den abgedeckten Bereich spezifischer sind, um ein anderes, sprich höheres Schutzniveau zu erreichen.

2. Verringerung des Anwendungsbereiches des LkSG in Umsetzung der CSDDD?

Da die CSDDD-Bestimmungen gem. Art. 4 Abs. 1 RL nur in Bezug auf die in Art. 8 Abs. 1 und 2, Art. 10 Abs. 1, Art. 11 Abs. 1 CSDDD vollharmonisierend sind und das Schutzniveau bei einem größeren Anwendungsbereich erhöht wird, wäre es dem deutschen Gesetzgeber möglich, den bisherigen Schwellenwert von 1.000 Arbeitnehmer*innen beizubehalten und auf eine Eingrenzung des Anwendungsbereiches auf bestimmte Rechtsformen sowie durch einen jährlichen Mindestumsatz zu verzichten.[492] Eine Änderung des in § 1 LkSG normierten Anwendungsbereiches des deutschen Gesetzes ist folglich nicht notwendig und wäre auch nicht sinnvoll, da deutsche Unternehmen sich bereits auf die Einhaltung von Sorgfaltspflichten haben einstellen können und zumindest einige Unternehmen dezidierte Maßnahmen zur Umsetzung getroffen haben, wie ausgeführt wurde. Diese Unternehmen erst aus dem Anwendungsbereich des Gesetzes herauszunehmen, um sie nach einigen Jahren wieder hereinzuholen, wäre ein absurdes Hin und Her.

Angesichts von Art. 1 Abs. 2 CSDDD stellt sich jedoch die Frage, ob es dem deutschen Gesetzgeber nicht sogar untersagt ist, den Anwendungsbereich des LkSG zu verringern. Art. 1 Abs. 2 CSDDD normiert, dass Richtlinienbestimmungen nicht „als Rechtfertigung für eine Senkung" des Schutzniveaus der Menschen-, Beschäftigungs- und sozialen Rechte sowie des Umwelt- bzw. Kli-

490 *Hübner/Lieberknecht*, NJW 2024, 1841; *Mittwoch*, NJW 2024, 2353, 2354; *Schmidt*, NZG 2024, 859, 861; *Schmidt*, BB 2024, 1859, 1863.
491 *Hübner/Lieberknecht*, NJW 2024, 1841, 1842; *Mittwoch*, NJW 2024, 2353, 2354 f.
492 *Mittwoch*, NJW 2024, 2353, 2355.

maschutzes dienen dürfen. Das Verschlechterungsverbot greift jedoch nicht, wenn der nationale Gesetzgeber außerhalb des Anwendungsbereiches der Richtlinie operiert. Läge die Änderung der Schwellenwerte bzgl. Beschäftigtenzahlen und Umsatz nicht im Anwendungsbereich der CSDDD, so wäre das Verschlechterungsverbot nicht einschlägig.[493] Entscheidend für die Beantwortung der Frage, ob eine Regelung im Anwendungsbereich einer RL liegt, ist die Auslegung der entsprechenden RL-Bestimmungen. Maßgeblich ist insoweit der Wille des RL-Gebers, in Bezug auf den Geltungsbereich sind zudem Schutzzweck und Ziel der RL von Bedeutung.[494] Die CSDDD zielt darauf ab, den Schutz der Menschen-, Beschäftigungs- und sozialen Rechte sowie Umwelt- und Klimaschutz durch die Einhaltung entsprechender Sorgfaltspflichten zu gewährleisten (Art. 4 Abs. 2 letzter Hs. CSDDD i.V.m. Erwägungsgrund 4, 13 und 16). Dieses Ziel kann umso besser erreicht werden, desto mehr Unternehmen in den Anwendungsbereich fallen.[495] Unter teleologischer Auslegung ist daher davon auszugehen, dass Regelungen zum Anwendungsbereich sich auf den Schutzzweck der CSDDD beziehen.[496]

Gegen ein Verbot, den bisherigen Anwendungsbereich des LkSG abzusenken, ließe sich allerdings der in Erwägungsgrund 31 zum Ausdruck kommende Wille des Gesetzgebers anführen, einheitliche Wettbewerbsbedingungen für Unternehmen auf dem europäischen Markt zu schaffen („level playing field“). Wäre dieser Wille jedoch vollständig handlungsleitend gewesen, hätte sich der RL-Geber dafür entscheiden können, die CSDDD insgesamt vollharmonisierend auszugestalten. Auch wäre dann das in Art. 1 Abs. 2 CSDDD enthaltene Verschlechterungsverbot obsolet gewesen. Vollharmonisierend wurden jedoch nur die zentralen Sorgfaltspflichten ausgestaltet, bei den weiteren Bestimmungen hat sich der RL-Geber für eine Mindestharmonisierung entschieden. Das Argument der einheitlichen Wettbewerbsregelungen vermag daher nicht das Verschlechterungsverbot auszuhebeln, sodass es dem deutschen Gesetzgeber nicht freisteht, den Anwendungsbereich des LkSG an die Bestimmungen der CSDDD anzupassen und den Anwendungsbereich abzusenken.[497]

3. Umsetzungsverpflichtungen

Insgesamt hat der deutsche Gesetzgeber bislang bis Mitte 2026 etliche Änderungen am deutschen LkSG vorzunehmen. So ist der Katalog der Menschen- und Umweltrechte deutlich zu erweitern, zudem sind nunmehr auch Unter-

493 So *Schmidt*, BB 2024, 1859, 1863.
494 *Mittwoch*, NJW 2024, 2353, 2356.
495 *Grabosch*, EU-Lieferkettenrichtlinie, 3; *Mittwoch*, NJW 2024, 2353, 2356.
496 *Mittwoch*, NJW 2024, 2353, 2356.
497 I.E. wie hier, mit umfassender Argumentation: *Mittwoch*, NJW 2024, 2353, 2357 f.

nehmen aus Drittstaaten in den Anwendungsbereich aufzunehmen. Ferner gibt es nach der CSDDD keine Unterscheidung zwischen direkten und indirekten Geschäftspartnern, die normierten Sorgfaltspflichten gelten sowohl für direkte als auch für indirekte Geschäftspartner gleichermaßen. Die Risikoanalyse hat sich folglich auf die gesamte Aktivitätskette zu beziehen, allerdings sollen diesen Bestimmungen nach Vorschlag der Kommission gestrichen werden. Unternehmen müssen zudem einen Klimaplan erarbeiten und umsetzen. Bei der Umsetzung der Sorgfaltspflichten sind Gewerkschaften und (betriebliche) Arbeitnehmervertreter*innen sowie weitere Stakeholder vollumfänglich als Interessenvertreter zu beteiligen. Insoweit ist u.a. eine Ergänzung des Aufgabenkataloges für Betriebsräte aus § 80 Abs. 1 BetrVG vorzunehmen. Zudem sind Gewerkschaften und Arbeitnehmervertreter*innen über das Beschwerdeverfahren zu informieren, was bislang im LkSG nicht vorgesehen ist.

Bislang sind nach dem LkSG eingetretene Rechtsverletzungen nur abzustellen, der Ersatz eingetretener Schäden sowie Wiedergutmachung ist nach deutschem Recht noch nicht vorgesehen. Sollten die Bestimmungen doch bestehen bleiben, hat der deutsche Gesetzgeber in Umsetzung der CSDDD eine zivilrechtliche Anspruchsgrundlage für Klagen auf Schadensersatz zu schaffen und diese als Eingriffsnorm auszugestalten. Da die in § 11 LkSG verankerte Prozessstandschaft mit den entsprechenden Vorschriften der CSDDD konform ist, wären darüber hinaus lediglich die prozessrechtlichen Vorgaben der CSDDD ins deutsche Recht umzusetzen. Es bleibt zu hoffen, dass die Bestimmungen der CSDDD in dem „Omnibus-Verfahren" zur Konsolidierung der ESG-Berichtspflichten nicht zu stark verwässert werden.

G. Zusammenfassung und Ausblick

I. Zusammenfassung

1. Wertschöpfungskette

Bei der Rekonstruktion der Wertschöpfungskette eines Unternehmens sind gemäß § 2 Abs. 5 S. 1 LkSG sämtliche Akteure und Schritte zu berücksichtigen, durch die ein Produkt oder eine Dienstleistung entwickelt, produziert, verkauft, versandt und unterstützt wird. Hierunter fallen neben der eigentlichen Produktion bzw. Dienstleistung auch die Beschaffung von Rohmaterialien oder Vorprodukten sowie der Vertrieb bis zum Inkasso und den nachlaufenden Serviceleistungen. Auch die Logistik ist erfasst, mit deren Hilfe das Produkt seinen endgültigen Bestimmungsort erreicht, lediglich der Endkunde ist ausgeschlossen. Wertschöpfungsketten lassen sich danach unterteilen, ob sie stärker am Endkunden (buyer-driven) oder am Produzenten (producer-driven) orientiert sind. In beiden Fällen bezieht sich die Wertschöpfungskette nicht nur auf das Unternehmen selbst oder Unternehmen des Konzerns und die direkten Zulieferer (Tier-1), sondern auch auf mittelbare Zulieferer. Das gilt bereits jetzt nach dem LkSG, da Unternehmen nach § 9 Abs. 3 LkSG bei substantiierter Kenntnis des Risikos einer Rechtsverletzung eine anlassbezogene Risikoanalyse durchzuführen haben, ggf. ergänzt durch entsprechende Präventionsmaßnahmen. Mit Ablaufen der Umsetzungsfrist der CSDDD Mitte 2026 muss dann auch die reguläre Risikoanalyse für die gesamte Wertschöpfungskette ausgeführt werden.

Da nach § 106 Abs. 3 Nr. 5 b BetrVG Fragen der unternehmerischen Sorgfaltspflichten in Lieferketten zu den relevanten wirtschaftlichen Angelegenheiten gehören, ist der Wirtschaftsausschuss hierüber unter Vorlage der erforderlichen Unterlagen zu unterrichten. Er hat insofern u.a. Anspruch auf Vorlage des Mappings der Wertschöpfungskette, da das gesamte Risikomanagement nicht ohne vorheriges Nachzeichnen der Lieferkette effektiv durchgeführt werden kann, Gleiches gilt für den Betriebsrat. Für den Betriebsrat sind im Zuge der Umsetzung der CSDDD entsprechende Normen in das BetrVG einzufügen, da er als Interessenträger in sämtliche Schritte des Risikomanagements einzubinden ist.

2. Risikoanalyse

Die bisherigen Parameter der klassischen Risikoanalyse sind nicht dazu geeignet, die Risiken nach dem LkSG (und der CSDDD) zu ermitteln, da es klassischerweise um die Ermittlung wirtschaftlicher Risiken für das Unternehmen geht. Die Risikoanalyse nach dem LkSG (und der CSDDD) hingegen zielt darauf ab, das Risiko der Verletzung von Menschen- und Umweltrechten durch das Handeln des Unternehmens zu erkennen und zu minimieren. Die Risikoanalyse ist daher in veränderter Form durchzuführen, die Instrumente dementsprechend weiterzuentwickeln. Im Rahmen der Risikoanalyse ist ein Risikomapping nach Geschäftsfeldern, Standorten, Produkten oder Herkunftsländern auszuführen. Kontextabhängige Faktoren, wie die politischen Rahmenbedingungen oder das Risiko einer erhöhten Rechtsverletzung vulnerabler Personengruppen, sind in die Analyse einzubeziehen. Auch Erkenntnisse, die durch die Bearbeitung von Beschwerden und die Umsetzung von Präventions- oder Abhilfemaßnahmen gewonnen wurden, sind bei der Analyse zu berücksichtigen. Hinzu kommen externe Erkenntnisquellen, wie allgemeine, öffentlich zugängliche Informationen. Hierunter fallen Berichte staatlicher Stellen und internationaler Organisationen sowie Forschungs- oder Medienberichte und Berichte von NGOs, soweit es sich um seriöse und objektive Informationen handelt.

Wie die anderen Pflichten nach dem LkSG gehört die Risikoanalyse zu den Leitungsaufgaben des Unternehmens und ist damit von Geschäftsleitung bzw. Gesamtvorstand zu verantworten. Das Risikomanagement ist von internen Kräften durchzuführen, eine betriebsinterne Zuständigkeit ist festzulegen, bspw. in Form eines*einer Menschenrechtsbeauftragten. Der unterstützende Einsatz externer Expert*innen ist zulässig, so lassen sich bspw. bei der Risikoermittlung externe Dienstleister einsetzen. Die Priorisierung der Risiken hingegen sollte von dem*der internen Menschenrechtsbeauftragten übernommen werden. Die Unternehmensleitung ist regelmäßig, mindestens einmal jährlich, über die Ergebnisse der Risikoanalyse zu informieren, diese sind zudem an die maßgeblichen Entscheidungsträger*innen zu kommunizieren. Zu diesen zählen neben Vorstand sowie Einkaufs- und Compliance-Abteilung auch die Mitglieder des Aufsichtsrates bzw. des zuständigen Prüfungsausschusses und die Gremien der betrieblichen Arbeitnehmervertreter*innen. Die Ergebnisse der Risikoanalyse sind Ausgangspunkt für passgenaue Präventions- und Abhilfemaßnahmen und zudem Bestandteil des LkSG-Berichtes, der auf der Webseite des Unternehmens zu veröffentlichen ist.

3. Berichtspflichten

Unternehmerische Berichtspflichten über Sozial- und Umweltthemen finden sich nicht nur im deutschen LkSG, sondern in vielen europäischen Ländern sowie weltweit. Hinzu kommen Vorgaben durch etliche europäische Rechtsakte, allen voran die CSRD und die CSDDD.

Berichtspflicht nach dem LkSG

Das LkSG verpflichtet Unternehmen zu einer umfassenden, aber dennoch übersichtlichen Berichterstattung. Diese lässt sich in die Pflicht zu einer unternehmensinternen Dokumentation über das Erfüllen der menschen- und umweltrechtlichen Sorgfaltspflichten (§ 10 Abs. 1 LkSG) und eine unternehmensexterne Berichtspflicht unterteilen. Unternehmensextern verpflichtet § 10 Abs. 2 S. 1 LkSG zu einer jährlichen Berichterstattung über die Implementierung der Sorgfaltspflichten im vergangenen Geschäftsjahr, der Bericht ist spätestens 4 Monate nach Ende des Geschäftsjahres auf der Webseite zu veröffentlichen und für 7 Jahre kostenfrei vorzuhalten. Darin aufzuführen sind die identifizierten Risiken und die getroffenen Präventions- und Abhilfemaßnahmen. Darüber hinaus muss der Bericht die Grundsatzerklärung des Unternehmens über seine Menschenrechtsstrategie enthalten. Es muss zudem berichtet werden, wie die Wirksamkeit der Maßnahmen bewertet und welche Schlussfolgerungen daraus gezogen werden. Der Bericht ist in Formularform bei der zuständigen Behörde (BAFA) einzureichen, die eine inhaltliche Überprüfung vornimmt. Wird der Bericht nicht eingereicht oder werden die gesetzlichen Anforderungen nicht erfüllt, kann eine Anordnung zur Nachbesserung erfolgen. Obwohl die Berichtspflicht bis Ende 2025 ausgesetzt wurde, haben zahlreiche Unternehmen bereits einen Bericht nach dem LkSG hochgeladen, wobei diese Berichte nicht immer aussagekräftig sind.

Berichtspflicht nach der CSRD

Am 14.12.2022 trat die EU-Richtlinie zur unternehmerischen Nachhaltigkeitsberichterstattung 2022/2464/EU (Corporate Sustainability Reporting Directive, CSRD) in Kraft, die RL war bis zum 6.7.2024 in nationales Recht umzusetzen – was in Deutschland bis Anfang 2025 noch nicht geschehen ist. Die CSRD gibt vor, dass der Nachhaltigkeitsbericht zum Bestandteil des Lageberichtes wird und in einem einheitlichen elektronischen Berichtsformat zu erstellen ist. Zentrales Element der Richtlinie ist eine Vereinheitlichung der Standards für die Nachhaltigkeitsberichterstattung durch „European Sustainability Reporting Standards“ (ESRS). Grundlage für die Nachhaltigkeitsberichterstattung ist nunmehr die Theorie der doppelten Wesentlichkeit, wonach nicht nur der Einfluss von Sozial- und Umweltfaktoren auf das Unternehmen (Outside-In-Perspektive), sondern auch die Auswirkungen der unternehmerischen Tätigkeit auf Mensch und Umwelt (Inside-Out-Perspektive) für die Berichterstattung wesentlich sind. Die ESRS wurden im Auftrag der EU-Kommission von einer privaten Initiative, der EFRAG (European Financial Reporting Advisory Group), erarbeitet, auf Basis der Vorgaben von Art. 1 Abs. 7 der CSRD. Die ESRS sind mit 282 Seiten sehr umfassend und in 12 Standards unterteilt, die inhaltlich auf ähnliche Themen abstellen wie die UN Guiding

Principles. Anders als diese sowie das deutsche LkSG und die EU-Lieferkettenrichtlinie nehmen die ESRS inhaltlich jedoch keinerlei Bezug auf die von der ILO erarbeiteten und in völkerrechtlichen Verträgen normierten Standards, sodass die Auslegung der Vorgaben durch die Unternehmen divergieren wird. Hinzu kommt, dass zu den drei Säulen Umwelt, Soziales und Unternehmensführung nach der Theorie der doppelten Wesentlichkeitsanalyse nur zu berichten ist, wenn diese als wesentlich eingeordnet werden.

Mit der CSRD wurde nicht nur der Umfang der Nachhaltigkeitsberichterstattung, sondern auch der Anwendungsbereich deutlich erweitert. Von 2026 an haben Unternehmen in der EU einen Nachhaltigkeitsbericht zu verfassen, wenn mindestens zwei der folgenden drei Kriterien erfüllt werden: Die Bilanzsumme beträgt mehr als 25 Mio. EUR, der Nettoumsatzerlös liegt bei mehr als 50 Mio. EUR und sie haben mehr als 250 Beschäftigte. Der Anwendungsbereich wird in den darauffolgenden Jahren noch erweitert. Allerdings ist es Unternehmen bis zum 31.12.2027 möglich, der Berichtspflicht nur eingeschränkt nachzukommen und die Wertschöpfungskette nicht in den Bericht einzubeziehen, sofern nicht alle erforderlichen Informationen über die Wertschöpfungskette verfügbar sind, was begründet werden muss. Ein Zusammenlegen der Berichtspflichten nach dem LkSG und der CSRD ist im Gesetzentwurf zum deutschen Umsetzungsgesetz vorgesehen. Es ist jedoch fraglich, ob das Gesetz in dieser Form Rechtskraft erlangen wird, da der Europäische Rat in einer Erklärung zur Stärkung der Wettbewerbsfähigkeit verkündet hat, dass die unterschiedlichen Pflichten zur Nachhaltigkeitsberichterstattung aus CSRD, CSDDD und Taxonomie-VO in einem „Omnibus-Verfahren" konsolidiert werden sollen. Die Europäische Kommission hat im Februar 2025 dazu Vorschläge vorgelegt. Hier steht im Namen des Bürokratieabbaus ein Abbau bereits vereinbarter Standards zu befürchten.

4. Prämissen einer effektiven Berichtspflicht

Um eine Vergleichbarkeit der einzelnen Unternehmensberichte zu erzielen, ist es von großer Bedeutung, dass es bindende und genaue gesetzliche Vorgaben für die Berichtspflicht gibt, wie bei dem LkSG der Fall. Die Vorgaben für die unternehmerische Berichterstattung müssen dabei sowohl in Bezug auf die Form als auch auf den Inhalt präzise ausgestaltet sein, da sonst die Gefahr besteht, dass der Öffentlichkeit durch Floskeln und Standardformulierungen nur ein Minimum an Informationen ohne große Aussagekraft zur Verfügung gestellt wird. Gleichzeitig dürfen die Vorgaben nicht ausufern wie bei der CSRD. Zu keinen aussagekräftigen Berichten führt der Comply-or-explain-Ansatz, wonach lediglich eine nachvollziehbare Begründung dafür zu geben ist, dass nichts berichtet wird. Transparenz und damit eine externe Kontrolle der Unternehmenspolitik werden dadurch nicht ermöglicht. Bei einer solchen prozessorientierten Regulierung liegt der Fokus auf dem Prozess, nicht aber auf dem Ergebnis. Berichtspflichten sind daher als „harte Steuerungsinstrumente“ auszugestalten und mit Handlungspflichten bei aufgedeckten Missständen zu verknüpfen, wie im LkSG ansatzweise der Fall. Nur so können Berichtspflichten zur Durchsetzung von Arbeitsrecht beitragen. Sinnvoll ist es zudem, Arbeitnehmervertreter*innen wie Betriebsräte in die Überprüfung des Berichtes einzubinden und vor der Veröffentlichung zu dem Bericht anzuhören, wie bspw. in der Entgelttransparenz-RL vorgesehen. Damit der Pflicht nachgekommen wird, müssen Berichtspflichten zudem kontrolliert werden und strafbewehrt sein, wie beim LkSG erstmalig der Fall – allerdings muss die Überwachungsbehörde auch tätig werden.

5. Beschwerdeverfahren

Zentrales Instrument für die Implementierung des LkSG ist das einzuführende Beschwerdeverfahren, da so Missstände schneller bekannt und behoben werden können. Das Verfahren ist nicht nur für die Betroffenen von großer praktischer Bedeutung, sondern auch für eine wirksame Ausübung der unternehmerischen Sorgfaltspflicht. Durch die Analyse der Beschwerden können die Unternehmen Probleme feststellen und ihre Praktiken entsprechend anpassen. Das Beschwerdesystem ist für das gesamte Unternehmen aufzubauen, in Konzernen kann auch ein konzernweiter Beschwerdemechanismus eingerichtet werden, sofern auf den Webseiten der einzelnen Unternehmen Hinweise und Links gesetzt werden. Das System muss leicht zugänglich sein, daher ist es notwendig, dass die Informationen darüber auf der Webseite nicht lediglich auf Deutsch formuliert sind. Die Informationen sind vielmehr auch in den Sprachen der Länder, in denen das Unternehmen tätig ist, zur Verfügung zu stellen. Zugänglichkeit setzt zudem voraus, dass die Beschwerde in der jeweiligen Landessprache formuliert werden kann. Beschwerdebefugt sind nicht nur die eigenen Beschäftigten oder die bei direkten Zulieferunternehmen, sondern auch solche bei mittelbaren Zulieferern oder andere Personen, die etwas über (drohende) Missstände entlang der Wertschöpfungskette zu sagen haben. Als Optionen zum Einreichen einer Beschwerde infrage kommen E-Mail, Online-Eingabemaske und Telefon, wobei die entsprechende Hotline kostenfrei nutzbar sein muss. Das Unternehmen hat die Vertraulichkeit der Identität des*der Beschwerdeführer*in zu gewährleisten. Da Beschwerden oft aus Angst vor Repressalien unterbleiben, sollten Beschwerdeführer*innen auf Wunsch anonym bleiben können.

Es ist ein*e Beschwerdebeauftragte*r zu benennen, der*die unabhängig sein muss und keinen unternehmensseitigen Weisungen unterliegen darf. Infrage kommt eine unabhängige externe Ombudsperson, aber auch eine interne Person, für die dann jedoch kollektiv- oder individualvertraglich Sonderkündigungsschutz sowie Schutz vor Maßregelung normiert werden muss, da der Gesetzgeber keine solchen Regelungen geschaffen hat. Tatsächliche Unabhängigkeit setzt zudem voraus, dass die erforderlichen zeitlichen und materiellen Ressourcen zur Verfügung gestellt werden. Es kann auch ein unternehmensübergreifendes Beschwerdesystem geschaffen werden, bspw. über einen Branchenverband oder eine Multi-Stakeholder-Initiative, wie im Textil- und Bekleidungssektor durch die Fair Wear Foundation. Den Rahmen für das Beschwerdeverfahren legt die zu schaffende Verfahrensordnung fest, bei deren Schaffung der Betriebsrat nach § 87 Abs. 1 Nr. 1 BetrVG mitzubestimmen hat.

Das Beschwerdesystem kann auch in einem IFA (International Framework Agreement) zwischen Unternehmen bzw. Konzern und einer globalen sektoralen Gewerkschaftsföderation vereinbart werden, erste Beispiele liegen seit einiger Zeit vor. Da auch Gewerkschaften aus dem globalen Süden als Mitgliedsgewerkschaften bei den sektoralen Global Union Federations vertreten sind, bietet die Einbindung der jeweiligen GUF in die Ausgestaltung und Überwachung des Beschwerdemechanismus die Möglichkeit, die Bedürfnisse der Betroffenen aus den Ländern des globalen Südens stärker zu berücksichtigen. Soll in einem IFA ein Beschwerdemechanismus vereinbart werden, der den Due-Diligence-Vorschriften Rechnung trägt, so muss der Beschwerdegegenstand auf die im LkSG (bzw. in der CSDDD) geschützten Rechtsgüter bezogen sein (oder über ihn hinausgehen). Das zu schaffende Beschwerdesystem muss auch Hinweise über Probleme bei mittelbaren Zulieferern annehmen und für alle Personen zugänglich sein, unabhängig von der Zugehörigkeit zum Unternehmen oder Konzern. Der Anwendungsbereich des Abkommens darf daher nicht auf den Konzern begrenzt sein, wie in einigen IFAs der Fall. Da IFAs einen Mechanismus zur Überwachung der Umsetzung enthalten, sind bei einem vereinbarten Beschwerdemechanismus die Sozialpartner an der Überwachung der Abkommen beteiligt. Zumeist wird ein paritätisch besetztes Überwachungsgremium eingerichtet, das zusätzlich zu den regulären Beschwerdebeauftragten die Einhaltung des vereinbarten Prozederes gewährleisten kann, insbesondere dass der Beschwerde abgeholfen wird sowie dass Beschwerdeführer*innen keine Nachteile erleiden.

6. EU-Sorgfaltspflichten-RL (CSDDD)

Am 24.4.2024 wurde nach kontroversen Debatten die Sorgfaltspflichten-RL 2024/1760/EU (CSDDD) verabschiedet, sie ist bis zum 26.7.2026 in nationales Recht umzusetzen. Das Grundkonzept ähnelt dem des deutschen LkSG, allerdings gehen die von der CSDDD erfassten Standards über die des LkSG hinaus, zudem wird ausschließlich auf das Völkerrecht abgestellt. Die CSDDD gilt ab 2029 für in der EU angesiedelte Unternehmen mit mehr als 1.000 Beschäftigten, allerdings muss das Unternehmen zusätzlich 450 Mio. EUR Jahresumsatz (weltweit) überschreiten, wobei dieser Schwellenwert erst schrittweise erreicht wird. Unternehmen aus Drittstaaten sind einbezogen, sofern sie in erheblichem Umfang in der Europäischen Union tätig sind.

Die unternehmerischen Sorgfaltspflichten sind weitgehender als nach dem deutschen LkSG, vor allem, da sie auf die gesamte Wertschöpfungskette anzuwenden sind. Ebenso wie das LkSG verpflichtet die CSDDD zu einer Risikoanalyse zur Ermittlung und Bewertung tatsächlicher oder potenzieller negativer Auswirkungen und zu einer nachfolgenden Priorisierung. Bei Bedarf sind Maßnahmen zur Prävention und Minderung der Folgen zu ergreifen, bei denen nicht zwischen direkten Geschäftspartnern und Subunternehmern unterschieden wird. Vor allem aber sind nach der RL bei Bedarf auch Abhilfemaßnahmen zu ergreifen, was das LkSG nicht in der Form kennt. Dies korrespondiert mit der Pflicht nicht nur zum Leisten von Schadensersatz, sondern auch von Entschädigungsleistungen, diesbezüglich normiert die CSDDD ein subjektives Klagerecht, das in den Mitgliedstaaten zu schaffen ist. Unternehmen müssen zudem einen Klimaplan erarbeiten und umsetzen. Auch nach der CSDDD ist ein Beschwerdeverfahren einzurichten, das allgemein zugänglich zu sein hat. Interessenträger sind wirksam in das gesamte Verfahren zur Erfüllung der Sorgfaltspflicht einzubeziehen, hierunter fallen neben NGOs vor allem Gewerkschaften und Arbeitnehmervertreter*innen.

II. Ausblick

Das LkSG steht mittlerweile mehr denn je unter Druck und wird vor allem durch Akteure aus der Politik stark angegriffen. Ist es ein überflüssiges Gesetz? Der Gesetzgeber bezweckte mit der Einführung des LkSG, die Absenkung zentraler menschen- und umweltrechtlicher Standards einzudämmen – dieses Ziel ist nach wie vor wichtig und war treibendes Moment bei der Schaffung ähnlicher, wenn auch in einigen Ländern auf Teilaspekte begrenzter Gesetze. Gleichzeitig dient das LkSG der Schaffung gleicher Ausgangsbedingungen im Wettbewerb, Schmutzkonkurrenz sollte vermieden werden. Die EU-Sorgfaltspflichten-RL CSDDD hat für die EU den gleichen Ansatz und schafft ein „Level-Playing Field“ mit gleichen Standards nicht nur für EU-Unternehmen, sondern auch für Unternehmen aus Drittstaaten, die in der EU tätig sind und die festgelegten Schwellenwerte erreichen. Neben Frankreich ist Deutschland dabei Vorreiter in Europa, und deutsche Unternehmen sind gut gerüstet, wenn die Vorgaben der EU-Richtlinie CSDDD bis zum 26.7.2026 in nationales Recht umgesetzt sind. Das LkSG ist also mitnichten überflüssig – es abzuschaffen oder zu verschlechtern ist angesichts des in Art. 1 Abs. 2 CSDDD normierten Verschlechterungsverbotes ohnehin nicht zulässig.

Allerdings bleibt noch viel zu tun. Eine erste Sichtung der Webseiten deutscher Großunternehmen unterschiedlicher Branchen zeigt, dass Unternehmen, die in den Anwendungsbereich fallen, zwar mehrheitlich in Sachen LkSG tätig wurden, jedoch nicht alle Vorgaben durchgängig erfüllt haben. Auch zeigt sich, dass die Gefahr besteht, dass Sorgfaltspflichten nur pro forma erfüllt werden, indem bspw. die eigene Wertschöpfungskette nicht detailliert nachgezeichnet und die Risikoanalyse nur oberflächlich durchgeführt wird. Um die unterschiedlichen Risiken zu erfassen, muss eine effektive Risikoanalyse auch Befragungen vor Ort umfassen, indem lokale Gewerkschaften (oder Arbeitsrechts-NGOs) kontaktiert werden und auch die eigene Arbeitnehmervertretung (WA, GBR, KBR, EBR oder Welt-KBR) eingebunden wird. Nach Umsetzung der CSDDD in nationales Recht wird die reguläre Risikoanalyse für die gesamte Wertschöpfungskette durchzuführen sein. Wie herausgearbeitet, stellt eine gute Risikoanalyse die Basis für passgenaue Präventions- und Abhilfemaßnahmen dar. Da das Ergebnis der Risikoanalyse Bestandteil des auf der Webseite einzustellenden Berichtes ist, kann sie externen Akteuren bei der Überwachung der Unternehmenstätigkeit helfen und stellt, im Zusammenspiel mit den anderen Instrumenten des Risikomanagements, ein wichtiges Puzzlestück bei der Durchsetzung zentraler Menschen- und Umweltrechte dar.

Ein weiteres wichtiges Puzzlestück liegt in der Berichtspflicht. Berichtspflichten ermöglichen Transparenz und damit externe Kontrolle durch die Öffentlichkeit oder durch Behörden, zumindest wenn die Vorgaben hinreichend konkret sind. Das ist bei den analysierten Instrumenten LkSG und bei der CSDDD der Fall und war auch der Ansatz der CSRD. Allerdings sind die unternehmensrechtlichen Vorgaben der CSRD überaus komplex, sodass die beabsichtigte Vergleichbarkeit der Berichte nicht zwingend erreicht werden wird. Das vorgesehene Zusammenführen der verschiedenen Berichtspflichten hingegen ist äußerst sinnvoll und es bleibt zu hoffen, dass die Vorgaben der CSRD abgespeckt werden, ohne den bisherigen Stand des LkSG und der CSDDD zu unterschreiten. Da die vorgestellten Berichtspflichten mit der Pflicht verzahnt sind, bei aufgedeckten Missständen Abhilfe zu schaffen, können die genannten Berichtspflichten zur Durchsetzung von Arbeits- und Umweltrechten beitragen, zumal die Verpflichtung normiert ist, die Prozesse kontinuierlich zu evaluieren und zu verbessern.

Ein besonders wichtiges Instrument des Risikomanagements liegt in der Schaffung von Beschwerdesystemen. Durch eingereichte Beschwerden werden Missstände sichtbar und können mittels Abhilfemaßnahmen beseitigt werden. Damit die Beschwerdekanäle von den Betroffenen auch wirklich genutzt werden, müssen sie allerdings zugänglich sein, wie es das deutsche LkSG als Vorgabe formuliert. Diese Vorgabe wurde von den Unternehmen noch nicht flächendeckend umgesetzt, z.T. scheinen noch gar keine Beschwerdesysteme eingerichtet zu sein. Hier sollte die behördliche Kontrolle durch das BAFA ansetzen und die Einhaltung der gesetzlichen Bestimmungen erzwingen, notfalls mittels Sanktionen.

Mit Umsetzung der Vorgaben der EU-Sorgfaltspflichten-RL CSDDD ist der Katalog der Menschen- und Umweltrechte deutlich zu erweitern, zudem werden die Vorgaben zu unternehmerischen Sorgfaltspflichten noch geschärft. Bei der Umsetzung der Sorgfaltspflichten sind Gewerkschaften und (betriebliche) Arbeitnehmervertreter*innen sowie weitere Stakeholder zukünftig vollumfänglich als Interessenvertreter zu beteiligen. Darüber hinaus ist mit Umsetzung der CSDDD eine zivilrechtliche Anspruchsgrundlage für Klagen auf Schadensersatz zu schaffen. Die Instrumente werden also deutlich verbessert, um zentrale Menschen- und Umweltrechte in einer globalisierten Welt durchzusetzen, was diese Welt dringend braucht. Insofern bleibt nur zu hoffen, dass sich die reaktionären Kräfte nicht durchsetzen, die das LkSG abschaffen und die EU-Sorgfaltspflichten-RL verwässern wollen.

Anhang: Praxisbeispiele

I. Unternehmensberichte

1. Schematische Unternehmensberichte

Folgende der untersuchten Unternehmen erstellen ihre Unternehmensberichte offenbar dadurch, dass sie schlicht den in die BAFA-Maske eingegebenen Text als PDF herunterladen. Alle folgen dem gleichen Schema, ein eigenständiger Bericht wird von ihnen nicht erstellt:

Adidas-AG: *https://www.adidas-group.com/de/investoren/pflichtveroffentlichungen/weitere-pflichtveroffentlichungen*

Bayer-AG: *https://www.bayer.com/sites/default/files/lksg-bericht-2023.pdf*

Deutsche Shell Holding GmbH: *https://www.shell.de/about-us/powering-progress/our-core-values-and-focus-on-safety/human-rights/reports-on-the-lksg/_jcr_content/root/main/section_342045646/list/list_item/links/item0.stream/1714749251917/800d76265ede52d2192e08e93e3e9844247e850b/lksg-bericht-final-twenty-five-april-2024-dsh.pdf*

E.ON SE: *https://www.eon.com/content/dam/eon/eon-com/eon-com-assets/documents/sustainability/de/lksg/240522-bericht-zum-lksg.pdf*

Hamburger Hochbahn-AG: *https://www.hochbahn.de/resource/blob/83340/ecd4d13c202fa4acc938a4215b0f7378/d-bericht-zum-lieferkettensorgfaltspflichtengesetz-data.pdf*

Heidelberg Materials AG: *https://www.heidelbergmaterials.com/sites/default/files/2024-05/Menschenrechtsbericht_Heidelberg_Materials_2023.pdf*

Otto GmbH & Co. KG: *https://www.otto.de/unternehmen/uploads/images/Bericht-zum-LkSG-Lieferkettensorgfaltspflichtengesetz-2024.pdf*

Robert Bosch GmbH: *https://assets.bosch.com/media/global/sustainability/responsibility_1/bosch-bericht-lksg-2023.pdf*

Salzgitter AG: *https://www.salzgitter-ag.com/fileadmin/footage/MEDIA/SZAG/konzern/compliance/SZAG_Bericht_zum_LkSG_2023.pdf*

Porsche AG: *https://newsroom.porsche.com/dam/jcr:2ffd49f1-d1e5-41d4-be5e-be8373056a1d/Porsche_LkSG-Bericht_2023_rev.pdf*

SAP Deutschland SE & Co. KG: *https://d.dam.sap.com/x/H9jEp6V/LkSG-Bericht_SAP%20Deutschland_2023.pdf?inline=true*

Siemens AG: *https://assets.new.siemens.com/siemens/assets/api/uuid:90095142-4576-4fe9-bda6-5b9733b6f4d3/SAG-Bericht-zum-LkSG.pdf*

TUI AG: *https://www.tuigroup.com/damfiles/default/tuigroup-15/de/nachhaltigkeit/human-rights-and-modern-slavery/Menschenrechte_neue_Dokumente_DE_EN/2024_TUI-AG-Bericht-zum-LkSG.pdf-a7793380b40a7f9df42e94d7d4302d08.pdf*

Vattenfall GmbH: *https://assets.vattenfall.de/binaries/content/assets/commercial-web/privatkunden/brand-group/lksg-bericht_vattenfall_gmbh_2023_internet_20240626.pdf*

ZF Friedrichshafen AG: *https://www.zf.com/master/media/corporate/m_zf_com/sustainability/people/Bericht_zum_LkSG_Berichtszeitraum_2023_DE.pdf*

Sämtliche dieser Berichte wurden am 24.9.2024 heruntergeladen.

2. Unternehmen ohne LkSG-Bericht

Folgende der untersuchten Unternehmen sind zwar der Verpflichtung nachgekommen, eine Grundsatzerklärung zu verfassen und online bereitzustellen, oder berichten in ihren Unternehmensberichten zu Nachhaltigkeitsaspekten, stellen aber keinen LkSG-Bericht bereit:

Aldi Süd KG: *https://s7g10.scene7.com/is/content/aldi/240419_Richtlinie-zur-menschenrechtlichen-und-umweltbezogenen-Sorgfaltspflicht.pdf*

Aurubis AG: *https://www.aurubis.com/dam/jcr:032b7ad2-fa47-4316-bf13-aab8c2fb51d2/2024%20DE_Grundsatzerklaerung%20(1).pdf*

Deutsche Bahn AG: *https://www.bahnbaugruppe.de/resource/blob/12838860/161fc37b88394cb7c05a93985f60c987/Grundsatzerklaerung-DB-Bahnbau-Gruppe-blanko-data.pdf*

Lekkerland AG: *https://www.lekkerland.de/wp-content/uploads/2023_11_Lekkerland_SE_Grundsatzerklaerung_Lieferkettengesetz.pdf*

RWE AG: *https://www.rwe.com/-/media/RWE/documents/09-verantwortung-nachhaltigkeit/bericht-zum-lieferkettensorgfaltspflichtengesetz/bericht-zum-lieferkettensorgfaltspflichtengesetz-2023.pdf*

Volkswagen AG: *https://www.volkswagen-group.com/de/publikationen/weitere/bafa-bericht-geschaeftsjahr-2023-2713/download?disposition=attachment*

Sämtliche dieser Berichte wurden am 3.10.2024 heruntergeladen.

II. Beschwerdeverfahren

1. Unternehmen mit leicht auffindbarem Beschwerdekanal

Bei den folgenden der untersuchten Unternehmen ist der Beschwerdekanal mit einer deutschsprachigen Internetsuche auf der Unternehmens- bzw. Konzernwebseite direkt auffindbar:

Aldi Süd KG: *https://www.aldi-sued.de/de/unternehmen/compliance.html*

Aurubis AG: *https://www.aurubis.com/verantwortung/whistleblower-hotline*

Deutsche Bahn AG: *https://nachhaltigkeit.deutschebahn.com/de/soziale-verantwortung/menschenrechte/lksg*

dm-drogeriemarkt GmbH & Co. KG: *https://dm.integrityline.com/frontpage*

Dr. August Oetker AG: *https://coho.oetker-group.com/whistle/#/mainpage/icm51539/dr_august_oetker_kg*

Edeka Zentrale AG & Co. KG: *https://verbund.edeka/verantwortung/handlungsfelder/gesellschaft/menschenrechte-fairness/lksg-beschwerde.html*

E.ON SE: *https://www.eon.com/de/ueber-uns/compliance/whistleblower-hotline.html*

Heidelberg Materials AG: *https://www.heidelbergmaterials.com/de/nachhaltigkeit/nachhaltigkeit-jenseits-von-co2-reduktion/governance-und-compliance#speakup*

Lekkerland AG: *https://rewe-group.reporting-channel.com*

Otto GmbH & Co. KG: *https://www.otto.de/unternehmen/de/verantwortung-otto/grundsatzerklärung-zu-menschenrechten*

Robert Bosch GmbH: *https://www.bosch.com/de/nachhaltigkeit/verantwortung*

RWE AG: *https://rewe-group.reporting-channel.com/*

Siemens AG: *https://www.siemens.com/de/de/unternehmen/konzern/compliance/meldewege.html*

TUI AG: *https://www.tuigroup.com/de-de/verantwortung/wie-melde-ich-bedenken*

Vattenfall GmbH: *https://report.whistleb.com/de/vattenfalllksg*

Volkswagen AG: *https://www.volkswagen-group.com/de/unser-hinweisgebersystem-16041*

Alle zuletzt abgerufen am 5.10.2024.

2. Unternehmen mit Verfahrensordnung oder Grundsatzerklärung

Bei den folgenden der untersuchten Unternehmen ist über eine Google-Suche (auf Deutsch) zumindest die Verfahrensordnung oder die Grundsatzerklärung auffindbar, die dann Informationen über die eingerichteten Beschwerdekanäle bereitstellt:

Adidas AG: *https://res.cloudinary.com/confirmed-web/raw/upload/v1706019874/adidas-group/sustainability/human-rights/adidas_verfahrensordnung_fur_menschenrechtliche_und_umweltbezogene_risiken_irde95.pdf*

FS Friedrichshafen AG: *https://www.zf.com/master/media/de/corporate/m_zf_com/company/corporate_governance/compliance/Verfahrensanweisung_LksG_EN-V01.pdf*

Linde AG: *https://www.linde.com/sustainability/policies-and-position-statements/linde-gmbh-general-statement-german*

Porsche AG: *https://newsroom.porsche.com/dam/jcr:d873d379-3391-48d2-b12c-62b0c9da0e52/BHR_Verfahrensordnung_Beschwerdeverfahren_2.0.pdf*

Salzgitter AG: *https://www.salzgitter-ag.com/fileadmin/footage/MEDIA/SZAG/konzern/compliance/SZAG_Bericht_zum_LkSG_2023.pdf*

Alle zuletzt abgerufen am 26.9.2024 und am 05.10.2024.

3. Unternehmen mit lediglich deutschen Informationen

Bei den folgenden der untersuchten Unternehmen waren Informationen zum Beschwerdesystem lediglich auf Deutsch vorhanden:

FS Friedrichshafen AG: *https://www.zf.com/master/media/de/corporate/m_zf_com/company/corporate_governance/compliance/Verfahrensanweisung_LksG_EN-V01.pdf*

Salzgitter AG: *https://www.salzgitter-ag.com/fileadmin/footage/MEDIA/SZAG/konzern/compliance/SZAG_Bericht_zum_LkSG_2023.pdf*

Alle zuletzt abgerufen am 5.12.2024.

Literaturverzeichnis

Ahern, Deirdre, Turning up the Heat? EU Sustainability Goals and the Role of Reporting under the Non-Financial Reporting Directive, ECFLR 2016, 599–630.

Allianz Global Investors, Der ESG-Ansatz, *https://de.allianzgi.com/de-de/pro/ueber-uns/unser-esg-ansatz/esg-glossar* (zuletzt abgerufen am 11.4.2025).

Australian Government, Modern Slavery Statements Register, abrufbar unter: *https://modernslaveryregister.gov.au/* (zuletzt abgerufen am 24.4.2025).

Australian Government, Modern Slavery Act 2018, Nr. 153, 2018, Compilation Nr. 2, abrufbar unter: *https://www.legislation.gov.au/C2018A00153/latest/text* (zuletzt abgerufen am 24.1.2025).

Auswärtiges Amt (Hrsg.), Nationaler Aktionsplan: Umsetzung der VN-Leitprinzipien für Wirtschaft und Menschenrechte 2016–2020, Berlin 2017, abrufbar unter: *https://www.auswaertiges-amt.de/resource/blob/297434/8d6ab29982767d5a31d2e85464461565/nap-wirtschaft-menschenrechte-data.pdf* (zuletzt abgerufen am 1.7.2024).

Auswärtiges Amt, Monitoring zum Nationalen Aktionsplan Wirtschaft und Menschenrechte (2020), *https://www.auswaertiges-amt.de/resource/blob/2375460/543e6de4d80a95b8e26186ca4da44f27/nap-monitoring-ergebnisindikation-data.pdf* (zuletzt abgerufen am 9.4.2025).

Azeem, Muhammad, The KiK Case: A Critical Perspective from the South, in: Saage-Maaß, Miriam/Zumbanse, Peer/Bader, Michael/Shahab, Palvasha (Hrsg.), Transnational Legal Activism in Global Supply Chains. The Ali Enterprise Factory Fire and the Struggle for Justice, Cham (Schweiz) 2021, 279–298.

Baade, Isabelle Madelaine, Lieferkettensorgfaltspflichtengesetz – Arbeitsrechtliche Compliance-Maßnahmen, DStR 2022, 1617–1624.

BAFA – Bundesamt für Wirtschaft und Ausfuhrkontrolle, Angemessenheit: Handreichung zum Prinzip der Angemessenheit nach den Vorgaben des Lieferkettensorgfaltspflichtengesetzes, Eschborn 2022, abrufbar unter: *www.bafa.de/SharedDocs/Downloads/DE/Lieferketten/handreichung_angemessenheit.html* (zuletzt abgerufen am 5.4.2025).

BAFA – Bundesamt für Wirtschaft und Ausfuhrkontrolle, Beschwerdeverfahren organisieren, umsetzen und evaluieren. Handreichung „Beschwerdeverfahren nach dem Lieferkettensorgfaltspflichtengesetz", Eschborn 2022, abrufbar unter: *https://www.bafa.de/SharedDocs/Downloads/DE/Lieferketten/handreichung_beschwerdeverfahren.html* (zuletzt abgerufen am 14.3.2025).

BAFA – Bundesamt für Wirtschaft und Ausfuhrkontrolle, Risiken ermitteln, gewichten und priorisieren. Handreichung zur Umsetzung einer Risikoanalyse nach den Vorgaben des Lieferkettensorgfaltspflichtengesetzes, 2022, abrufbar unter: *https://www.bafa.de/DE/Lieferketten/Risikoanalyse/risikoanalyse_node.html* (zuletzt abgerufen am 15.1.2025).

BAFA – Bundesamt für Wirtschaft und Ausfuhrkontrolle, Lieferketten – Berichtspflicht, 25.10.2024, abrufbar unter: https://www.bafa.de/DE/Lieferketten/Berichtspflicht/berichtspflicht_node.html (zuletzt abgerufen am 25.1.2025).

BAFA – Bundesamt für Wirtschaft und Ausfuhrkontrolle, Lieferketten – Häufig gestellte Fragen (FAQ), 25.10.2024, abrufbar unter: *https://www.bafa.de/DE/Lieferketten/FAQ/haeufig_gestellte_fragen_node.html* (zuletzt abgerufen am 30.12.2024).

Barrientos, Stephanie/Bianchi, Lara/Berman, Cindy, Gender and Governance of Global Value Chains: Promoting the Rights of Women Workers, ILR 2019, 729–752.

Bair, Jennifer, Global capitalism and commodity chains: looking back, going forward, in: Competition & Change 2005, 153–180, doi.org/10.1179/102452905X45382.

bpb-Redaktion, 1949: Unterzeichnung der Genfer Konvention, bpb, 9.8.2024, abrufbar unter: *https://www.bpb.de/kurz-knapp/hintergrund-aktuell/551159/1949-unterzeichnung-der-genfer-konventionen/* (zuletzt abgerufen am 10.8.2024).

Beile, Judith/Vitols, Katrin, Das Lieferkettensorgfaltspflichtengesetz. Einfluss und Auswirkungen von Mitbestimmung auf Due Diligence in der Lieferkette, Forschungsförderung Working Paper, Düsseldorf 2024, abrufbar unter: *https://www.boeckler.de/de/faust-detail.htm?sync_id=HBS-008799* (zuletzt abgerufen am 5.10.2024).

Blank, Florian/Brehmer, Wolfram, Das Lieferkettengesetz in der Praxis: Einschätzungen durch Betriebsräte, Wirtschaftsdienst 12/2024, 849-855, abrufbar unter: *https://www.wirtschaftsdienst.eu/inhalt/jahr/2024/heft/12/beitrag/das-lieferkettengesetz-in-der-praxis-einschaetzungen-durch-betriebsraete.html* (zuletzt abgerufen am 10.4.2025).

BMEL – Bundesministerium für Ernährung und Landwirtschaft, Bundesregierung fordert Verschiebung der EUDR, Pressemitteilung Nr. 91/2024, 13.9.2024, abrufbar unter: *https://www.bmel.de/SharedDocs/Pressemitteilungen/DE/2024/091-vo-entwaldungsfreie-produkte.html* (zuletzt abgerufen am 18.9.2024).

BMFSJF – Bundesministerium für Familie, Senioren, Frauen und Jugend (Hrsg.), Zweiter Bericht der Bundesregierung zur Wirksamkeit des Gesetzes zur Förderung der Entgelttransparenz zwischen Frauen und Männern sowie zum Stand der Umsetzung des Entgeltgleichheitsgebots in Betrieben mit weniger als 200 Beschäftigten, Berlin 2023, abrufbar unter: *https://www.bmfsfj.de/resource/blob/229484/7c1deeee794163514c0221663af940d2/zweiter-bericht-entgelttransparenzgesetz-data.pdf* (zuletzt abgerufen am 14.5.2025).

BMIH – Bundesministerium des Innern und für Heimat/Bundesverwaltungsamt, Organisationshandbuch: Risikoanalyse, 2024, abrufbar unter: *https://www.orghandbuch.de/Webs/OHB/DE/OrganisationshandbuchNEU/4_MethodenUndTechniken/Methoden_A_bis_Z/Risikoanalyse/risikoanalyse_node.html* (zuletzt abgerufen am 24.7.2024).

BMJ – Bundesministerium der Justiz, Gesetz zur Umsetzung der Richtlinie (EU) 2022/2464 des Europäischen Parlaments und des Rates vom 14. Dezember 2022 zur Änderung der Verordnung (EU) Nr. 537/2014 und der Richtlinien 2004/109/EG, 2006/43/EG und 2013/34/EU hinsichtlich der Nachhaltigkeitsberichterstattung von Unternehmen. Entwurf, 24.7.2024, abrufbar unter: *https://www.bmj.de/SharedDocs/Gesetzgebungsverfahren/DE/2024_CSRD_UmsG.html* (zuletzt abgerufen am 18.1.2025).

BMJ – Bundesministerium der Justiz, GE Nachhaltigkeitsberichterstattung von Unternehmen, 23.7.2024, abrufbar unter: *https://www.bmj.de/SharedDocs/Downloads/DE/Gesetzgebung/RegE/RegE_CSRD.pdf?__blob=publicationFile&v=2* (zuletzt abgerufen am 25.9.2024).

Bögemann, Ingo, Alles, was Sie über Software-Modularisierung wissen müssen, Modular Management, abrufbar unter: *https://www.modularmanagement.com/de/blog/alles-ueber-software-modularisierung* (zuletzt abgerufen am 20.12.2024).

Brunk, Bastian, Menschenrechtscompliance, Tübingen 2022.

Calliess, Christian/Ruffert, Matthias, EUV/AEUV. Das Verfassungsrecht der Europäischen Union mit Europäischer Grundrechtecharta. Kommentar, 6. Aufl., München 2022 (zit.: Calliess/Ruffert-*Bearbeiter*in*).

Calliess, Gralf-Peter, Prozedurales Recht, Baden-Baden 1999.

CSR Deutschland, Corporate Sustainability Reporting Directive (CSRD). Die neue EU-Richtlinie zur Unternehmens-Nachhaltigkeitsberichterstattung im Überblick, abrufbar unter: *https://www.csr-in-deutschland.de/DE/CSR-Allgemein/CSR-Politik/CSR-in-der-EU/Corporate-Sustainability-Reporting-Directive/corporate-sustainability-reporting-directive-art.html* (zuletzt abgerufen am 18.1.2025).

Däubler, Wolfgang/Beck, Thorsten (Hrsg.), Allgemeines Gleichbehandlungsgesetz mit Entgelttransparenzgesetz und Berliner LADG. Kommentar, 5. Aufl., Baden-Baden 2022 (zit.: Däubler/Beck-*Bearbeiter*in*).

Däubler, Wolfgang/Klebe, Thomas/Wedde, Peter (Hrsg.), BetrVG. Betriebsverfassungsgesetz mit Wahlordnung und EBR-Gesetz, 19. Aufl., Frankfurt am Main 2024 (zit.: DKW-*Bearbeiter*in*).

Deutscher Gewerkschaftsbund (DGB), Stellungnahme des Deutschen Gewerkschaftsbundes zum Regierungsentwurf eines Gesetzes zur Umsetzung der Richtlinie (EU) 2022/2464 des Europäischen Parlaments und des Rates vom 14. Dezember 2022 zur Änderung der Verordnung (EU) Nr. 537/2014 und der Richtlinien 2004/109/EG, 2006/43/EG und 2013/34/EU hinsichtlich der Nachhaltigkeitsberichterstattung von Unternehmen (Corporate Sustainability Reporting Directive, CSRD), 7.10.2024, abrufbar unter: *https://www.dgb.de/fileadmin/download_center/Stellungnahmen/SN_2_DGB_Umsetzung_CSRD_final_2.pdf* (zuletzt abgerufen am 18.1.2025).

DGCN – Geschäftsstelle Deutsches Global Compact Netzwerk (Hrsg.), Leitprinzipien für Wirtschaft und Menschenrechte. Umsetzung des Rahmens der Vereinten Nationen „Schutz, Achtung und Abhilfe", 2. Aufl., Berlin 2014, abrufbar unter: *https://www.auswaertiges-amt.de/resource/blob/266624/b51c16faf-1b3424d7efa060e8aaa8130/un-leitprinzipien-de-data.pdf* (zuletzt abgerufen am 11.10.2024).

Dicken, Peter/Kelly, Philip F./Olds, Kris/Wai-Chung Yeung, Henry, Chains and Networks, Territories and Scales: Towards a Relational Framework for Analysing the Global Economy, Global Networks 2001, 89–112.

DIMR – Deutsches Institut für Menschenrechte, Rückschritte bei EU-Nachhaltigkeitsregulierungen verhindern, Meldung, 28.1.2025, abrufbar unter: *https://www.institut-fuer-menschenrechte.de/aktuelles/detail/rueckschritte-bei-eu-nachhaltigkeitsregulierungen-verhindern* (zuletzt abgerufen am 28.1.2025).

Dohrmann, Vanessa, Das deutsche Lieferkettensorgfaltspflichtengesetz als Vorbild für den europäischen Gesetzgeber? – Eine kritische Analyse, CCZ 2021, 265 ff.

Dölle, Johannes E., Lieferantenmanagement in der Automobilindustrie: Struktur und Entwicklung der Lieferantenbeziehungen von Automobilherstellern, Wiesbaden 2013.

Doris, Patrick/Zimmer, Mark, Der Modern Slavery Act und seine Anwendung auf deutsche Unternehmen, BB 2016, 181–183.

Duden, Endkunde, abrufbar unter: *https://www.duden.de/rechtschreibung/Endkunde* (zuletzt abgerufen am 22.7.2024).

Dünhaupt, Petra/Herr, Hansjörg/Mehl, Fabian/Teipen, Christina, Introduction: Governance, Rent-Seeking and Upgrading in Global Value Chains, in: Teipen, Christina/Dünhaupt, Petra/Herr, Hansjörg/Mehl, Fabian (Hrsg.), Economic and Social Upgrading in Global Value Chains. Comparative Analyses, Macroeconomic Effects, the Role of Institutions and Strategies for the Global South, Cham (Schweiz) 2022, 1–31.

Dutzi, Andreas/Schneider, Oliver/Hasenau, Alexander, Lieferkettenregulierung und Risk Governance – Implikationen für die betriebliche Praxis und Kritik, DK 2021, 454–463.

ECCHR, Zehn Jahre nach Rana Plaza: Beschäftigte reichen Beschwerde ein, abrufbar unter: *https://www.ecchr.eu/fall/zehn-jahre-nach-rana-plaza-beschaeftigte-reichen-beschwerde-ein/* (zuletzt abgerufen am 20.12.2024).

ECCHR, Deutscher Wirtschaftsmotor brummt dank Zwangsarbeit: Beschwerde gegen VW, BMW und Mercedes Benz eingereicht, Pressemitteilung, 21.6.2023, zuletzt abgerufen am: *https://www.ecchr.eu/pressemitteilung/deutscher-wirtschaftsmotor-brummt-dank-zwangsarbeit-beschwerde-gegen-vw-bmw-und-mercedes-benz-eingereicht/* (zuletzt abgerufen am 20.12.2024).

ECCHR, KiK: Der Preis der Arbeitsbedingungen in der Textilindustrie Südasiens. Betroffene von Fabrikbrand in Pakistan verklagen KiK, 2024, abrufbar unter: *https://www.ecchr.eu/fall/kik-der-preis-der-arbeitsbedingungen-in-der-textilindustrie-suedasiens/* (zuletzt abgerufen am 16.9.2024).

Edel, Golo/Frank, Justus/Heine, Nils/Heine, Maurice, Pionierarbeiten in der Lieferkette – Praxisfolgen für das Handels- und Arbeitsrecht (Teil II), BB 2021, 2890–2896.

EFRAG, Sector-specific ESRS, abrufbar unter: *https://www.efrag.org/en/sustainability-reporting/esrs-workstreams/sectorspecific-esrs* (zuletzt abgerufen am 2.10.2024).

ESGvolution (ESG), Ökologische, soziale und unternehmensstrategische Informationen als zusätzliche Indikatoren für wirtschaftlichen Erfolg, abrufbar unter: *https://www.esgvolution.com/de/esg/* (zuletzt abgerufen am 10.9.2024).

Europäischer Rat, Erklärung von Budapest zum Neuen Deal für die europäische Wettbewerbsfähigkeit, Pressemitteilung, 8.11.2024, abrufbar unter: *https://www.consilium.europa.eu/de/press/press-releases/2024/11/08/the-budapest-declaration/* (zuletzt abgerufen am 21.1.2025).

Eurofound, Global Works Councils, 2019, abrufbar unter: *https://www.eurofound.europa.eu/observatories/eurwork/industrial-relations-dictionary/global-works-council* (zuletzt abgerufen am 9.12.2024).

Fair Wear Foundation, Fair Wear Complaints Procedure, Updated in 2018, abrufbar unter: *https://wp.fairwear.org/wp-content/uploads/2020/09/Fair-Wear-Complaints-procedure-V2.0.pdf* (zuletzt abgerufen am 15.10.2024).

Fair Wear Foundation, Breaking the Silence. The FWF Violence and Harassment Prevention Program, Amsterdam 2018, abrufbar unter: *https://api.fairwear.org/wp-content/uploads/2018/04/2018_FWF_Breaking-the-silence.pdf* (zuletzt abgerufen am 21.7.2024).

Falck, Marianne, Wirtschaftsminister Habeck: Taktieren beim Lieferkettengesetz, Riffreporter, 19.6.2024, abrufbar unter: *https://www.riffreporter.de/de/gesellschaft/wirtschaftsminister-habeck-lksg-lieferkettengesetz-lieferketten-csddd-menschenrechte* (zuletzt abgerufen am 24.9.2024).

Feisel, Edda/Malakowka, Celine, Die neue Nachhaltigkeitsberichterstattung. Welche Anforderungen kommen durch die CSRD auf deutsche Unternehmen zu?, DB 2024, 65–68.

Fichter, Mike/Sydow, Jörg, Using Networks Towards Global Labour Standards? Organizing Social Responsibility in Global Production Chains, IndBez 2002, 357–380.

Flach, Lisandra/Gröschl, Jasmin/Steininger, Marina/Teti, Feodora/Baur, Andreas, Internationale Wertschöpfungsketten – Reformbedarf und Möglichkeiten. Ifo Institut. Studie im Auftrag der Konrad-Adenauer-Stiftung, Berlin 2021, abrufbar unter: *www.ifo.de/DocDL/ifoStudie-2021-KAS-Wertschoepfungsketten.pdf* (zuletzt abgerufen am 15.10.2024).

Fleischer, Holger/Hahn, Jakob, Berichtspflichten über menschenrechtliche Standards in der Lieferkette. Eine internationale Bestandsaufnahme, RIW 2018, 397–405.

Frank, Justus/Edel, Golo/Heine, Nils/Heine, Maurice, Pionierarbeiten in der Lieferkette – Praxisfolgen für das Handels- und Arbeitsrecht (Teil I), BB 2021, 2165–2171.

Frappard, Mathilde, Das französische Gesetz zur Überwachungspflicht: ein innovatives Gesetz für gerechtere Globalisierung, AuR 2018, 277–280.

Fulda, Barbara E., Die neue Komplexität von Wertschöpfungsketten. Warum Wertschöpfung immer globaler und komplexer wird und welche Effekte das auf Beschäftigung in Deutschland hat, Hans-Böckler-Stiftung, Forschungsförderung Report, Nr. 7, 2020, abrufbar unter: *www.boeckler.de/fpdf/HBS-007683/p_fofoe_report_007_2020.pdf* (zuletzt abgerufen am 11.4.2024).

Fung, Archon/Graham, Mary/Weil, David, Full Disclosure: The Perils and Promise of Transparency, Cambridge 2007.

Gehling, Christian/Ott, Nicolas/Lüneborg, Cäcilie, Das neue Lieferkettensorgfaltspflichtengesetz – Umsetzung in der Unternehmenspraxis, CCZ 2021, 231–240.

Gereffi, Gary, The Organisation of Buyer-driven Global Commodity Chains: How US Retailers Shape Overseas Production Networks, in: Gereffi, Gary/Korzeniewicz, Miguel (Hrsg.), Commodity Chains and Global Development, Westport 1994, 95–122.

Gereffi, Gary/Humphrey, John/Sturgeon, Timothy, The Governance of Global Value Chains, RIPE 2005, 78–104.

Gereffi, Gary/Kaplinski, Raphael (Hrsg.), Value of Value Chains, IDS Bulletin 3/2001, 1–8, https://doi.org/10.1111/j.1759-5436.2001.mp32003001.x.

Gereffi, Gary/Korzeniewicz, Miguel (Hrsg.), Commodity Chains and Global Capitalism, Westport 1994.

Gläßer, Ulla/Pfeiffer, Robert/Schmitz, Dominik/Bond, Helene, Außergerichtliche Beschwerdemechanismen entlang globaler Lieferketten. Empfehlungen für die Institutionalisierung, Implementierung und Verfahrensausgestaltung. Executive Summary, Europa-Universität Viadrina Frankfurt (Oder) 2021, abrufbar unter: *https://www.bmj.de/SharedDocs/Downloads/DE/Themen/Nav_Themen/Executive_Summary_dt_Aussergerichtliche_Beschwerdemechanismen__Final.pdf?__blob=publicationFile&v=1* (zuletzt abgerufen am 26.2.2025).

Gläßer, Ulla/Pfeiffer, Robert/Schmitz, Dominik/Bond, Helene, Außergerichtliche Beschwerdemechanismen entlang globaler Lieferketten. Bericht über ein Forschungsprojekt, ZKM 2021, 228–233.

Goßler, Jannik/Palder, Markus, Distributionslogik, Vertriebsmittler, Endkunde – Glieder der Lieferkette im Sinne des LkSG?, BB 2022, 906–912.

Government of the UK, Modern Slavery Act 2015, abrufbar unter: *https://www.legislation.gov.uk/ukpga/2015/30/contents/enacted* (zuletzt abgerufen am 3.7.2024).

Grabosch, Robert, Companies and Human Rights. A Global Comparison of Legal Due Diligence Obligations, hrsg. von der Friedrich-Ebert-Stiftung, Berlin 2020.

Grabosch, Robert, Das neue Lieferkettensorgfaltspflichtengesetz, 1. Aufl., Baden-Baden 2021 (zit.: Grabosch-*Bearbeiter*in*).

Grabosch, Robert, Die EU-Lieferkettenrichtlinie. Weltweiter Schutz für Mensch und Umwelt, Friedrich-Ebert-Stiftung, Berlin 2024, abrufbar unter: *https://library.fes.de/pdf-files/international/21288.pdf* (zuletzt abgerufen am 20.9.2024).

Grabosch, Robert/Schönfelder, Daniel, Das Lieferkettensorgfaltspflichtengesetz: neue Pflichten zur Vermeidung menschen- und umweltlicher Risiken weltweit, AuR 2021, 488–494.

Gröbel, Rainer/Jacquemin, Tanja/Winkeljohann Norbert (Hrsg.), Corporate Responsibility. Mitbestimmte Aufsichtsratsarbeit im nachhaltigen Unternehmen, Frankfurt 2023.

Hammer, Nikolaus, International Framework Agreements in the Context of Global Production, in: Papadakis, Konstantinos (Hrsg.), Cross-Border Social Dialogue and Agreements: An Emerging Global Industrial Relations Framework?, International Labour Office, Genf 2008, 89–112.

Harings, Lothar/Jürgens, Max, Das Lieferkettensorgfaltspflichtengesetz, Köln 2022.

Hassler, Markus, The Global Clothing Production System: Commodity Chains and Business Network, Global Networks 2003, 513–531.

Hembach, Holger, Praxisleitfaden Lieferkettensorgfaltspflichtengesetz (LkSG), Frankfurt am Main 2022.

Henderson, Jeffrey/Dicken, Peter/Hess, Martin/Coe, Neil/Wai-Chung Yeung, Henry, Global Production Networks and the Analysis of Economic Development, RIPE 2002, 436–464.

Hensel, Isabell, Prämissen einer Gleichstellungsberichterstattung, DJBZ 2023, 116–121.

Hommelhoff, Peter, Nach der CSDDD nun sehr bald eine CSRD-Novelle, NZG 2024, 705.

Hopkins, Terence K./Wallerstein, Immanuel, Patterns of development of the modern world-system, Review 1977, 111–145.

Hoßfeld, Max/Ackermann, Clemens/Dietz, Thomas, Eine Redefinition des Plattformbegriffs: Neue Wertschöpfungsnetzwerke und Geschäftsmodelle der Mobilität der Zukunft, in: Proff, Heike (Hrsg.): Neue Dimensionen der Mobilität, Wiesbaden 2020, 423–432.

Hübner, Carsten, Globale Wertschöpfungsketten organisieren. Eine neue Herausforderung für Gewerkschaften, Friedrich-Ebert-Stiftung, Berlin 2015, abrufbar unter: *https://library.fes.de/pdf-files/iez/11565.pdf* (zuletzt abgerufen am 4.7.2024).

Hübner, Leonhard/Lieberknecht, Markus, Mehr Pflichten für weniger Unternehmen? – Kerninhalte der EU-Lieferketten-RL und ihre Umsetzung ins deutsche Recht, NJW 2024, 1841–1846.

IDW – Institut der Wirtschaftsprüfer, IDW PS 980. Grundsätze ordnungsmäßiger Prüfung von Compliance Management Systemen, abrufbar unter: *https://www.idw.de/idw/verlautbarungen/idw-ps-980/43124* (zuletzt abgerufen am 11.8.2022).

ILO – International Labour Organization, Eine faire Globalisierung: Chancen für alle schaffen, Genf 2004.

ILO – International Labour Organization, ILO Research Paper No. 16. Linking Jobs in Global Supply Chains to Demand, Genf 2015, abrufbar unter: *https://www.ilo.org/publications/linking-jobs-global-supply-chains-demand* (zuletzt abgerufen am 21.10.2024).

ILO – International Labour Organization, Report IV. Decent Work in Global Supply Chains, Genf 2016, abrufbar unter: *https://www.ilo.org/resource/conference-paper/ilc/105/decent-work-global-supply-chains-1* (zuletzt abgerufen am 17.10.2024).

ILO – International Labour Organization, Purchasing Practices and Working Conditions in Global Supply Chains: Global Survey Results, in: INWORK Issue Brief Nr. 10, Genf 2017, abrufbar unter: *https://www.ilo.org/publications/purchasing-practices-and-working-conditions-global-supply-chains-global* (zuletzt abgerufen am 21.10.2024).

ILO – International Labour Organization, Stellungnahme – Öffentliche Anhörung des Ausschusses für Arbeit und Soziales des Deutschen Bundestages am 17. Mai 2021, in: Deutscher Bundestag (Hrsg.), Materialien zur öffentlichen Anhörung von Sachverständigen Berlin am 17. Mai 2021, Ausschussdrucksache 19(11)1136, 12. Mai 2021, 57–63, *www.bundestag.de/resource/blob/837944/8500200d19e619bf989449a7948cbe45/19-11-1136-Materialzusammenstellung-data.pdf* (zuletzt abgerufen am 11.4.2024).

International Accord, International Labour Arbitration and Conciliation Rules, 2021, abrufbar unter: *https://internationalaccord.org/wp-content/uploads/2023/02/2021JU_1.pdf* (zuletzt abgerufen am 31.10.2024).

ISO – Internationale Organization for Standardization, ISO 37301:2021Compliance management systems — Requirements with guidance for use, abrufbar unter: *https://www.iso.org/standard/62342.html* (zuletzt abgerufen am 10.2.2025).

ITUC – International Trade Union Confederation, Gender-based Violence at Work, abrufbar unter: *https://www.ituc-csi.org/GBV?lang=en* (zuletzt abgerufen am 21.7.2024).

Jagodziński, Romuald, EWCs after 15 Years – Success or Failure?, Transfer: European Review of Labour and Research 2011, 203–216.

Johann, Christian/Sangi, Roya (Hrsg.), Lieferkettensorgfaltspflichtengesetz. Handkommentar, 1. Aufl., Baden-Baden 2023, (zit.: Johann/Sangi-*Bearbeiter*in*).

Kalbfus, Michael/Zimmer, Patrick, Arbeitsrechtliche Aspekte in der Umsetzung des Lieferkettensorgfaltspflichtengesetzes – ein Überblick, ArbRAktuell 2023, 165–169.

Kamhi, Leon, So setzen Investoren auf nachhaltige Lieferketten, Das Investment, 17.5.2023, abrufbar unter: *https://www.dasinvestment.com/profi-erklaert-so-setzen-anleger-auf-nachhaltige-lieferketten/* (zuletzt abgerufen am 9.9.2024).

Kaltenborn, Markus/Krajewski, Markus/Rühl, Gisela/Saage-Maaß, Miriam (Hrsg.), Lieferkettensorgfaltspflichtenrecht, 1. Aufl., München 2023 (zit.: KKRS-*Bearbeiter*in*).

Karl, David/Sucky, Eric/Klatt, Alina, Digitale Transformation der Beschaffung am Beispiel der deutschen Automobilindustrie, in: Becker, Wolfgang et al. (Hrsg.): Geschäftsmodelle in der digitalen Welt, Wiesbaden 2019, 539–558.

Kirchner, Michael, Risikomanagement. Problemaufriss und praktische Erfahrungen unter Einbeziehung eines sich ändernden unternehmerischen Umfeldes, München 2002.

Kotulla, Michael (2020), Umweltschutzbeauftragte, NuR 2020, 16–28.

Krajewski, Markus/Tonstat, Kristel/Wohltmann, Franziska, Mandatory Human Rights Due Diligence in Germany and Norway: Stepping, or Striding, in the Same Direction?, BHRJ 2021, 550–558.

Krause, Rüdiger, Das Lieferkettensorgfaltspflichtengesetz als Baustein eines transnationalen Arbeitsrechts – Teil II, RdA 2022, 327–341.

Krebs, David, Menschenrechtliche und umweltbezogene Sorgfaltspflicht: Der Wettlauf zwischen europäischer und deutscher Rechtssetzung, ZUR 2021, 394–401.

Kuhn, Anke/Schwindling, Jan, Eine Chance auf Lohngerechtigkeit? Was durch das neue Entgelttransparenzgesetz auf die unternehmerische Praxis zukommt, DB 2017, 785–789.

Kümpel, Siegfried/Mülbert, Peter O./Früh, Andreas/Seyfried, Thorsten (Hrsg.), Bankrecht und Kapitalmarktrecht, 6. Aufl., Köln 2022 (zit.: KMFS-*Bearbeiter*in*).

Landau, Ingrid, Human Rights Due Diligence and the Risk of Cosmetic Compliance, MJIL 2019, 221–248.

Lanfermann, Georg, Die Nachhaltigkeit von Unternehmen: Berichterstattung als Wegbereiter für die Transformation, in: Gröbel/Jacquemin/Winkeljohann (Hrsg.), Corporate Responsibility, 28–49.

Lanfermann, Georg/Baumüller Josef, Der Anwendungsbereich der Corporate Sustainability Reporting Directive (CSRD): Detailregelungen und Zweifelsfragen, IRZ 2023, 89–95.

Lanfermann, Georg/Baumüller Josef/Scheid, Oliver, Nachhaltigkeitsrisiken in der CSRD. Folgen für die Unternehmensberichterstattung und das Risikomanagement, ZfRM 2022, 36–40.

Lüneborg, Cäcilie, Neue Pflichten zur Einrichtung von Hinweisgebersystemen – Integrierte Umsetzung in der Unternehmenspraxis, DB 2022, 375–384.

Macdonald, Kate/Macdonald, Terry, Non-Electoral Accountability in Global Politics: Strengthening Democratic Control within the Global Garment Industry, EJIL 2006, 89–119.

Miller, Doug, Preparing for the Long Haul. Negotiating International Framework Agreements in the Global Textile, Garment and Footwear Sector, GSP 2004, 215–239.

Ministerie van Buitenlandse Zaken, Wet zorgplicht kinderarbeid, Staatsblad 2019, 401.

Mittwoch, Anne-Christin, Die Neugestaltung des Anwendungsbereichs des LkSG durch Umsetzung der CSDDD, NJW 2024, 2353–2358.

Mittwoch, Anne-Christin, Vollharmonisierung und Europäisches Privatrecht. Methode, Implikationen und Durchführung, Berlin 2013.

Mittwoch, Anne-Christin/Didier, Viola C., Für die Rechtssicherheit wäre die CSDDD ein wichtiger Meilenstein, ESGZ 2024, 19–22.

Müller-Glöge, Rudi/Preis, Ulrich/Schmidt, Ingrid (Hrsg.), Erfurter Kommentar zum Arbeitsrecht, 25. Aufl., München 2025 (zit.: ErfKo-*Bearbeiter*in*).

Narine, Marcia, Disclosing Disclosure's Defects: Addressing Corporate Irresponsibility for Human Rights Impacts, CHRLR 2015, 84–150.

Nietsch, Michael/Wiedmann, Michael, Der Regierungsentwurf eines Gesetzes über die unternehmerischen Sorgfaltspflichten in der Lieferkette, CCZ 2021, 101–110.

Norwegisches Ministerium für Kinder und Familien, Transparency Act, LOV-2021-06-18-99, abrufbar unter: *https://lovdata.no/dokument/NLE/lov/2021-06-18-99#:^:text=* (zuletzt abgerufen am 2.8.2022).

Oxfam Deutschland, Billige Bananen beruhen auf Ausbeutung, abrufbar unter: *https://www.oxfam.de/ueber-uns/aktuelles/bananen-ausbeutung-beschwerde-edeka-rewe-lieferkettengesetz* (zuletzt abgerufen am 20.12.2024).

Prangenberg, Arno/Tritsch, Marius/Beile, Judith/Vitols, Katrin, Nichtfinanzielle Berichterstattung – Prüfung durch den Aufsichtsrat, Mitbestimmungspraxis. Arbeitshilfen für Aufsichtsräte Nr. 20, 2. Aufl., 2020, abrufbar unter: *https://www.boeckler.de/fpdf/HBS-007858/p_ah_ar_20_2020.pdf* (zuletzt abgerufen am 28.1.2025).

Prokopets, Alexandra, Trafficking in Information: Evaluating the Efficacy of the California Transparency in Supply Chains Act of 2010, HICLR 2014, 351–375.

REFA, Wertschöpfungskette, abrufbar unter: *https://refa.de/service/refa-lexikon/wertschoepfungskette* (zuletzt abgerufen am 21.7.2024).

Romeike, Frank/Hager, Peter, Erfolgsfaktor Risiko-Management 4.0. Methoden, Beispiele, Checklisten. Praxishandbuch für Industrie und Handel. 4. Aufl., Wiesbaden 2020.

Rothermel, Martin, Relevante Fragen im LkSG (Teil 3). Quo vadis Nachhaltigkeitsberichterstattung (LkSG, CSDDD, CSRD und ESRS) – Entwicklung, Zwischenstand und Ausblick, ZWH 2024, 126–133.

Rüb, Stefan, Weltbetriebsräte und andere Formen weltweiter Arbeitnehmervertretungsstrukturen in transnationalen Konzernen. Eine Bestandsaufnahme, HBS Arbeitspapier Nr. 27, Düsseldorf 2000.

Saage-Maaß, Miriam, Legal Interventions and Transnational Alliances in the Ali Enterprises Case: Struggles for Workers' Rights in Global Supply Chains, in: Saage-Maaß, Miriam et al. (Hrsg.), Transnational Legal Activism in Global Supply Chains. The Ali Enterprise Factory Fire and the Struggle for Justice, Cham (Schweiz) 2021, 25–58.

Saage-Maaß, Miriam/Korn, Franziska, Vom Accord lernen? Erfahrungen aus Bangladesch für die deutsche Debatte, hrsg. von der Friedrich-Ebert-Stiftung, Berlin 2021, abrufbar unter: *https://www.fes.de/themenportal-die-welt-gerecht-gestalten/weltwirtschaft-und-unternehmensverantwortung/artikel-in-weltwirtschaft-und-unternehmensverantwortung/menschenrechte-entlang-der-lieferketten-sichern-von-bangladesch-lernen* (zuletzt abgerufen am 27.2.2025).

Sagan, Adam, Das Beschwerdeverfahren nach § 8 LkSG, ZIP 2022, 1419–1427.

Salditt, Thomas C., Netzwerkmanagement im Handel. Prozessinnovationen im Handel am Beispiel der RFID-Technologie, Wiesbaden 2008.

Schäfer, Stephan/Schütze, Alexandra Manon, Die CSDDD – eine erste Vorstellung der Richtlinie und ihrer Folgen für die deutsche Wirtschaft, BB 2024, 1091–1100.

Seitz, Karolin, Geschlechtergerechtigkeit in globalen Lieferketten, Streit 2022, 153–155.

Schmidt, Jessica, Die EU-Lieferketten-Richtlinie (CSDDD), NZG 2024, 859–871.

Schmidt, Jessica, BB-Gesetzgebungs- und Rechtsprechungsreport zum Europäischen Unternehmensrecht 2023/2024, BB 2024, 1859–1876.

Schmidt, Matthias/Strenger, Christian, NZG-SERIE CSR: Die neuen nichtfinanziellen Berichtspflichten – Erfahrungen mit der Umsetzung aus Sicht institutioneller Investoren, NZG 2019, 481–487.

Schneider, David, Die arbeitsrechtliche Implementierung von Compliance- und Ethikrichtlinien, Baden-Baden 2009.

Strassheim, Holger/Oppen, Maria, Lernen in Städtenetzwerken. Kooperation – Konflikte – Kompetenzentwicklung, Berlin 2006.

Sustainable Finance-Beirat der Bundesregierung, Abschlussbericht der Arbeitsgruppe „Engagement-Plattform" des Sustainable Finance-Beirats der Bundesregierung, 2024, abrufbar unter: *https://sustainable-finance-beirat.de/wp-content/uploads/2024/03/SFB_AG_Engagement_Plattform_Abschlussbericht_final.pdf* (zuletzt abgerufen am 11.9.2024).

Schwarz-Kocher, Martin/Krzywdzinski, Martin/Korflür, Inger, Standortperspektiven in der Automobilzulieferindustrie. Die Situation in Deutschland und Mittelosteuropa unter dem Druck veränderter globaler Wertschöpfungsstrukturen, Hans-Böckler-Stiftung, Düsseldorf 2019.

Schwarze, Jürgen/Becker, Ulrich/Hatje, Armin/Schoo, Johann, EU-Kommentar, 4. Aufl., Baden-Baden 2019 (zit.: Schwarze-*Bearbeiter*in*).

Seibt, Christoph H./Vesper-Gräske, Marlen, Lieferkettensorgfaltspflichtengesetz erweitert Compliance Pflichten, CB 2021, 357–363.

Sherpa, Vigilance Plans Reference Guidance, Paris 2018, abrufbar unter: *https://www.asso-sherpa.org/wp-content/uploads/2019/02/Sherpa_VPRG_EN_WEB-VF-compressed.pdf* (zuletzt abgerufen am 26.2.2025).

Sinclair, Amy, Tackling Modern Slavery Now a Matter of Legal Compliance, LSJ, März 2019, 86–87.

Sproll, Martina, Ungleichheit in globalen Wertschöpfungsketten: eine intersektionale Perspektive auf soziale Reproduktion, ÖZS 2020, 385–401.

Statistisches Bundesamt, Statistisches Unternehmensregister. Rechtliche Einheiten nach zusammengefassten Rechtsformen im Berichtsjahr 2023, Stand: 2.12.2024, abrufbar unter: *https://www.destatis.de/DE/Themen/Branchen-Unternehmen/Unternehmen/Unternehmensregister/Tabellen/unternehmen-rechtsformen-wz08.html* (zuletzt abgerufen am 10.12.2024).

Stemberg, Christian, Die drei „Schlüsselkriterien" des Beschwerdeverfahrens nach § 8 Lieferkettensorgfaltspflichtengesetz, CCZ 2022, 92–99.

Stiftung Arbeit und Umwelt der IGBCE, Verantwortung in Liefer- und Wertschöpfungsketten: Globale Rahmenvereinbarungen als Instrument einer gewerkschaftlichen Mitgestaltung menschenrechtlicher Sorgfaltspflicht, 2019.

Stöbener de Mora, Patricia Sarah/Noll, Paul, Grenzenlose Sorgfalt? – Das Lieferkettensorgfaltspflichtengesetz. Teil II, NZG 2021, 1285–1292.

Suliak, Hasso, Der Dammbruch von Brumadinho. Katastrophe mit TV-Siegel, LTO, 25.1.2022, abrufbar unter: *https://www.lto.de/recht/hintergruende/h/dammbruch-brasilien-brumadinho-tuev-sued-vale-schadensersatz-schmerzensgeld-igbce-bestechung-fahrlaessige-toetung* (zuletzt abgerufen am 10.9.2024).

Teipen, Christina/Mehl, Fabian, Soziales Upgrading und industrielle Beziehungen im Globalen Süden, WSI-Mitteilungen 2021, 12–19.

Teubner, Gunther, Reflexives Recht. Entwicklungsmodelle des Rechts in vergleichender Perspektive, ARSP 1982, 13–59.

Textil + Mode, Faktencheck: Lieferkette, abrufbar unter: *https://textil-mode.de/de/newsroom/blog/faktencheck-lieferkette/* (zuletzt abgerufen am 23.7.2024).

Tornow, Maren/Koch, Julia/Frommeyer, Britta/Gehlen, Kristina von/Schewe, Gerhard, Business Case: Eine betriebswirtschaftliche Analyse des Vermeidungspotentials von Kunststoffverpackungen in der textilen Lieferkette. Forschungsbericht, FATM – Forschungsstelle für Allgemeine und Textile Marktwirtschaft, Münster 2021, abrufbar unter: *https://www.fatm.de/sites/fatm/files/languages/eine_betriebswirtschaftliche_analyse_des_vermeidungspotenzials_von_kunststoffverpackungen_entlang_der_textilen_lieferkette.pdf* (zuletzt abgerufen am 23.7.2024).

UN – United Nations, United Nations Declaration on the Rights of Indigenous People (UNDRIP), 2007, abrufbar unter: *https://www.un.org/development/desa/indigenouspeoples/wp-content/uploads/sites/19/2018/11/UNDRIP_E_web.pdf* (zuletzt abgerufen am 10.8.2024).

UNCTAD – United Nations Conference on Trade and Development, World Investment Report 2013: Global Value Chains: Investment and Trade for Development, New York/Genf 2013.

UN Global Compact Office, Nachhaltigkeit in der Lieferkette. Ein praktischer Leitfaden zur kontinuierlichen Verbesserung, Berlin 2012, abrufbar unter: *https://www.globalcompact.de/migrated_files/wAssets/docs/Lieferkettenmanagement/nachhaltigkeit_in_der_lieferkette.pdf* (zuletzt abgerufen am 21.10.2024).

UNHRC – United Nations Human Rights Council, Gender Dimensions of the Guiding Principles on Business and Human Rights. Report of the Working Group on the Issue of Human Rights and Transnational Corporations and other Business Enterprises, 2019, abrufbar unter: *https://digitallibrary.un.org/record/3822962?v=pdf* (zuletzt abgerufen am 11.10.2024).

UNIDO – United Nations Industrial Development Organization, The Global Apparel Value Chain: What Prospects for Upgrading by Developing Countries, Wien 2003, abrufbar unter: *https://www.unido.org/sites/default/files/2009-12/Global_apparel_value_chain_0.pdf* (zuletzt abgerufen am 23.10.2024).

Vedder, Christoph/Heintschel von Heinegg, Wolf (Hrsg.), Europäisches Unionsrecht. EUV/AEUV/Grundrechte-Charta. Handkommentar, 2. Aufl., Baden-Baden 2018 (zit.: Vedder/Heintschel-*Bearbeiter*in*).

Velte, Patrick, Sorgfaltspflichten in der Wertschöpfungskette als Bestandteil der Nachhaltigkeitsberichterstattung, DStR 2023, 2358–2366.

Velte, Patrick, Auswahl des Prüfungsdienstleisters für Nachhaltigkeitsberichte nach der CSRD, WPg 2023, 1289–1297.

Waas, Bernd/Liebman, Wilma B./Lyubarsky, Andrew/Kezuka, Katsutoshi, Crowdwork, HSI-Schriftenreihe, Frankfurt am Main 2017.

Wagner, Eric/Ruttloff, Marc, Das Lieferkettensorgfaltspflichtengesetz – Eine erste Einordnung, NJW 2021, 2145–2152.

Wagner, Matthias, Das Konzept der Mindestharmonisierung, Berlin 2001.

Welz, Christian, A Qualitative Analysis of International Framework Agreements: Implementation and Impact, Eurofound-Publication, Dublin 2011.

Wen, Shuangge, The Cogs and Wheels of Reflexive Law – Business Disclosure under the Modern Slavery Act, JLS 2016, 327–359.

Wenzel, Nicola/Dorn, Jenny, Wirtschaft und Menschenrechte – ein neues Anwendungsfeld für ADR?, ZKM 2020, 50–54.

Westenrieder, Christoph, Der Europäische Betriebsrat und die grenzüberschreitende Betriebsänderung. Möglichkeiten und Grenzen der Mitwirkung, Baden-Baden 2024.

Windeler, Arnold, Unternehmungsnetzwerke. Konstitution und Strukturation, Wiesbaden 2001.

Wirtschaftsprüferkammer, Corporate Sustainability Reporting Directive (CSRD) – Wie ist die Pflicht zur Prüfung der Nachhaltigkeitsberichterstattung geregelt?, abrufbar unter: *https://www.wpk.de/nachhaltigkeit/kompass/regulatorische-anforderungen/csrd/#c19025* (zuletzt abgerufen am 18.1.2025).

Wölk, Jonas, Die Umsetzung von Richtlinien der Europäischen Gemeinschaft, Baden-Baden 2002.

Worldwide Call Centers, Globale Standorte, abrufbar unter: *https://www.worldwidecallcenters.com/de/global-call-centers/* (zuletzt abgerufen am 20.12.2024).

Zagelmeyer, Stefan/Bianchi, Lara/Shemberg, A., Non-state Based Non-judicial Grievance Mechanisms (NSBGM): An Exploratory Analysis – A Report Prepared for the Office of the UN High Commissioner for Human Rights, 2018, DOI: 10.13140/RG.2.2.32172.51843.

Zilles, Stephan/Deutsch, David J., Gremienzustimmungen im Konzern: „bottom-up" oder „top-down"? Eine kritische Analyse zur Festlegung der Entscheidungsrichtung aus juristischer und unternehmerischer Perspektive, ZCG 2010, 180–184.

Zimmer, Reingard, Soziale Mindeststandards und ihre Durchsetzungsmechanismen. Sicherung internationaler Mindeststandards durch Verhaltenskodizes? Baden-Baden 2008.

Zimmer, Reingard, Unternehmensverantwortung im „Bangladesh-Accord". Welche Regelungen sind übertragbar auf andere Lieferketten? Gutachten im Auftrag der Friedrich-Ebert-Stiftung, Dezember 2016, abrufbar unter: *http://library.fes.de/pdf-files/id-moe/13040.pdf* (zuletzt abgerufen am 16.10.2024).

Zimmer, Reingard, Kommentierung: Internationale Rahmenabkommen (IFAs, § 8), in: Schlachter, Monika/Heuschmid, Johannes/Ulber, Daniel (Hrsg.), Arbeitsvölkerrecht – Eine systematische Darstellung, Berlin 2019, 433–448.

Zimmer, Reingard, International Framework Agreements: New Developments through better Implementation on the basis of an analysis of the Bangladesh Accord and the Indonesian Freedom of Association Protocol, IOLR, Special Issue 2020, 178–205.

Zimmer, Reingard, Das indonesische Freedom of Association Protocol. Ein Vorbild für andere internationale Rahmenabkommen zum Schutz von Gewerkschaftsrechten? HBS-Working Paper Nr. 221, Düsseldorf 2021, abrufbar unter: *https://www.boeckler.de/fpdf/HBS-008071/p_fofoe_WP_221_2021.pdf* (zuletzt abgerufen am 25.7.2024).

Zimmer, Reingard, Das Lieferkettensorgfaltspflichtengesetz – Handlungsoptionen für Mitbestimmungsakteure und Gewerkschaften, HSI-Schriftenreihe Bd. 48, Frankfurt am Main 2023.

Zimmer, Reingard, Fortentwicklung des EntgTranspG durch Umsetzung der Entgelttransparenzrichtlinie 2023/970/EU, ZESAR 2024, 3–9.

Zimmer, Reingard, Die Europäische Sorgfaltspflichten-RL 2024/1760/EU und ihre Umsetzung in das deutsche Recht, ZESAR 2024, 461–471.

Zimmer, Reingard, Möglichkeiten der Beteiligung von Betriebsrat und Wirtschaftsausschuss an der Umsetzung des Lieferkettensorgfaltspflichtengesetzes, AuR 2024, 7–14.

Zimmer, Reingard, Gewerkschaften als Akteure zur Durchsetzung des Lieferkettensorgfaltspflichtengesetzes, AuR 2024, 139–145.

Zimmer, Reingard, Genderaspekte in der Regulierung von Lieferketten, in: Streit 1/2025, 9–14.

In der Schriftenreihe des Hugo Sinzheimer Instituts für Arbeits- und Sozialrecht sind zuletzt erschienen:

Band 55 Judith Brockmann/Felix Welti (Hrsg.)
Sozialrecht und Tarifbindung
ISBN 978-3-7663-7581-0

Band 54 Anneliese Kärcher/Manfred Walser
Durchsetzung von Arbeitsrecht – das Arbeitsschutzkontrollgesetz als Modell?
SBN 978-3-7663-7579-7

Band 53 Olaf Deinert
Die konditionierte Allgemeinverbindlicherklärung
ISBN 978-3-7663-7399-1

Band 52 HSI
Gewerkschaftsrechte heute
ISBN 978-3-7663-7368-7

Band 51 Uwe Fuhrmann
Frauen in der Geschichte der Mitbestimmung – Pionierinnen in Betriebsräten, Gewerkschaft und Politik
ISBN 978-3-7663-7344-1

Band 50 Wolfram Cremer/Olaf Deinert
Fremdpersonalverbot in der Fleischwirtschaft auf dem Prüfstand des Verfassungsrechts
ISBN 978-3-7663-7367-0

Band 49 Wolfgang Däubler
Klimaschutz und Arbeitsrecht
ISBN 978-3-7663-7366-3

Band 48 Reingard Zimmer
Das Lieferkettensorgfaltspflichtengesetz
ISBN 978-3-7663-7312-0

Band 47 Peter Stein
Das kirchliche Selbstbestimmungsrecht im Arbeitsrecht und seine Grenzen
ISBN 978-3-7663-7295-6

Band 46 Bernd Waas
Künstliche Intelligenz und Arbeitsrecht
ISBN 978-3-7663-7294-9

Weitere Informationen zur Schriftenreihe:
www.hugo-sinzheimer-institut.de